초판인쇄 2019년 1월 7일
초판발행 2019년 1월 7일

지은이 고정민
펴낸이 채종준
기 획 이강임
디자인 김예리
마케팅 문선영

펴낸곳 한국학술정보(주)
주소 경기도 파주시 회동길 230 (문발동)
전화 031 908 3181(대표)
팩스 031 908 3189
홈페이지 http://ebook.kstudy.com
E-mail 출판사업부 publish@kstudy.com
등록 제일산−115호(2000. 6. 19)

ISBN 978-89-268-8619-9 13740

이 책은 한국학술정보(주)와 저작자의 지적 재산으로서 무단 전재와 복제를 금합니다.
책에 대한 더 나은 생각, 끊임없는 고민, 독자를 생각하는 마음으로 보다 좋은 책을 만들어갑니다.

★★★★★ 베이직 영작문 FINAL

고정민 지음

베이직 영작문 시리즈로
매일 하나의 문장을 내 것으로 만드세요.
영작문 실력이 쑥쑥 올라갑니다!!

이담
Books

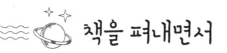 책을 펴내면서

이메일 하나—베이직

베이직 영작문 20p의 When does your vacation start? 에서 왜 does인가요? your vacation이 사물(it) 3인칭이기 때문인가요? 궁금한것 있으면 이메일로 질의하시라고 하셔서..

앞으로 계속 질의하여도 되지요? 영어를 많이 못하는 사람으로부터....

이메일 둘—플러스

안녕하세요~ 교수님! 저는 교수님의 책 애독자 송*현이라고 합니다..^^ 교수님책으로 대학2년 강의 듣고, 문법을 어느정도 이해하게됐거든요! 그래서 지금 똑같은책을 다시 구입하여 문법 공부를 다시 하고있어요 (졸업할때 사물함에 고이 모셔놓고오는 바람에 ㅠㅠ)

다름이 아니라 제가 지금 경찰공무원 준비를 하고있는데.. 지금 한국 공무원시험 영어가 어떤식으로 출제되는지 아시는지 모르겠지만, 베이직 영작문 플러스를 통해 문법 기본기를 어느정도 다진후에 공무원 서적으로 넘어가도 될런지.. 공무원 영어가 굉장히 어렵더라구요..ㅠㅠ

어떤식으로 공부해야할지.. 일단 베이직 영작문 플러스로 공부하고있거든요.. 공무원 영어와 연관성이 있을까요...? 베이직 영작문 플러스로 하고있는데..영작은 곧 문법 맞는거겠죠? 교수님 책을 신뢰하지 못해서가 아니라, 너무너무 쉽고 재밌는데.. 제가 다른방향으로 공부를 하고있는게 아닌가 싶어서요.. 전 영작을 잘하고싶어서가 아닌, 공무원 영어시험 대비를 위해 공부를 하고있는 중이라서요.. 솔직하고 객관적으로 제가 어떤식으로 공부를 해야할지 조언을 좀 해주시면 감사하겠습니다..

아! 그리고, 저 대학 교수님께서 아직 베이직 영작문 플러스만한 책을 못보셨다며 강의에 꾸준히 사용하고 계세요~ㅎㅎ 저 역시도 문법에 문 자도 몰랐는데 조금씩 따라하고있는 제가 놀랍더라구요 ^^ 책 너무 좋은거같아요ㅠㅠ 저서에는 외국에 계신걸로 나와있는데, 한국은 늦은 3월인데도 매우 추워요~ㅠㅠ

아무쪼록 날씨가 어떠한지는 잘 모르겠으나, 추위와 상관없이 ^^; 감기 조심하시구요, 항상 건강하시고 행복하시길 바랍니다..!!

이메일 셋―파이널

저는 대구에 살고 있으며 새로 도입된 외국어 번역행정사 시험준비를 하고 있는 수험생 입니다. 시험과목중 writing 점수가 필요하여 G―TELF 쓰기영역을 선생님의 저서(베이직 영작문 파이널)를 텍스터로 하여 공부하던중 190 page 에 '공부하다 잘 이해가 안가는 것이 있으면 용기를 내서 mail 을 날리라' 는 말씀에 용기를 내어^^ 책내용과 관련된 사항은 아니나 몇가지 질문을 드리오니 연식이 환갑이 다 된 수험생을 어여삐 여기시어 지도·편달해 주시면 합격으로 보답하겠습니다.^^

그렇습니다. 베이직영작문―빽투더베이직에서, 플러스로, 그리고 파이널까지, 그간 16년 동안 꾸준히 공부해주신 독자여러분, 그리고 이메일로 질문과 감사의 마음을 전달해주신 무명의 독자들까지, 정말 감사합니다.

베이직영작문 씨리즈는 바로 이런 분들이 학원이나, 좋은 선생님을 찾기 보다는 스스로 자신의 공부방법을 바꾸어 가면서, 영어에 자신감을 갖게 되어 결국은 "꿈은 이루어진다"를 목표로 합니다. 개정판에서 더 많은 설명과 문제 등을 보강하여, 가능한 제게 이메일로 질문을 안주셔도 될 수 있도록 만들었습니다. ^^;

다시한번, 소개하지는 못했지만, 많은 이메일을 통해 제게 격려해주신 독자분들과 이 책을 선택해주신 독자분들께 고개숙여 감사드립니다. 여러분도 제게 이메일(jungminkoh@yahoo.com)을 보내주세요.

사랑하는 가족 고은경, 고수산, 고수림과 동생 심경식가족께, 차장팔형님과 고진영가족께, 그동안 진 사랑의 빛을 감사인사로 대신합니다.

채종준사장님과, 자신의 책처럼 열심으로 만들어주신 이강임팀장님, 김예리님께도 감사드립니다.

LA에서

저자 고정민 올림

이렇게 공부해요

오늘의 표현

배울 내용을 한눈에 보여 주는 대표 문장이 제시되어 있습니다.

VITANINS

어제 배운 내용을 복습하는 코너 입니다.

TODAY'S 영작 교실

꼭 알아두어야 할 문법 사항에 대한 친절한 설명과 다양한 예문 이 있습니다. 알기 쉬운 도표와 그림 또한 학습을 도와줍니다.

보너스

영작을 하는 데 핵심은 아니지만 알아두면 좋은 내용을 실었습니다. 개정판에는 그간 독자들의 질문을 바탕으로 더 자세한 설명과 정곡 을 찌르는 해설이 추가되었습니다.

이럴 땐 이렇게

일상생활에서 실제로 원어민들이 많이 쓰는 회화 표현을 알기 쉽게 소개합니다.

베이직 영작문

☑ 기초로 돌아가라! Back to the Basics.

☑ 처음부터 다시 시작해 봅시다.

☑ 기초가 튼튼하면 영어가 즐거워집니다.

☑ 수십만 독자에게 검증받은 베이직 영작문 시리즈가 더욱 새로워졌습니다.

실전 영작 교실

영작 교실에서 배운 내용을 충실하게 반복 연습합니다. 연습을 할수록 난이도가 서서히 높아지도록 구성되어 있습니다.

보너스 영작 교실

긴 문장을 만드는 데 꼭 필요한 접속사 및 다양한 영어 표현을 활용도 높은 예문을 통하여 공부합니다.

LEVEL UP! 고급 영작 교실

실전 영작 교실에서 공부한 내용을 바탕으로 조금 더 어려운 영작에 도전해봄으로써 영작 응용력과 실력을 확실히 올려줍니다.

꼭 기억하자

그날 배운 내용을 다시 한번 정리하는 시간입니다. 특히 꼭 익혀두어야 할 대표 문장 5개를 정리했습니다.

CONTENTS

기초를 세우는 베이직 영작문 제3탄. 이번 신간에서는 〈파이널〉이라는 이름에 걸맞게, 베이직에서 한 걸음 더 나아가 꼭 알아야 할 영문법의 뼈대만을 다루면서, 자연스럽게 한 차원 높은 영작문의 원리를 이해하고 실력을 에세이 차원으로 업그레이드 할 수 있도록 구성하였다. 제1부 15일에 걸쳐 15개의 문장구조와 문법사항을 공부하고, 많은 연습문제들을 통해 그날 배운 학습 포인트를 영어로 쓰고 말하는 데 적용시킬 수 있게 꾸몄다. 또 제2부에서는 15일에 걸쳐, 다양한 토플/토익 라이팅, 스피킹 등에 출제된 에세이 문제를 가지고 직접 에세이를 작성해 보는 시간을 제공한다. 앞서 나온 〈베이직 영작문 플러스〉를 끝낸 독자는 물론, 이제 에세이를 써 보고 싶은 중급 학습자들에게 안성맞춤인 교재이다.

1

파이널 라이팅
제대로 연습하기

1형식,
널 제대로 공부해 주마!

1형식의 3가지 형태

[주어 + 자동사 + 부사/부사구]   I study hard at the desk in the classroom.

[주어 + Be동사 + 부사구]   A book is on the desk in the classroom.

[There + Be동사 + 주어 + 부사구] There is a book on the desk in the classroom.

VITAMINS

매일 먹으면 몸에 좋은 비타민처럼 매일 복습으로 영어 실력 튼튼~

"뭐 배운 것이 있어야 복습을 하지." *.* 잠깐, 오늘은 첫날이라서 복습하실 내용이 전혀 없다. 얼마나 슬픈 일인가? 용기를 내어서 책도 사고 공부도 해 보려고, 책을 딱 폈는데, 공부할 내용이 없다니. 마치, 무더운 여름날 아이스크림 가게에 갔는데, 아이스크림이 없다고 하는 꼴이다. ^^!

하지만 걱정하지 마시라. 내일부터는 정확하게 어제 배운 내용을 다시 복습하도록 저자가 계속 잔소리를 하게 될 것이다. 앞으로 여러분은, 이 코너를 통하여 전날 배우신 내용을 복습하게 될 것이다.

TODAY'S 영작교실

동사가 혼자서도 주어의 상태나 동작을 완전하게 설명할 수 있을 때는, '주어+동사'만으로 완전한 문장이 된다. 동사 뒤에 목적어나 보어와 같은 문장 요소는 오지 않지만, 부사(구)가 와서 동사를 꾸며 주어 완벽한 문장이 되게 한다.

자동사를 사용하는 형태

그런데 자동사는 무엇에 쓰이는 물건인고? ^^! '자동사(自 스스로 자 動 움직일 동 詞 말씀 사, Intransitive [intrǽnsətiv 인트랜서티브])'는 목적어가 필요하지 않은 동사이다. 한자 뜻 그대로 풀이하면 자동사는 '스스로 동작하는 말'인데, 자동사는 주어가 행하는 동사의 작용이 다른 것(사물, 목표물, 대상, 목적어)에 영향을 미치지 않고 주어 자신에서 끝나 버린다.

> I go for a walk every day. 나는 매일 산책하러 간다.
>
> The days go so quickly! 세월 참 빨리 간다!
>
> I went home early. 나는 집에 일찍 갔다.
>
> It rained hard yesterday. 어제 비가 심하게 왔다.

이런 것을 자동사라고 한다. 주어 스스로 움직일 뿐 주어가 행하는 동사의 작용이 주어에서 그치고 다른 것에 전혀 영향을 미치지 않으므로 go는 자동사이다.

형태: 주어 + 자동사 + 부사 또는 부사구 (있으면 좋은 옵션)

의미: 주어가 동사한다.

I study hard at the desk in the classroom. 나는 교실 안의 책상에 앉아서 공부를 열심히 한다.

꼭 알아 두어야 할 완전자동사구

break down 고장 나다 die out 소멸하다 come about 일어나다 get along 해나가다 drop in ～에 들르다 go on 계속하다 lie down ～에 눕다 pass away 죽다 run away 도망치다 stand up 일어서다 shut up 입다물다 set off 출발하다 turn up (볼륨을) 올리다 wake up 깨우다 break out 발생하다

목적어가 필요할 것 같아 3형식 문장을 만들고 싶은 1형식 동사

graduate(～을 졸업하다), complain(～을 불평하다), wait(～을 기다리다) , experiment(～을 실험하다), sympathize(～을 동정하다), consent(～을 승낙하다), interfere(～을 간섭하다), read (읽혀지다)

He graduated from Seoul University with a degree in law. 그는 서울대에서 법학 학위를 받았다.
Tourists complain of being ripped off by taxi drivers in Los Angeles.
LA에서 여행객들은 택시운전사들이 바가지를 씌운다고 불평한다.
The decision can wait until tomorrow. 그 결정은 내일까지 기다려도 돼. (미뤄도 돼.)
Dr. Hwang experimented on dogs. 닥터 황은 개들로 실험했다.
I sympathize with you. 나는 너에게 공감한다. (동정의 의미)
My parents finally consented to go with us. 우리 부모들은 마침내 우리와 함께 가기로 승낙했다.
We didn't interfere in the matters. 우리는 그 문제들에 간섭하지 않았다.
She couldn't read your writing. 그녀는 네 글씨를 읽을 수가 없었다.

Be동사를 사용하는 형태

Be동사는 1형식 문장에는 '~에 있다'라는 표현으로, 2형식 문장에서 '~이다'로 뜻이 달라진다.

> **형태: 주어 + Be동사 + 부사구(거의 필수 옵션)**
>
> **의미: 주어가 ~(부사구)에 있다.**

A book is on the desk in the classroom. 책 한 권이 교실 안의 책상 위에 있다.

Mom is in the kitchen. 엄마께서는 부엌에 계신다.

I was merely at home last weekend. 나는 지난 주말에 그저 집에 있었다.

'There'를 사용하는 형태

'There'에는 특별한 뜻은 없고, 단지 문장을 이끄는 역할만을 한다. Be동사와 주어가 도치되는 것(자리를 바꾸는 것)에 주의하자. There와 함께 사용 가능한 동사는 be, live, come, stand 등이 있다.

> **형태: There + Be동사 + 주어 + 부사구(거의 필수)**
>
> **의미: 부사구에 주어가 있다.**

There is a book on the desk in the classroom. 교실 안의 책상 위에 책 한 권이 있다.

There are very few cars on this street. 극소수의 차량들이 거리에 있다.

There is no problem at all. 전혀 문제가 없다.

'Here'를 사용해도 마찬가지인 1형식 문장이 된다. 장소를 나타내는 부사로, 이 장소로, 여기로, 이쪽으로라고 말할 때에 사용한다. 이에 비해, 'There'는 그곳에(서), 저기에(서) 정도의 의미를 갖는다.

Here is a book, which one of my students bought for his son.
 여기에 책 한 권이 있는데, 그것은 내 학생들 중의 한 명이 그의 아들을 위해서 산 것이다.

사실 회화 잘하려고, 영작을 배우는 줄 안다. 그런 분들을 위해서 한마디. 문장 앞에 There가 나오면, '데어'가 아니라, '디어' 정도로 발음한다. 문장 끝에 나오면 '데어'라고 해도 된다.

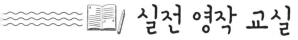

실전 영작 교실

Step 1 다음에 제시된 1형식 동사들을 참고하여, 우리말을 영작해 보세요.

> **힌트**   stay, live, work, drive, walk, move, wait, cry

1   나의 조부모님은 Hilton 호텔에 머무셨다.

   → _____

2   Mr. Park은 새 아파트의 가장 높은 층에서 산다.

   → _____

3   Jane은 그녀가 어렸을 때에 한국에서 살았다.

   → _____

4   내 가족들은 주말 내내 집안에서 지냈다.

   → _____

5   Mrs. Lee는 은행 옆의 빌딩에서 일을 한다.

   → _____

6   Andrew는 비가 내릴 때에는 실내에서 머문다.

   → _____

7   그는 그의 대학 옆에 있는 AMPM 스토어로 운전하고 왔다.

   → _____

8   Mary는 매일 아침에 사무실까지 걸어서 간다. (출근한다)

   → _____

9   그들은 차 안에서 2시간 동안 나를 위해서 기다렸다.

   → _____

10   우리 선생님은 미국에 있는 Los Angeles로 이사 가셨다.

   → _____

11   신생아가 201호실에서 밤새도록 울었다.

   → _____

Step 2　다음에 제시된 완전자동사구를 사용하여 우리말을 영작해 보세요.

1　당신 차가 또 고장 나 버렸나요? (break down)

　→ _____

2　어떻게 신용조합이 생겨나게 되었나요? (come about)

　→ _____

3　제가 직접 가서 이력서를 제출해야 하나요? (drop in)

　→ _____

4　너는 누워서 자는 게 좋겠다. (lie down)

　→ _____

5　그 쥐는 고양이를 피해 부엌에서 도망했다. (run away)

　→ _____

6　그들은 항상 외출하기 전에 사무실의 문을 모두 잠근다. (shut up)

　→ _____

7　괜찮은 지원자(candidate)가 조만간 나타날 것이다. (turn up)

　→ _____

8　야구 선수들 간의 싸움(fight)이 야구장에서 벌어졌다. (break out)

　→ _____

9　나는 청바지를 입은 채로 죽고 싶다. (die with)

　→ _____

10　그 자매(siblings)는 어렸을 때에 잘 지내지 못했다. (get along)

　→ _____

11　나는 이번 겨울에 알래스카로 휴가를 갈 것이다. (go on)

　→ _____

12　나의 할아버지는 오래 앓던 끝에 세상을 떠났다. (pass away)

　→ _____

13 충성(allegiance)의 맹세(pledge)를 하는 동안에 모두들 서 있다. (stand up)

→ _____

14 나는 내일 아침 날이 밝자(daybreak)마자 출발할 것이다. (set off)

→ _____

15 나는 대개 아침에 일어나서, 신에게 감사 드린다. (wake up)

→ _____

보너스 영작 교실 📖

☑ 항상 단수 동사가 와야 하는 주어

주어가 의미상으로 복수가 분명하고, 또 형태상으로도 –s가 붙어서 복수처럼 보여 착각하기 쉽다. 그러나 항상 단수 동사가 와야 한다.

1 수량 형용사 또는 부정대명사가 주어로 오는 경우 + 단수동사

every / each + 단수명사 + 단수동사

one of /each one of / every of / either of / neither of + 복수명사 + 단수동사

every / some / any / no + one / body / thing + 단수동사

· Everybody knows that you've been faithful. 모두들 네가 그동안 정직했다는 것을 안다.

· One of my friends lives in Los Angeles. 내 친구 중 한 명은 Los Angeles에 산다.

· Everybody sat back and did nothing in the office. 사무실에서 모두가 수수방관만 하고 아무 일도 하지 않았다.

2 '명사절 / 동명사 / to부정사'가 주어일 때 + 단수동사

· It is true that she is honest. 그녀가 정직하다는 것은 사실이다.

· Collecting famous paintings on e-bay.com is her hobby. 이베이닷컴에서 유명 미술품을 수집하는 것이 그녀의 취미이다.

· To go back to the old days is impossible. 과거로 돌아가는 것은 불가능하다.

3   시간 / 가격 / 무게 / 거리를 나타내는 것이 주어일 때 + 단수동사

시간 / 가격 / 무게 / 거리 등이 하나의 단위를 나타내는 경우, 형태가 복수라 할지라도 단수취급

· At least three weeks is required to solve the problems.
  적어도 그 문제를 해결하기 위해서는 3주 정도가 요구된다.

· Seven hundred dollars was paid for the new laptop computer. 새 노트북 컴퓨터 때문에 700달러를 지출했다.

실제적인 시간의 경과를 나타내는 경우에는 복수로 쓴다.
Four weeks have passed since you came to school. 네가 학교에 온 이후로 4주가 지났다.
Seven days are in a week. 일주일은 7일이다.

4   '학문 이름'이 주어가 될 때 + 단수동사

economics 경제학/ ethics 윤리학 / linguistics 언어학 / mathematics 수학 / politics 정치학 / physics 물리학 / statistics 통계학 등이 주어로 사용될 경우, 주어가 복수처럼 보여도 항상 단수 동사를 써야 한다.

· Economics is the social science that studies the production, distribution, and consumption of goods and services. 경제학은 사회과학인데, 그것은 생산, 분배 그리고 상품의 소비와 제공을 수학한다.

· Mathematics is teaching the fundamental rules of the world. 수학은 세상의 기본적인 규칙을 가르친다.

수동의 뜻을 가지는 자동사의 해석
자동사는 주어가 스스로 어떤 일을 할 수 있다는 말인데, 주어가 사물인 경우 어떤 일을 할 수 있게 되는 것이 아니기 때문에, 수동의 의미를 갖게 된다.
This book sells well. 이 책은 잘 팔린다.   /   This ballpoint pen writes smoothly. 이 볼펜은 부드럽게 써진다.

Level up! 고급 영작 교실

우리말을 참고해서, 사진의 내용을 영작해 보세요.

〈1단계: 한 문장씩 영작해 보기〉

1 몇몇의 사람들이 걸어와요 / 통로를 따라서 (현재진행)

→ _____

– 몇몇의 사람들: several people
선생님 some people이라고 하면 안 되나요? 안 되지는 않지만, 양이나 수에 모두 some을 쓸 수 있지만, 눈 대강으로 판단해서
5~7명 정도의 사람이라면, several을 쓰세요. 1,2명은? A few / 10명 이상은? Some / 몇 명인지는 모르나 좀 많아 보일 때에 many
– 걸어가다: move down 또는 walk down

2 그들 뒤에는 있네요. / 한 쌍의 가게들이 (현재)

→ _____

– 뒤에: at the back of / behind와 at the back of 공간[장소]에 관해서, at the back of는 순전히 「…의 (바로) 뒤에」의 뜻으로,
behind는 「…의 뒤에 (숨어서)」의 뜻으로 쓴다.
– 한 쌍의: a couple of 같은 쌍이나, 종류가 같은 것들

3 그들은 걸어서 지나가고 있어요. / 화려한 카펫 위로 (현재진행)

→ _____

– 걸어서 지나가다(통과하여 걸어가다): walk across * 화려한 카펫: very colorful carpet

4 왼쪽의 커플은 / 손을 잡고 있는 중이며 / 걸어갈 때에요. (현재진행)

→ _____

- 왼쪽: on the left 왼편이라는 의미로 사용할 경우 항상 the를 넣어야 한다. – 손을 잡다: hold hands
- 걸어갈 때에: as they walk 물론 while they are walking을 써도 되겠지만, as는 좀 더 짧은 때를 포착하여 말을 할 때에 사용할 수 있다. 가령 …일 때, …한순간에, …와 동시에, …하면서 등의 의미로 말하고 싶다면, 오늘부터 as를 사용하자. As I entered the room 내가 방에 들어설 때 / as a boy 내가 소년일 때 / as I was speaking 내가 말하고 있을 때

〈2단계: 통째로 다시 써보기〉

1 몇몇의 사람들이 통로를 따라서 걸어와요. 그들 뒤에는 한 쌍의 가게들이 있네요. 그들은 화려한 카펫 위로 걸어가고 있어요. 왼쪽의 커플은 손을 잡고 걸어가네요.

→ _____

_____

_____

꼭 기억하자

자동사를 사용하는 것

형태: 주어 + 자동사 + 부사 또는 부사구(있으면 좋은 옵션)

의미: 주어가 동사한다.

Be동사를 사용하는 것

형태: 주어 + Be동사 + 부사구(거의 필수 옵션)

의미: 주어가 ~(부사구)에 있다.

There / Here를 사용하는 것

형태: There / Here + Be동사 + 주어 + 부사구(거의 필수)

의미: 부사구에 주어가 있다.

기억할 문장

· I study hard at the desk in the classroom. 나는 교실 안의 책상에 앉아서 공부를 열심히 한다.

· A book is on the desk in the classroom. 책 한 권이 교실 안의 책상 위에 있다.

· There is a book on the desk in the classroom. 교실 안의 책상 위에 책 한 권이 있다.

· Here is a book, which one of my students bought for his son.
여기에 책 한 권이 있는데, 그것은 내 학생들 중의 한 명이 그의 아들을 위해서 산 것이다.

· This car drives well. 이 차는 운전이 쉽다.

2형식만 알아도
영어가 된다고?

1형식의 2가지 형태

[주어의 신분 표현] My brother is a doctor in a hospital in Los Angeles.

[주어의 상태 표현] This situation is so complicated.

VITAMINS

매일 먹으면 몸에 좋은 비타민처럼 매일 복습으로 영어 실력 튼튼~

복습(復習)은, "명사로 배운 것을 다시 익힘"이라는 뜻을 갖는다. ^^! 누가 그걸 모르느냐고! 오늘부터, 여러분은 어제 배운 내용을 친절한 선생님이 시키는 대로 복습하면 된다. 복습을 통하여, 여러분은 여러 문장들을 직접 만들 수 있다는 것에 대해 자부심을 갖게 될 것이다.

다음에 제시된 우리말을 영어로 써 보시라. 만일 배운 것인데, 처음 보는 것처럼 느껴지는 분이 있다면 어떻게 해야 될지 알쥐! @.@

그가 가지고 있다. _____

나의 조부모님은 Hilton 호텔에 머무셨다. _____

Mr. Park은 새 아파트의 가장 높은 층에서 산다. _____

Jane은 그녀가 어렸을 때에 한국에서 살았다. _____

내 가족들은 주말 내내 집안에서 지냈다. _____

Mrs. Lee는 은행 옆의 빌딩에서 일을 한다. _____

당신 차가 또 고장 나 버렸어요? _____

어떻게 신용조합이 생겨나게 되었나요? _____

제가 직접 가서 이력서를 제출해야 하나요? _____

너는 누워서 자는 게 좋겠다. _____

충성(allegiance)의 맹세(pledge)를 하는 동안에 모두들 서 있다.

_____

TODAY'S 영작교실

1형식에 사용되는 완전자동사를 잘 이해했는지 궁금하다. 동사만으로 주어가 어떻다고 완전하게 주어의 의도를 설명하여, 완전한 문장이 되는 것을 완전자동사 문장이라고 한다는 것 말이다. 그런데 2형식 문장을 보면, 동사만으로는 주어가 어떻다는 내용을 다 말할 수 없다. 따라서 완전한 문장이 안 된다. 동사가 불완전하다는 말이다. 이것을 불완전자동사라고 한다. 결국, 주어의 내용을 보충 설명해 주는 단어가 필요하다. 이것을 보어라고 한다. 가수 보아가 결코 아니다. ^^!

좀 어려운 표현(불완전자동사, 완전자동사)들이 등장한다고, 겁먹지 마시고, 오늘이 2형식을 끝내는 마지막 날이라고 믿고, 저자의 설명을 잘 들어 보길 바란다.

2형식의 두 가지 형태
하나는 주어의 신분을 나타내기 위해서 명사를 사용하고, 다른 하나는 주어의 상태를 나타내기 위해서 형용사를 사용한다.

(1) 주어의 신분(명사 보어)을 나타내는 형태
'주어 + 동사 + 보어'의 2형식에 쓰인 동사는 불완전자동사로서 목적어는 사용하지 않지만 주어의 신분을 설명해 주는 보어가 꼭 필요하다. 보어로는 명사 또는 명사 상당 어구가 올 수 있다.

My brother is a doctor in a hospital in Los Angeles.

내 형은 LA에 있는 병원의 의사다. (My brother = a doctor)

My sister became a fashion designer in Seoul.

내 여동생은 서울에서 패션 디자이너가 되었다. (My sister = a fashion designer)

Her job is to teach English. 그녀의 직업은 영어를 가르치는 것이다. (Her job = to teach)

대명사 보어도 있다

This is he. 여기서 he가 대명사 보어인데, 전화상에서 "누구 있느냐고"에 대한 대답으로 "접니다"라는 표현이다.

부사도 보어로 쓸 수 있다.

우리가 일반적으로 보어는 명사와 형용사만을 사용한다고 배웠지만, 부사도 2형식 문장에서 보어로 사용할 수 있다. 물론, 부사는 문장의 꼭 필요한 요소에 해당하지 않기 때문에, 학교에서는 부사를 빼고, 명사와 형용사만을 보어로 인정한다. ^^!

A: Are you still in the middle of class? 아직 수업 중이니?

B: No, school is already over. (부사) 아뇨, 수업 벌써 끝났어요.

A: It's so hot in here. Please turn on the air conditioner. 여긴 너무 더워요. 에어컨 좀 켜 줄래?

B: It's already on. (부사) 벌써 켜 놨는데.

(2) 주어의 상태(형용사 보어)를 나타내는 형태

'주어 + 동사 + 보어'의 2형식에 쓰인 동사는 불완전자동사로서 목적어는 사용하지 않지만 주어의 상태를 설명해 주는 보어가 꼭 필요하다. 보어로는 형용사 또는 형용사 상당 어구가 올 수 있다.

> **형태: 주어 + 불완전자동사 + 형용사**
>
> **의미: 주어가 어떤 상태다.**

This situation is so complicated. 이 상황은 아주 복잡하다.

She looked uncomfortable in the swimsuit in the outdoor swimming pool.
야외 수영장에서, 그녀는 수영복 입은 모습이 불편해 보였다.

있어도 그만 없어도 그만인 유사보어

She is a tour guide. 그녀는 여행 안내원이다.
She = a tour guide이므로 주격 보어인데, 여기서는 이 주격 보어가 빠지면 She is만 남고 문장이 말이 안 된다.
성립 자체가 안 된다는 뜻인데, 이와 같이 필수적인 보어는 일반적으로 보어라고 하지만,
She went home excited. 그녀는 흥분한 상태로 집에 갔다.
뭐 때문에 흥분했는지는 몰라도, She = excited이므로 역시 주격 보어. 그런데 excited을 빼도, She went home 즉 제1형식의 완전한 문장이 된다. 이와 같이 있어도 그만, 없어도 그만인 보어를 유사보어라고 한다.

좋은 변화 vs. 나쁜 변화

1) 나쁜 상태로 변화: go + 형용사 go bad(나빠지다), go mad(미치다), go red(열 받다)
   Meat soon goes bad in hot weather. 더운 날씨에는 고기는 금세 상해요.
   Mr. Kim decided to go mad and buy a new house even though he couldn't afford it.
   미스터 김은 형편이 안 되는데도 무모하게 새 집을 사기로 했죠.
   She went red (in the face) with embarrassment. 그녀는 당황해서 얼굴이 빨개졌죠.
2) 좋은 상태로 변화: come + 형용사 come true(이루어지다)
   I believe that your dream will come true! 난 너의 꿈이 이루어질 거라고 믿어!

2형식 문장을 이루는 주요 동사

주의해야 할 것은 이렇게 많은 동사들이, 2형식으로 쓰일 때는 자동사(vi)이기에 수동태로 쓰일 수는 없다는 점이다.

(1) be형

> 의미: ~이다.
>
> 주요동사: be, remain, keep, stay, seem, appear, stand, lie, hold, continue

여기서 remain은 '~인 상태로 있다'는 의미의 2형식용법으로 쓰였는데, unoccupied라는 형용사계열인 과거분사(수동의 의미)가 왔다.

   A: Is the room occupied? 그 방은 누가 입주했나?

   B: No, the room remains unoccupied. 아직 비어 있어요.

(2) become형

> 의미: ~가 되다.
>
> 주요동사: become, grow, turn, go, run, fall, make, come, get

여기 동사들이 모두 become과 비슷한 의미라 하지만, 모두 약간의 뉘앙스 차이가 있기 때문에 뒤의 보어에 맞는 become형 동사가 어느 정도 정해져 있다.

   A: What happened to her? 그 친구 어떻게 됐니?

   B: She became a registered nurse in the United States of America. 그녀는 미국 간호사가 되었어.

(3) 감각/지각 동사

> **의미: ~느끼거나, 알아 차리다.**
>
> **주요동사: feel, smell, look, taste, sound**

여기의 동사들도 2형식으로 쓰일 경우에는 자동사(vi)이기에 절대 수동태로는 쓰일 수 없다. 또한 아래에서처럼 이들 동사가 like와 같이 쓰일 경우가 있는데, 'like'는 전치사로서 '~처럼'의 의미가 된다. (1형식 문장)

A: How does my idea sound? 제 아이디어 어떻게 들리나요?

B: That sounds like a good idea. 좋은 아이디어처럼 들리는군요.

전치사구도 보어로 쓸 수 있을까?

친구1: Let's keep in touch. 연락하자! (전치사구 = 형용사구)

친구2: Sure. I'll send you an email as soon as I arrive in San Francisco.
물론이지, 내가 San Francisco에 도착하는 즉시 이메일 쓸게.

여기서 'in touch'는 '전치사 + 명사'로 이루어진 전치사구(연락하고 있는)다. 하지만 형용사로 번역되기에 형용사구라 하는데, 형용사 계열로 보면 된다.

The book of paintings is of importance. 그 미술책은 중요하다. (no importance: 중요하지 않다)
My grandmother is in good health. (= She is healthy.) 나의 할머니는 정정하시다.

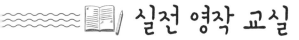

실전 영작 교실

Step 1 다음에 제시된 be형 불완전자동사를 사용하여 우리말을 영작해 보세요.

1 주차장에 있는 그 사람은 불법 침입자(trespasser)이다. (Be)

→ _____

2 David는 초등학교의 보조교사로 지냈다. (Remain)

→ _____

3 우리들은 학교에서의 비상시에 침착을 유지해야만 한다. (Keep)

→ _____

4 Christina는 생일 파티에서 한 시간 더 머물렀다. (Stay)

→ _____

5 공원의 한쪽 구석에서 놀고 있는 그 소년은 외로워 보인다. (Seem)

→ _____

6 그 마술사는 갑자기 그 무대의 중앙에 등장했다. (Appear)

→ _____

7 일어나서 당신의 책을 읽어 주시겠습니까? (Stand)

→ _____

8 William은 그의 침대에 누웠다. 왜냐하면 그는 피곤했기 때문이다. (Lie)

→ _____

9 나는 Karmina에게 Annie가 그 깃발을 콘서트 동안에 들고 있었다고 말했다. (Hold)

→ _____

10 Caitlyn는 그 선생님이 그녀에게 조용히 하라고 말함에도 불구하고 계속 떠들었다. (Continue)

→ _____

Step 2 다음에 제시된 become형 불완전자동사를 사용하여 우리말을 영작해 보세요.

1 몇 주 후에 그 작은 강아지는 큰 개가 되었다. (Become)

→ _____

2 Alan의 머리카락은 매우 빨리 자라는데, 그는 매달 머리카락을 잘라야 한다. (Grow)

→ _____

3 Adam은 그의 엄마가 그의 이름을 부르는 소리를 들었을 때, 엄마 쪽으로 돌아섰다. (Turn)

→ _____

4 나는 그 게임에서 네게 100달러를 걸겠다. (Go)

→ _____

5 그녀는 경주에서 너무 달려 숨이 찼다. (Run)

→ _____

6 사장의 새로운 제안은 우리의 기대에 미치지 못한다. (Fall)

→ _____

7 Jessica는 기금 마련 행사(fundraising fair)에서 몇 잔의 주스를 만들었다. (Make)

→ _____

8 Jason은 그의 생일 파티에 그의 친구들이 올 것을 희망한다. (Come)

→ _____

9 Jane은 신선한 공기를 마시고 일광욕을 했다. (Get)

→ _____

Step 3 다음에 제시된 감각/지각형 불완전자동사를 사용하여 우리말을 영작해 보세요.

1 기분이 어때요, Simon? (Feel)

→ _____

2 골목길(alley)에 있는 쓰레기에서 지독한(horrible) 냄새가 난다. (Smell)

→ _____

3 내가 교실에서 잃어 버린 교과서를 찾아야만 하나요? (Look)

→ _____

4 그 제과점에 있는 모든 빵들과 케이크들은 맛이 있다. (Taste)

→ _____

5 수업 끝을 알리는 종이 울렸다. (Sound)

→ _____

이럴땐 이렇게

쌍둥이라고 해서, 성격까지는 같지 않다?

진짜다. @.@ 똑같은 동사라고 해도, 하나의 동사가 사용할 때마다 다른 의미를 가질 수 있는데, 자동사와 타동사가 의미가 다른 경우가 있다.

1) 잠깐만요, 자동사가 뭔데요, 다시 한 번 설명을 부탁해요.

1과에서 설명했지만, 한 번 더 하죠. The auto runs on the freeway. 자동차가 프리웨이를 달린다에서 'runs'는 자동사이다. 문법적으로 목적어를 갖지 않는 동사. 자동사는 오로지 주어가 스스로 하는 일을 나타낸다

2) 그러면 타동사는 뭔데요?

정말, 궁금한 것이 정말 많은 학생이군요^^! 문법적으로 목적어를 갖는 동사. 타동사를 가진 주어는 무엇을 하는지를 나타내는 명사나 대명사 등을 동반한다. 먹다(I eat a banana.), 사랑하다(I love him.), 팔다(I sell pianos.) 따위의 동사는 타동사이다. 뭘 먹는데? 누굴 사랑하는데? 무엇을 파는데?와 같이 대상이 등장을 해야 한다.

Become
㉑ 되다 He became Spiderman. (그는 스파이더맨이 됐다.) ^^!
㉕ 어울리다 Wonder Woman's new dress becomes her. (= match, go well with) (원더우먼에게 그 옷은 잘 어울려요.)

Grow
㉑ 되다 She grew old. (그녀는 나이가 들었어요)　㉕ 기르다 My father is growing a beard. (우리 아빠는 수염을 기르고 있어요.)

Run
㉑ 달리다 He ran in the rain this morning. (그는 오늘 아침에 빗속을 달렸어요.), 되다 The clothes ran dry. (그 옷은 말랐어요.)
㉕ 경영하다 My mother runs a small shop. (우리 엄마는 작은 가게를 운영하고 계세요.)

Turn
㉑ 되다 She turned pale. (그녀는 창백하게 질렸어요.)　㉕ 돌리다 She turned her back. (그녀는 그에게 등을 돌렸어요.)

Stand
㉑ (서) 있다 A huge traffic sign stands there. (아주 큰 교통표지판이 서 있어요.)
㉕ 참다 She couldn't stand such manners. (그녀는 그런 태도를 참을 수 없었다.)

보너스 영작 교실 📖

☑ **주어 + 동사 + ~(주어 다음에 동사가 바로 나오는 경우)**

1 **단수 주어 + 단수 동사**

   I see the man, and he lives next door. 나는 그 남자를 알아요. 그 사람은 옆집에 살아요.

2 **복수 주어 + 복수 동사**

   My parents were worried until I got home. 우리 부모님은 제가 집에 올 때까지 걱정하고 하고 계셨어요.

☑ **주어 + [　　] + 동사(주어와 동사 사이에 수식 어구가 있는 경우)**

주어 뒤에 동사가 아닌 전치사구, 분사구, 부정사구 등 주어를 수식하는 내용이 올 경우에 주의한다.

1 **주어 + [전치사구] + 동사**

   The student [who was loud in the classroom] is a troublemaker. 우리 교실에 시끄러운 그 학생은 문제 학생이에요.

2 **주어 + [분사구] + 동사**

   The teacher [who was wearing glasses] was nice. 안경을 쓰고 있는 선생님은 좋은 분이세요.

3 **주어 + [to 부정사구] + 동사**

   The book [to be read] was long and boring. 읽어야 될 책이 길고 지루해요.

☑ **명사 + that + 동사(주격 관계 대명사절에서의 동사의 수 일치)**

주격 관계 대명사의 수는 관계대명사 앞의 명사 즉 관계대명사가 가리키는 선행사의 수와 일치시킨다.

The teacher has short hair. Do you know the teacher?

Yes, I know the teacher that has short hair.

 **Level up! 고급 영작 교실**

우리말을 참고해서, 사진의 내용을 영작해 보세요.

"시제는 뭐로 해야 하나"라고 고민하는 그대를 위한 힌트

상태를 나타내는 표현에는, 현재나 현재완료, 또는 현재완료 수동태를 사용하면 된다.

〈1단계: 한 문장씩 영작해 보기〉

1 몇 조각의 맛있어 보이는 당근 케이크가 진열되어 있어요. / 유리 카운터에 (현재완료 수동태)

  → _____

  – 맛있어 보이는: delicious-looking 편해 보이는: comfortable-looking 추리력이 좀 있는 분은 벌써 짐작이 갈 것이다. 여기서
    Looking을 사용하여 두 가지 동작을 한꺼번에 말하는 명사를 만들었다. 이때에 반드시 -(대시)를 단어 사이에 넣어 줘야 한다.
  – 유리 카운터: glass counter 일종의 진열장 형식인데, 이 경우에 카운터 정도로 해주면 된다. 카운터가 돈 계산하는 곳이 아니냐
    고? 허거덕! ㅆ 그것은 아니고, 가령 테이블이 하나 있는데, 앞이 막혀 있는 경우는 카운터라고 하면 되고, 앞이 터 있으면 테이
    블이라고 하면 된다.
  – 진열: arrange 저절로 진열될 리가 없으니까, 현재완료 수동태를 써 주자.

2 각 케이크 조각은 덮여 있어요. / 하얀색 설탕(icing)으로 / 그리고 당근은 만들어져 있어요. / 오렌지 프로스팅(orange frosting)으로 (수동태)

→ _____

- 무엇으로 덮여 있다: be covered with 또는 전치사만 바꾸어서 in, by 를 쓸 수 있다. 하지만 '…에 덮개[모자]를 씌우다', '뚜껑을 덮다', '커버를 달다', '…에 (…을) 온통 칠하다'의 경우에는 with를 쓴다.
- 하얀색 설탕: white icing 가루로 된 놈은 sugar, 녹아서 마치 옷처럼 덮여 있는 것은 icing (과자 따위의) 당의(糖衣)라고 한다.
- 오렌지 프로스팅: orange frosting 마치 서리가 내린 것처럼 덮여 씌운 것

〈2단계: 통째로 다시 써 보기〉

1 몇 조각의 맛있어 보이는 당근 케이크가 유리 카운터에 진열되어 있어요. 각 케이크 조각은 하얀색 설탕으로 덥혀 있고, 당근은 오렌지 프로스팅으로 만들어져 있어요.

→ _____

_____

_____

꼭 기억하자

💡 **자동사를 사용하는 것**

형태: 주어 + 자동사 + 부사 또는 부사구 (있으면 좋은 옵션)

의미: 주어가 동사한다.

💡 **주어의 신분(명사 보어)을 나타내는 형태**

형태: 주어 + 불완전자동사 + 명사

의미: 주어가 명사다.

💡 **주어의 상태(형용사 보어)를 나타내는 형태**

형태: 주어 + 불완전자동사 + 형용사

의미: 주어가 어떤 상태다.

💡 **2형식 문장을 이루는 주요 동사**

(1) be형: 〜이다. be, remain, keep, stay, seem, appear, stand, lie, hold, continue

(2) become형: 〜가 되다. become, grow, turn, go, run, fall, make, come, get

(3) 감각/지각동사: 〜느끼거나, 알아 차리다. feel, smell, look, taste, sound

💡 **기억할 문장**

· My brother is a doctor in a hospital in Los Angeles. 내 형은 LA에 있는 병원의 의사다.

· My sister became a fashion designer in Seoul. 내 여동생은 서울에서 패션 디자이너가 되었다.

· Her job is to teach English. 그녀의 직업은 영어를 가르치는 것이다.

· This situation is so complicated. 이 상황은 아주 복잡하다.

· She looked uncomfortable in the swimsuit in the outdoor swimming pool.
야외 수영장에서, 그녀는 수영복 입은 모습이 불편해 보였다.

3형식 많이 공부했다. 고마 해라!

[명사]	They learn English. 그들은 영어를 배운다.
[대명사]	I know him. 나는 그를 안다.
[명사구 · 부정사]	She wants to go fishing. 그녀는 낚시 가기를 원한다.
[동명사]	She likes reading comics. 그녀는 만화책 읽기를 좋아한다.
[명사절]	He knows that she is charming. 그는 그녀가 예쁘다는 것을 안다.

VITAMINS

매일 먹으면 몸에 좋은 비타민처럼 매일 복습으로 영어 실력 튼튼~

어떤 분이 영어를 써먹을 때가 적어서, 배워도 헛고생을 하는 경우가 많다고 한숨을 쉬었다. 저자가 또 난리를 쳤다. 써먹을 기회가 없다니. 말도 안 되는 소리라고 해 주었다. 왜냐하면 쓰고 또 쓰면서 반복해서 공부를 하는 것이 써먹는 기회인데, 이러한 좋은 기회를 놔두고 꼭 미국인과의 대화를 해야만 써먹는다고 생각하는 분들이 많다는 것이다. ^^! 오늘 써먹으실 기회를 드리겠다. 오직 쓰고 또 써야 실력이 늘고, 미국인을 만나도 주눅이 안 들게 될 것이다. *..*

다음에 제시된 우리말을 영어로 써 보시라. 만일 배운 것인데, 처음 보는 것처럼 느껴지는 분이 있다면, 어떻게 해야 될지 알쥐! @.@

(Be) 주차장에 있는 그 사람은 불법 침입자(trespasser)이다.

_____

(Remain) David는 초등학교의 보조교사로 지냈다.

_____

(Keep) 우리들은 학교에서의 비상시에 침착을 유지해야만 한다.

_____

(Become) 몇 주 후에 그 작은 강아지는 큰 개가 되었다.

_____

(Grow) Alan의 머리카락은 매우 빨리 자라는데, 그는 매달 머리카락을 잘라야 한다.

_____

(Turn) Adam은 그의 엄마가 그의 이름을 부르는 소리를 들었을 때, 엄마 쪽으로 돌아섰다.

_____

(Go) 나는 그 게임에서 네게 100달러를 걸겠다.

_____

(Feel) 기분이 어때요, Simon?

_____

(Smell) 골목길(alley)에 있는 쓰레기에서 지독한(horrible) 냄새가 난다.

_____

(Look) 내가 교실에서 잃어 버린 교과서를 찾아야만 하나요?

_____

TODAY'S 영작교실

파이널 3형식! 완전타동사가 뭐냐고? 남을 때리(hit)는 동사가 타동사냐고? 그런 험악한 질문은 하지 마시길 바란다. 여기서의 완전타동사가 뭐냐면, 동사만으로는 완전하게 주어가 하고자 하는 행동을 표현할 수 없기 때문에, 동작의 대상이 되는 목적어를 반드시 필요로 하는 그런 동사를 말한다. 오늘은 이러한 동사를 완전타동사라고 부르며, 어떤 것들이 있는지 또 어떻게 사용이 되는지를 공부하면 된다.

3형식의 형태

'주어 + 동사 + 목적어'의 3형식에 쓰인 동사는 완전타동사로서 동작의 대상이 되는 직접목적어가 뒤따르게 된다. 직접목적어로는 명사나 대명사, 또는 명사 상당 어구가 쓰인다. (주의: 직접목적어나, 목적어나 똑같은 말이다. 너무 용어에 얽매이기 마시길 바란다^^!)

동사의 대상이 되는 직접목적어가 필요한 형태

형태: 주어 + 완전타동사 + 직접목적어(명사 또는 명사 상당 어구, 대명사)

의미: 주어가 직접목적어를 동사한다.

직접목적어가 될 수 있는 명사와 명사 상당 어구들

(1) 명사 They learn English. (They ≠ English) 그들은 영어를 배운다.

(2) 대명사 I know him. (I ≠ him) 나는 그를 안다.

(3) 명사구 · 부정사 She wants to go fishing. (She ≠ to go fishing) 그녀는 낚시 가기를 원한다.

(4) 동명사 She likes reading comics. (She ≠ reading) 그녀는 만화책 읽기를 좋아한다.

(5) 명사절 He knows that she is charming. (He ≠ that절) 그는 그녀가 예쁘다는 것을 안다.

목적어와 보어의 구별

보어는 주어의 신분이나, 상태/성질을 설명하지만, 목적어는 주어와 이런 관계가 성립되지 않는다.

2형식 He became a doctor in the USA. 그는 미국에서 의사가 되었다. (주어 He = 보어 a doctor)

3형식 He loves the nurse in the hospital. 그는 그 병원의 간호사를 사랑한다. (주어 He ≠ 목적어 the nurse)

자동사로 오해하기 쉬운 타동사

분명한 타동사임에도 불구하고, 의미가 자동사로 여겨지게 되는 것들이 좀 있다. 정확하게 구별하여 사용하도록 하자.

Let's discuss about the pollution problem. (X)

Let's discuss the pollution problem. (O) 오염 문제에 대해서 논의해 보자.

단어	의미	틀린 표현
Access	~에 접속하다	Access to
Accompany	~을 동반하다	Accompany with
Approach	~에 다가가다	Approach to
Approve	~을 승인하다	Approve for
Check	~을 점검하다	Check for
Disclose	~을 드러내다, 폭로하다	Disclose about
Discuss	~에 관해 토론하다	Discuss about
Exceed	~을 능가하다	Exceed at
Express	~을 표현하다	Express about
Join	~에 가입하다	Join into
Marry	~와 결혼하다	Marry with
Overcome	~을 극복하다	Overcome with
Provide	~을 제공하다	Provide with
Reach	~에 도달하다	Reach to
Regret	~에 대해 유감스럽게 생각하다	Regret for
Require	~을 요구하다	Require to
Resemble	~을 닮다	Resemble with

수여동사로 착각하기 쉬운 동사: 미데라쓰프

앞 글자만 따서, 미데라쓰프(MIDERASSP)라고 해서 외웠던 완전타동사가 바로 그것이다. 시험에 자주 출제되는 단어들인데, 4형식에서 쓰는 동사로 착각해서 이 동사들 다음에 간접목적어로 목적격 대명사 등을 사용하면 안 된다. 직접목적어를 써야 한다.

> **형태: 주어 + 완전타동사 + 직접목적어(명사 또는 명사 상당 어구)**
>
> **의미: 주어가 직접 목적어를 한다.**

He explained me his success.　(X)

He explained his success to me. (O) 그는 그의 성공에 대해 나에게 설명했다.

Mention ~을 언급하다	Introduce ~을 소개하다	Describe ~을 기술하다
Explain ~을 설명하다	Repeat ~을 반복하다	Announce ~을 발표하다
Suggest ~을 제안하다	Say ~을 말하다	Propose ~을 제안하다

복합타동사(이어동사(two-word verb))

(1) 자동사 + 전치사의 형태

앞서 2형식에 쓰이는 자동사의 경우에는 목적어를 가질 수 없다고 배웠다. 왜냐하면 동사 자신만 가지고도 말이 되기 때문이다. 하지만 다음에 나오는 자동사+전치사의 형태는 타동사 역할을 하게 되어, 뒤에 직접 목적어를 갖게 된다.

> **형태: 주어 + 자동사 + 전치사 + 직접목적어(명사 또는 명사 상당 어구)**
>
> **의미: 주어가 직접목적어를 동사한다.**

She listened my song in the noraebang in Los Angeles in 2007.　(X)

She listened to my song in the noraebang in Los Angeles in 2007. (O)
그녀는 2007년도에 LA의 노래방에서 내 노래를 들었다. *..*

Account for ~을 설명하다	Add to ~을 더하다	Agree on (with) ~에 동의하다
Arrive at ~에 도착하다	Deal with ~을 다루다	Head for ~로 향하다
Interfere with ~을 방해하다	Listen to ~의 말에 귀 기울이다	React to ~에 반응하다
Reply to ~에 응답하다	Respond to ~에 응답하다	Return to ~로 돌아오다
Speak to(with) ~에게 말을 걸다	Talk to ~에게 이야기하다	Sympathize with ~을 동정하다
Wait for ~을 기다리다		

자동사와 복합타동사의 비교
1형식: She(주어) laughed(동사). 그녀는 웃었다.
3형식: She(주어) laughed at(복합타동사) him(목적어). 그녀는 그를 비웃었다.
수동태: He was laughed at by her. 그는 그녀의 의해 비웃음 당했다.

(2) 자동사 + 부사 + 전치사의 형태

I think(동사) much(부사) of(전치사) her(목적어). 나는 그녀를 중시한다.

Do away with ~을 제거하다	Get through with ~을 끝내다
Go on with ~을 계속하다	Look down on ~을 무시하다
Look forward to ~을 고대하다	Look up to ~을 존경하다
Make little of ~을 경시하다	Make much of ~을 중시하다
Put up with ~을 참다	Think little of ~을 경시하다

(3) 타동사 + 명사 + 전치사의 형태

They didn't take(동사) care(명사) of(전치사) their daughters(목적어).

그들은 자기 딸들을 돌보지 못했다.

Catch hold of ~을 잡다

Find fault with ~을 비난하다

Give an ear to ~을 경청하다

Keep company with ~와 사귀다

Make fun of ~을 놀리다

Pay attention to ~에 주의하다

Take notice of ~을 주시하다

Catch sight of ~을 보다

Give birth to ~을 낳다

Give way to ~에게 양보하다

Make allowance for ~을 참작하다

Make use of ~을 이용하다

Take advantage of ~을 이용하다

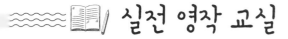

실전 영작 교실

Step 1 다음에 제시된 자동사로 오해하기 쉬운 완전타동사를 사용하여 우리말을 영작해 보세요.

1 (Access) 그 서류에 접근할 수 있을 것 같아요. 그 파일 이름을 아시나요?

→ _____

2 (Accompany) Alex는 Kelsey와 함께 플루트 듀엣(flute duet)을 했다.

→ _____

3 (Approach) 그 고양이는 천천히 아무것도 모르는 쥐에게 접근했다.

→ _____

4 (Approve) 그 선생님은 교실 앞에서 당신의 작문을 읽는 것을 허락했다.

→ _____

5 (Check) 당신은 입학 시험의 답안을 다시 확인해야만 한다.

→ _____

6 (Disclose) 그 이사회장은 몇 개의 발표(announcement)들을 그 회의에서 공개했다.

→ _____

7 (Discuss) 우리는 학교 구내 식당의 음식의 질에 관하여 화요일에 토론할 것이다.

→ _____

8 (Exceed) 이 나라는 수입이 수출보다 더 많다.(수입초과)

→ _____

9 (Express) John은 Paul에 대한 그의 분노의 느낌을 표현하지 않았다.

→ _____

10 (Join) 일요일 밤의 저녁 뷔페에 우리와 참석하실 수 있나요?

→ _____

11 (Marry) Elliot은 Gina와 다음 주에 교회에서 결혼한다.

→ _____

12 (Overcome) 언제 당신은 곤충들에 대한 무서움을 극복할 수 있을까요?

→ _____

13 (Provide) 그 선생님은 공예(arts and crafts) 수업에서 스크랩북을 위한 자료들을 제공할 것입니다.

→ _____

14 (Reach) Gloria는 선반 꼭대기에 있는 쿠키 단지(jar)에 도달할 수 없다.

→ _____

15 (Regret) Danielle 숙녀복 전문 매장(boutique)에서 그 아름다운 옷을 사지 못한 것을 후회한다.

→ _____

16 (Require) 이 차는 바디숍에서 수리를 필요로 한다.

→ _____

17 (Resemble) 당신은 당신 아버지를 매우 많이 닮았네요.

→ _____

Step 2 다음에 제시된 '미데라쓰프'형 완전타동사를 사용하여 우리말을 영작해 보세요.

1 (Mention) Camille는 폐회식의 그녀의 연설 중에 내 이름을 불렀다.

→ _____

2 (Introduce) 내가 당신을 나의 가장 좋은 친구로 소개해도 될까요?

→ _____

3 (Describe) 그 남자는 경관에게 사건의 순서(sequence) 묘사하였다.

→ _____

4 (Explain) 그 감독관(proctor)은 에세이를 쓰는데 45분이 주어진다고 설명했다.

→ _____

5 (Repeat) 그 선생님은 출발하기 전에 그녀의 지시 사항(directions)을 조심스럽게 반복했다.

→ _____

6 (Announce) 그 교장은 Rachel을 그 졸업식의(고별 연설을 하는) 졸업생 대표(valedictorian)로 발표했다.

→ _____

7 (Suggest) 내가 그녀의 책상 위에 그림을 걸어도 될지를 제안해도 될까요?

→ _____

8 (Say) Joshua는 그 역사시험이 터무니없이 어려웠다고 말했다.

→ _____

9 (Propose) 불행하게도, Noah는 Davila에게 청혼을 하지 못했다.

→ _____

Step 3 다음에 제시된 "자동사 + 부사 + 전치사형 / 타동사 + 부사 + 전치사형"을 사용하여 우리말을 영작하세요.

> do away with, get through with, go on with, look down on, look forward to, look up to, make little of, put up with, think little of, catch hold of, catch sight of, fink fault with, give birth to, give ear to, give way to

1 (Account for) 그 리포터는 TV 속보를 설명할 것이다.

→ _____

2 (Agree on (with)) 당신은 찰스 다윈(Charles Darwin's)의 진화론(theory of evolution)에 대해서 동의하는가?

→ _____

3 (Arrive at) Justin은 콘서트 때문에 학교에 4시에 도착할 것이다.

→ _____

4 (Deal with) Kathy의 제어할 수 없는 태도에 대해서 어떻게 다룰 것인가?

→ _____

5 (Head for) 나와 부모님은 Las Vegas를 가기 위해서 공항으로 향할 것이다.

→ _____

6 (Interfere with) 나는 Mr. Stevenson과 나의 토론을 방해하지 말라고 당신에게 요구한다.

→ _____

7 (Listen to) Mr. Burton의 말을 듣지 않는다면 당신은 방과후 벌로 학교에 남겨두기(detention)에 처해질 것이다.

→ _____

8 (React to) Kenny와 그의 친구들이 나의 우울함(depression)에 대해 반응한 그 방식은 정말 터무니없다 (ridiculous).

→ _____

9 (Reply to) 가능한 한 빨리 볼링(bowling)파티에 관한 나의 초대에 답장해 주세요.

→ _____

10 (Respond to) 교장 선생님(dean)은 굼뜬(tardy) 학생에게 그의 질문에 빨리 답하라고 요구했다.

→ _____

11 (Return to) 주행하던(on his way) 그 버스 기사는 다시 버스 정류장으로 돌아가서 그 늦은 학생을 태웠다.

→ _____

12 (Speak to (with)) Ms. Missouri는 절박하게 Mr. Rowley에게 말을 걸었다.

→ _____

13 (Talk to) Ryan은 그에 대하여 지껄여대는 (gossiping) 그 화가 난 소녀에게 말을 걸기가 무서웠다.

→ _____

14 (Sympathize with) 그 지도 교사들(guidance counselors)은 고향을 몹시 그리워하는(homesick) 어린이들에 대해 동정할 수 있다.

→ _____

15 (Wait for) 그 간부들은 학생들의 도착을 기다리라는 이야기를 들었다.

→ _____

동명사만 사용해야 하는 특별한 구문들

다음의 시간, 장소 등과 함께 쓰이는 동사들 뒤에는 반드시 동명사를 사용하고, to부정사 형태를 사용하지 않는 것을 기억하자.

(1) spend + 시간/돈 + 동명사 I spend some time chatting with Mr. Brown.

(2) waste + 시간/돈 + 동명사
   The president plans to waste no time pushing through a weighty package of pro—market, anti—crime reforms.

(3) sit + 장소 + 동명사 John sat at the press conference writing a letter.

(4) stand + 장소 + 동명사 She stood there wondering what to do next.

(5) lie + 장소 + 동명사 He is lying on a comfortable sofa watching the TV show.

(6) find + 명사/대명사 + 동명사 We found him by tracking the phone.
   (→ by 없는 문장. I found it all very fulfilling. To be honest, men find it embarrassing.)

(7) catch + 명사/대명사 + 동명사 One lady I know recently got into big trouble when her mother caught her smoking.

   *get into big trouble 큰 문제가 생기다

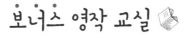

☑ 동족목적어는 또 뭐야?

원래는 자동사가 분명하지만, 어원이 같은 명사, 혹은 비슷한 뜻을 가진 명사를 목적어로 사용하여 타동사의 역할을 하는 경우를 말한다.

형식: 주어 + 완전자동사 + 목적어(완전자동사와 어원이 같거나 비슷한 명사)

의미: 주어가 목적어와 같은 것을 한다.

1   동사와 어원이 같은 경우

· Mr. Park lived a happy life. 미스터 박은 행복한 생애를 살았다.

· Jane smiled a bright smile. 제인은 밝은 미소를 지었다.

· I dreamed a strange dream. 나는 이상한 꿈을 꾸었다.

2 어형은 다르지만 의미는 유사한 경우

· They ran a race on Freeway 10. 그들은 10번 고속도로에서 경주를 했다.

· They fought a fierce battle in Rome. 그들은 로마에서 치열한 전투를 했다.

3 최상급 형용사가 오면 동족목적어를 생략하는 경우

· The woman breathed her last(breath). 그 여자는 그녀의 마지막 숨을 쉬었다. *late의 최상급 동족목적어 생략

· The man smiled his brightest(smile). 그 남자는 아주 밝게 웃었다. *형용사구의 최상급 동족목적어 생략

동족목적어 대신에 it를 쓰는 경우
명사가 중복이 될 경우에 대명사를 사용하고, 원래의 명사는 생략한다.
They fought it out to end. (it = the fight) 그들은 최후까지 싸웠다.
여기서 the fight을 또 쓰게 되면, He fought the fight to end가 되어서 fight가 중복된다. ^^! 따라서 it을 사용
해서 처리한다.

Level up! 고급 영작 교실

우리말을 참고해서, 사진의 내용을 영작해 보세요.

〈1단계: 한 문장씩 영작해 보기〉

1   와인 6병 / 과 5개의 와인잔 등이 / 놓여져 있어요 / 유리로 된 판매대(counter) 위에 (수동태)

→ _____

  – 와인 6병: Six bottles of wine '6 wine bottles'라고 하면 의미는 통하겠지만, 콩글리쉬에 가깝다. 그리고 숫자 '12' 이하를 글로
    쓸 경우에는 반드시 풀어서 적어야 한다. 가령 '2사람' 하면, '2 people'가 아니라, 'Two people'라고 해야 한다. 13부터는 숫자
    를 적어도 된다. 최근에는 10부터는 숫자로 쓰기도 하니까 주의해야 한다.
  – 판매대: counter이 경우에 꼭 돈 내는 계산대만을 생각하시기 쉬운데, (은행·상점 따위의) 계산대, 판매대, 카운터 등을 모두 포
    함하여, 여기에는 판매대 정도로 번역하면 된다. ^^!

2   판매대 안에는 놓여 있어요 / 3개 이상의 와인 병들이 (현재)

→ _____

  – 안에, 안쪽에: inside + 명사

〈2단계: 통째로 다시 써 보기〉

1   와인 6병과 5개의 와인잔들이 유리로 된 판매대 위에 놓여져 있어요. 판매대 안에는 3개 이상의 와인 병
    들이 놓여 있어요.

→ _____   _____

_____

_____

꼭 기억하자

💡 **동사의 대상이 되는 직접목적어가 필요한 형태**

형태: 주어 + 완전타동사 + 직접목적어(명사 또는 명사 상당 어구)

의미: 주어가 직접목적어를 한다.

💡 **수여동사로 착각하기 쉬운 동사: 미데라쓰프**

형태: 주어 + 완전타동사 + 직접목적어(명사 또는 명사 상당 어구)

의미: 주어가 직접목적어를 한다.

💡 **복합타동사**

(1) 자동사 + 전치사의 형태

형태: 주어 + 자동사 + 전치사 + 직접목적어(명사 또는 명사 상당 어구)

의미: 주어가 직접목적어를 한다.

(2) 자동사 + 부사 + 전치사의 형태

(3) 타동사 + 명사 + 전치사의 형태

💡 **기억할 문장**

· Mr. Park lived a happy life. 미스터 박은 행복한 생애를 살았다.

· Jane smiled a bright smile. 제인은 밝은 미소를 지었다.

· I dreamed a strange dream. 나는 이상한 꿈을 꾸었다.

· They ran a race on Freeway 10. 그들은 10번 고속도로에서 경주를 했다.

· They fought a fierce battle in Rome. 그들은 로마에서 치열한 전투를 했다.

4형식은
남 얘기만 하는 사람

[3형식] I wished her a happy birthday. (직접목적어).

나는 행복한 생일을 소원한다. 누구의? + Kelly(간접목적어)

= [4형식] I wished Kelly a happy birthday. 나는 Kelly의 행복한 생일을 소원한다.

= [3형식] I wished a happy birthday to Kelly.

나는 행복한 생일을 소원한다 Kelly에게.

VITAMINS

매일 먹으면 몸에 좋은 비타민처럼 매일 복습으로 영어 실력 튼튼~

영어에서 사용되는 표현은 모두 5형식 안에 있다는 것을 알자고 배우는 것이 아니라, 나도 그런 문장을 작성하는 데 도움이 되기 위해서 문장의 5형식을 자세히 배워 가는 것이다. 써먹지 못할 공부나, 교훈은 아무런 소용이 없다. 최근에 스님 한 분에게 영작을 가르치고 있는데, 정말 열심히 하신다. 아! 스님이 왜 영작이 필요할까? 스님은 당신도 이런 종류의 영어가 필요 없을 것이라고 평생을 굳게 믿고 살았다고 한다. 이하 각설하고, 시키는 대로, 열심히 따라 하는 학생이 아름답다. 여러분들도 아름다워지고 싶다면? 아름다운 사람들. 아시아나 항공이냐고? 웃기지 말고, ^.^ 시키는 대로 열심히 쓰고 또 쓰시라.

다음에 제시된 우리말을 영어로 써 보시라. 만일 배운 것인데, 처음 보는 것처럼 느껴지는 분이 있다면, 어떻게 해야 될지 알쥐! @.@

(Access) 그 서류에 접근할 수 있을 것 같아요. 그 파일 이름을 아시나요?

_____

(Accompany) Alex는 Kelsey와 함께 플루트 듀엣(flute duet)을 했다.

_____

(Approach) 그 고양이는 천천히 아무것도 모르는 쥐에게 접근했다.

_____

(Approve) 그 선생님은 교실 앞에서 당신의 작문을 읽는 것을 허락했다.

_____

(Mention) Camille는 폐회식의 그녀의 연설 중에 내 이름을 불렀다.

_____

(Account for) 그 리포터는 TV 속보를 설명할 것이다.

_____

(Agree on (with)) 당신은 찰스 다윈(Charles Darwin's)의 진화론(theory of evolution)에 대해서 동의하는가?

_____

(Arrive at) Justin은 콘서트 때문에 학교에 4시에 도착할 것이다.

_____

(Head for) 나와 부모님은 Las Vegas를 가기 위해서 공항으로 향할 것이다.

_____

(Interfere with) 나는 Mr. Stevenson과 나의 토론을 방해 하지 말라고 당신에게 요구한다.

_____

TODAY'S 영작교실

4형식은 3형식(S + V + D.O)에 '~에게'라는 뜻을 가진 간접목적어를 추가한 형식이다. 간접목적어(I.O)는 오로지 사람 명사(Tom, Bill, my father, my son)와 대명사(him, her, us, them 등)만 오고, 직접목적어(D.O)는 명사 계열이 올 수 있다. 하지만 3형식으로 쓰이는 타동사가 모두 4형식에서 쓰일 수 있는 것은 아니다. 3, 4형식으로 동시에 쓰이는 타동사도 있지만, 4형식으로만 쓰이는 동사로는 give, tell, call, send, lend, telephone, teach, offer, buy, make, ask 등이 있다.

중요한 것은 이들과 같이 4형식으로 쓰이는 동사를 수여동사라고도 하는데, 주기도 하고, 받기도 하는 의미를 가진 동사를 의미한다. 오늘은 4형식에 대해서, 마지막으로 후회가 없도록 밤새도록 공부해 보자!

4형식의 원래 형태

4형식은 무엇보다도 목적어가 두 개라는 것이 특징인데, 직접적으로 주고받는 무엇인가를 뒤에 말한다는 것이 특징이라서, 많은 학생들이 우리말의 어순과 달라 이것을 혼동하는 경우가 많다.

> 형태: 주어 + 수여동사 + 간접목적어 + 직접목적어
>
> 의미: 주어가 간접목적어에게 직접목적어를 동사한다.

3형식: I wished a happy birthday to Kelly. 나는 행복한 생일을 소원한다. 누구의? + to Kelly(간접목적어)

4형식: I wished Kelly a happy birthday. 나는 Kelly의 행복한 생일을 소원한다.

직접목적어가 it, them 같은 대명사인 경우는 4형식이 안 되고, 3형식 문장만 가능하다.

She gave it to me. (O)   She gave me it. (X)

Will you find them for me? (O)   Will you find me them? (X)

형태는 4형식으로만 쓰고, 해석은 3형식으로 하는 동사

envy ~을 부러워하다, save ~을 덜어주다, cost ~의 값이 들다(~의 대가를 치루다), forgive ~을 용서하다,
pardon ~을 용서하다

I envy him for his wealth. (O) 나는 그의 부를 부러워한다.

I envy his wealth to him. (X) 간접목적어를 뒤로 보낼 수 없다.

This help will save us a lot of trouble. 이것으로 우리는 수고를 많이 덜 수 있을 것이다.

These pianos will cost us $2,000 each. 이 피아노는 우리가 대당 2,000달러를 지불해야 한다.

My professor forgave him for his thoughtless remark. 교수는 그의 생각 없는 발언을 용서했다.

You will pardon him for his mistakes. 당신은 그의 잘못을 용서할 것이다.

4형식을 3형식으로 전환

4형식 문장은 간접목적어(~에게)와 직접목적어(~을)를 둘 다 취하는 수여동사가 쓰인다. 수여동사는 이 두 개의 목적어의 위치를 바꾸어 쓸 수도 있다. 이때에 간접목적어 앞에 오는 전치사의 종류에 따라서, 다음과 같이 분류가 가능하다.

(1) To

4형식 형태: 주어 + 수여동사 + 간접목적어 + 직접목적어

3형식 형태: 주어 + 수여동사 + 직접목적어 + to + 간접목적어

의미: 주어가 간접목적어에게 직접목적어를 준다.

Give형의 동사가 해당된다. give, bring, send, offer, show, tell, teach, write, hand, pay, sell, lend, read 등

4형식: My mother gave me a watch for my birthday.
→ 3형식: My mother gave a watch to me for my birthday. 어머니는 생일 선물로 나에게 시계를 사줬다.
4형식: (You) bring me a glass of water.
→ 3형식: (You) bring a glass of water to me. 나에게 물 한 잔 가져다 주세요.
4형식: We sent her an e-mail.
→ 3형식: We sent an e-mail to her. 우리는 그녀에게 이메일을 보냈다.

(2) For

4형식 형태: 주어 + 수여동사 + 간접목적어 + 직접목적어

3형식 형태: 주어 + 수여동사 + 직접목적어 + for + 간접목적어

의미: 주어가 간접목적어에게 직접목적어 때문에 한다.

Buy형의 동사가 해당된다. build, cook, buy, choose, get, find, leave, make, provide, do, sing, gain 등

4형식: He will buy you a book tomorrow.
→ 3형식: He will buy a book for you tomorrow. 그는 내일 너에게 책을 사줄 것이다.
4형식: This hotel will provide us food and drink during the show.
→ 3형식: This hotel will provide food and drink for us during the show.
　　　　　이 호텔 측에서 음식과 음료를 그 쇼 동안에 제공할 것이다.
4형식: I will cook my friend a delicious dinner tonight.
→ 3형식: I will cook a delicious dinner for my friend tonight. 나는 오늘밤 내 친구를 위해 요리를 할 것이다.

(3) Of

4형식 형태: 주어 + 수여동사 + 간접목적어 + 직접목적어

3형식 형태: 주어 + 수여동사 + 직접목적어 + of + 간접목적어

의미: 주어가 간접목적어에게 직접목적어를 구한다.

Ask 형의 동사가 해당된다. ask, beg, inquire, demand 등

4형식: My friend asked my college professor for advice.

→ 3형식: My friend asked some advice of my college professor. 내 친구는 학교의 교수에게 조언을 구했다.

4형식: The proctor inquired Mr. Kim the passport in the testing center .

→ 3형식: The proctor in the testing center inquired about Mr. Kim's passport.
　　　　 그 감독관은 시험장 안에서 미스터 김에게 여권을 요구했다.

4형식: The chairman demanded the protester give an immediate explanation in the meeting.

→ 3형식: The chairman demanded an immediate explanation by the protester in the meeting.
　　　　 그 사회자는 회의에서 그 반대자에게 즉각적인 해명을 요구했다.

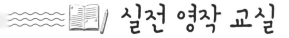

실전 영작 교실

Step 1 다음에 제시된 문장을 보기와 같이 영작해 보세요.

> **보기** 3형식: Mom gave ten dollars at home. + me   어머니는 나에게 집에서 10불을 주셨다.
> → 4형식: <u>Mom gave me ten dollars at home.</u> → 3형식: <u>Mom gave ten dollars to me at home.</u>

1 John teaches math at the college. + the girl   존은 대학에서 여학생들에게 수학을 가르친다.

→ 4형식: _____. → 3형식: _____.

2 The book costs twenty dollars. + the teacher   그 책은 선생님에게 20불에 팔린다.

→ 4형식: _____. → 3형식: _____.

3 She asked some newspapers in her office. + Steve   그녀는 Steve에게 그녀의 사무실에서 약간의 신문을 요구했다.

→ 4형식: _____. → 3형식: _____.

4 She writes a note (letter) in the class. + Sam   그녀는 교실에서 샘에게 편지를 쓴다.

→ 4형식: _____. → 3형식: _____.

5 He passed the book. + her   그는 그녀에게 그 책을 건네주었다.

→ 4형식: _____. → 3형식: _____.

6 Tell the plan. + Eric   Eric에게 그 계획을 말해라.

→ 4형식: _____. → 3형식: _____.

7 Mike sold his bike. + John   Mike는 그의 자전거를 존에게 팔았다.

→ 4형식: _____. → 3형식: _____.

8 Would you take the papers + your teacher?   그 종이들을 당신의 선생님에게 가져다 주겠니?

→ 4형식: _____. → 3형식: _____.

9 Would you please lend a pencil + me?   나에게 연필 한 자루를 빌려 주겠니?

→ 4형식: _____. → 3형식: _____.

10 Mother always reads bedtime stories. + the baby
    어머니는 항상 베드타임(잠자리에서 읽어주는 동화) 스토리를 그 아기에게 읽어 주죠.

→ 4형식: _____. → 3형식: _____.

1 (Give) 당신은 그 사무원에게 당신의 이름과 주소를 주어야만 합니다.

→ _____

2 (Bring) 당신은 어머니에게 여분의 옷들을 내일까지 갖다 주어야 합니다.

→ _____

3 (Send) 당신은 당신의 등록 서류를 다음 금요일까지 사무실에 보내야 합니다.

→ _____

4 (Offer) 그 영업사원은 그 물건을 터무니없는(unreasonable) 가격에 사라고 제안했다.

→ _____

5 (Show) 내 여자 친구는 나에게 그녀의 락 컬렉션(rock collection)을 어제 보여 주었다.

→ _____

6 (Tell) Paul은 Roy에게 Stanley는 오늘 학교에 오지 않을 것이라고 말했다.

→ _____

7 (Teach) Carl은 나에게 어떻게 "미역(seaweed)"을 일본말로 말하는지를 가르쳐 주었다.

→ _____

8 (Write) Gabriel은 Helen에게 그의 밴드 콘서트가 어떠했는지를 설명하는 편지를 썼다.

→ _____

9 (Hand) Noah은 Jim에게 수학 수업에서 문제를 푸는 것을 도와주었다.

→ _____

10 (Pay) 당신은 선생님에게 40달러를 졸업 앨범 값으로 지불해야만 한다.

→ _____

11 (Pay) Gordon은 Neal에게 50센트를 새 검정 펜 값으로 지불했다.

→ _____

12 (Sell) Andrew는 Christine에게 중고 수학 교재를 여름 학기를 위해서 팔았다.

→ _____

13 (Lend) 나는 Annie에게 나의 검정색 바지를 그녀가 콘서트에서 입도록 하기 위해 빌려 주었다.

→ _____

14 (Read) Maria는 그녀의 선생님에게 내일의 의식(ceremony)을 위해서 연설 샘플들을 읽어 주었다.

→ _____

Step 3 다음에 제시된 buy형 수여동사를 사용하여 우리말을 4형식으로 영작해 보세요.

1 (Build) Tony는 그의 아들을 위해서 개 집을 짓습니다.

→ _____

2 (Cook) 나는 어머니께 수프를 부엌에서 요리해 드렸다.

→ _____

3 (Buy) 나는 약간의 채소들을 그 식료품점(grocery store)에서 네게 사 줄 것이다.

→ _____

4 (Choose) Peter는 Frank의 생일을 위해서 3개의 티셔츠를 골랐다.

→ _____

5 (Get) 나는 가능한 한 빨리 결혼(get a wife)을 해야겠다.

→ _____

6 (Find) 나는 당신에게 정원 가꾸기가 매우 치유 효과(therapeutic)가 크다고 생각한다.

→ _____

7 (Leave) 허드렛일은 나한테 맡기세요.

→ _____

8 (Make) 나는 지난 밤에 32개의 브라우니(brownies)를 어머니께 만들어 드렸다.

→ _____

9 (Provide) 나는 나의 여동생에게 그녀의 리포트를 위해 책들을 주었다.

→ _____

10 (Do) 어머니께서 내일 아침 나에게 오믈렛을 만들어 주실 것이다.

→ _____

11 (Sing) 할머니께서는 나에게 찬송가를 아주 잘 불러 주신다.

→ _____

12 (Gain) 당신은 우리 농구팀에 당신의 3점 슛으로 승리를 안겨 주었습니다.

→ _____

Step 4 다음에 제시된 ask형 수여동사를 사용하여 우리말을 4형식으로 영작해 보세요.

1 (Ask) 샤론은 그녀의 선생님에게 개구리들에 관하여 질문했다.

→ _____

2 (Beg) 그 작은 소년은 그의 어머니에게 새 휴대폰을 사달라고 간청했다.

→ _____

3 (Inquire) 그 목사는 교회에 다음 주 기도회 모임을 요구했다.

→ _____

4 (Demand) 그 강도는 그 주인에게 가게의 모든 보석들을 달라고 했다.

→ _____

이럴땐 이렇게

능동 형식의 수동태를 아시나요?

도대체 뭔 말이에요? 능동이면 능동이고, 수동이면 수동이지 @.@
태라고 하는 것은, 어떤 동작이 발생한다는 것을 말하는데, 능동이라고 하면, 주어가 남에게 동작을 가하는 표현으로 동작을 하는 쪽에 중점을 두는 것을 말한다. 누가 모르느냐고 ^^! 이에 반하여, 수동이라고 하는 것은 주어가 남으로부터 동작을 받는 표현으로 동작을 받는 쪽에 중점을 둔 문장이며, 형태는 〈be + p.p〉이다. 이것 역시 누가 모르냐고? 하지만 이것은 모를 것이다. 능동 형식의 수동태. 어 정말 모르겠네 @.@ 오늘 끝장내자!

(1) 다음 동사는 문장에서 능동 형식으로 사용되지만, 수동의 뜻을 나타낸다. (토익 시험에서 무지하게 많이 출제되는 항목이다.)

　cut 잘리다, peel (껍질, 피부)가 벗겨지다, read 읽히다, sell 팔리다, wash 세탁되다
　The old walls are peeling (off). 오래된 벽이 벗겨져 가고 있다.
　The poem is read loudly in the class. 그 시는 교실에서 큰 소리로 낭송되고 있다.

(2) 아래의 동사들을 사용할 경우 그 다음에 능동형 동명사가 사용되지만, 문장 자체는 수동의 의미를 가지고 있으며, 동명사를 〈to be + p.p〉 의 형태로 변환하여 사용할 수도 있다.

deserve, require, want, need + 동명사 / 〈to be + p.p〉
The new wall needs painting. 새로 만든 벽은 페인트 칠이 되어야 한다.
→ The new wall needs to be painted.
The new questions on TOEFL deserve solving. 그 토플의 새 문제들은 풀어 볼 만한 가치가 있다.
→ The new questions on TOEFL deserve to be solved.

보너스 영작 교실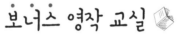

☑ 지각동사의 수동태

주로 see, hear 같은 지각동사가 쓰인 「지각동사 + 목적어 + 원형부정사」의 수동태 구문은 「be동사 + 지각동사의 과 거 분사형 + to부정사」의 형태가 된다. 주의해야 할 것은 이때 목적격 보어로 쓰인 원형부정사는 수동태가 되면 to 부정사로 바뀐다는 것이다. 설명을 잘 들었다면, 연습을 통해서 익혀 보시라.

1 I saw her go out of the room. 나는 그녀가 방에서 나가는 것을 보았다.

→ _____

2 We saw him swim in the river. 우리는 그가 강에서 수영하는 것을 보았다.

→ _____

3 They saw a beggar enter the hotel. 그들은 거지가 호텔에 들어가는 것을 보았다.

→ _____

4   I heard several birds sing on the roof. 나는 지붕 위에서 여러 마리의 새들이 지저귀는 소리를 들었다.

    → _____

5   We heard the doorbell ring. 우리는 현관 초인종이 울리는 소리를 들었다.

    → _____

☑ 사역동사의 수동태

주로 make 같은 사역동사가 쓰인 「사역동사 + 목적어 + 원형부정사」의 수동태 구문은 「be동사 + 사역동사의 과거분사형 + to부정사」의 형태가 된다. 주의해야 할 것은 이때 목적격 보어로 쓰인 원형부정사는 수동태가 되면 to부정사로 바뀐다는 것이다.

1   The doctor made him stop smoking. 의사는 그에게 금연하도록 했다.

    → _____

2   Mother made me clean the room. 어머니는 나에게 방을 치우도록 하셨다.

    → _____

3   They made him go there alone. 그들은 그를 그곳에 혼자 가도록 했다.

    → _____

4   The president made me accept the attractive proposition.

    그 사장은 나에게 매우 매력적인 제안을 받아들이도록 했다.

    → _____

5   The strange sound made him look away on the walkway.

    이상한 소리가 그로 하여금 통로에서 눈길을 돌리게 했다.

    → _____

Level up! 고급 영작 교실

우리말을 참고해서, 사진의 내용을 영작해 보세요.

〈1단계: 한 문장씩 영작해 보기〉

1 한 남자가 집고 있어요 / 약간의 음식을 / 아래 그릇에서 / 진열대에서 (현재진행)

　→ _____

　– 한 남자: a man 누가 이런 걸 모를까? 하고 생각하시는 분들만 빼고, 잘 들어보시라. 일반적으로 사진을 설명할 때에 등장하는 사람을 잘 말해야 한다. 처음 말할 때에는 등장인물이 만일 남자라면 반드시 a man, the man, he의 순서로 진행한다. 만일 여자라면 a woman, the woman, she의 순서로 진행하며 설명해야 한다. 앞의 a man이나 a woman을 건너뛰고 바로 the man / the woman이라고 하면, 그 남자나 여자를 이미 알고 있는 경우라고 가정하기 때문에 무리가 좀 따르게 된다. 다만, 그 사진에서 한 남자만 등장하고 또 한 문장만 말하고 싶다면, the man으로 해도 무방하다. ^^!
　– 그릇: pot 일종의 용기인데, 우리가 아는 항아리나, 음식 담는 용기나 마찬가지로 써도 된다.

2 이 장면에서 / 그 남자 앞쪽의 요리사는 밀고 있어요 / 더 많은 음식을 / 손님들을 위해서 / 가져갈 수 있

　도록 (현재진행)

　→ _____

　– 장면: scene 물론 picture, photo라고 해도 된다.
　– 밀고 있다: putting out
　– 가져가다: take 이 경우에 eat, have라고 해도 되지만, 서서 음식을 집어 가면서 먹는 사람은 드물기 때문에, 일단은 가져가기 정도로 영작하는 것이 좋겠다.

⟨2단계: 통째로 다시 써 보기⟩

1 한 남자가 진열대에서 약간의 음식을 아래 단지에서 집고 있어요. 이 장면에서, 그 남자 앞쪽의 요리사는 더 많은 음식을 손님들이 가져갈 수 있도록 밀고 있어요.

→ _____ _____

_____

_____

_____

[정답 확인하기]

Step 1
1) John teaches the girl math at the college. John teaches math to the girl at the college. 2) The book cost the teacher twenty dollars. The book cost twenty dollars to the teacher. 3) She asked Steve for some newspapers in her office. She asked some newspapers to Steve in her office. 4) She writes Sam a note in the class. She writes a note to Sam in the class. 5) He passed her the book. He passed the book to her. 6) Tell Eric the plan. Tell the plan to Eric. 7) Mike sold John his bike. Mike sold his bike to John. 8) Would you take your teacher the papers? Would you take the papers to your teacher? 9) Would I please lend me a pencil? Would you please lend a pencil to me? 10) Mother always reads the baby bedtime stories. Mother always reads bedtime stories to the baby.

Step 2
1) You should give the receptionist your name and address. 2) You should bring the mother the extra clothes by tomorrow. 3) You must send the office your registration form by next Friday. 4) The salesperson offered me the item at an unreasonable price. 5) My girlfriend showed me her rock collection yesterday. 6) Paul told Roy that Stanley did not come to school today. 7) Carl taught me how to say "seaweed" in Japanese. 8) Gabriel wrote Helen a letter explaining how his band's concert was. 9) Noah handed Jim the questions in math class. 10) Pay the teacher 40 dollars for the yearbook. 11) Gordon paid Neal 50 cents for the new black pen. 12) Andrew sold Christine a used math textbook for the summer course. 13) I lent Annie my black pants for her to wear at her concert. 14) Maria read her teacher some speech samples for tomorrow's ceremony.

Step 3
1) Tony built his son a doghouse. 2) I cooked my mother some soup in the kitchen. 3) I bought you some vegetables at the grocery store. 4) Peter chose three T-shirts for Frank's birthday present. 5) I will get a wife as soon as I can. 6) I find gardening to be very therapeutic. 7) Please leave me some chores. 8) I made my mother 32 brownies last night. 9) I provided my sister books for her book reports. 10) Mother will make me an omelet tomorrow morning. 11) Grandmother sang me a hymn very well. 12) You won the basketball game with your 3-point shot.

Step 4
1) Sharon asked her teacher about frogs. 2) The little boy begged his mother to buy a new cell phone. 3) The pastor inquired about the prayer meeting in church the next week. 4) The robber demanded all of the jewelry from the owner at the shop.

보너스영작교실
＊지각 동사의 수동태 1) She was seen to go out of the room. 2) He was seen to swim in the river. 3) A beggar was seen to enter the hotel. 4) Several birds were heard to sing on the roof. 5) The doorbell was heard to ring.

＊사역 동사의 수동태 1) He was made to stop smoking. 2) I was made to clean the room. 3) He was made to go there alone. 4) I was made to accept the attractive proposition. 5) He was made to look away on the walkway.

Level up!
1) A man is taking some hot food from out of a pot on the counter. 2) In this scene, the chef to his front is putting out more food for the guests to take.

꼭 기억하자

4형식의 원래 형태

형태: 주어 + 수여동사 + 간접목적어 + 간접목적어

의미: 주어가 간접목적어에게 직접목적어를 한다.

4형식을 3형식으로 전환

(1) To

형태: 주어 + 수여동사 + 직접목적어 + to + 간접목적어

의미: 주어가 간접목적어에게 직접목적어를 준다.

*Give 형의 동사: give, bring, send, offer, show, tell, teach, write, hand, pay, sell, lend, read 등

(2) For

형태: 주어 + 수여동사 + 직접목적어 + for + 간접목적어

의미: 주어가 간접목적어에게 직접목적에 때문에 한다.

*Buy 형의 동사: build, cook, buy, choose, get, find, leave, make, provide, do, sing, gain 등

(3) Of

형태: 주어 + 수여동사 + 직접목적어 + of + 간접목적어

의미: 주어가 간접목적어에게 직접목적어를 구한다.

*Ask 형의 동사: ask, beg, inquire, demand 등

기억할 문장

· Gordon paid Neal 50 cents for the new black pen.

Gordon은 Neal에게 50센트를 새 검정 펜 때문에 지불해야 한다.

· Andrew sold Christine a used math textbook for the summer course.

Andrew는 Christine에게 중고 수학 교재를 여름 학기를 위해서 팔았다.

· I lent Annie my black pants for her to wear at her concert.

나는 Annie에게 나의 검정색 바지를 그녀가 콘서트에서 입도록 하기 위해 빌려 주었다.

· Maria read her teacher some speech samples for tomorrow's ceremony.

Maria는 그녀의 선생님에게 내일의 의식을 위해서 연설 샘플들을 읽어 주었다.

5형식의
세 얼굴을 알려 주마!

[목적어와 목적보어가 필요한 형태]

The president appointed Mr. Lee a section chief.
그 사장은 미스터 리를 부장으로 임명했다.

[보어 동반 사역동사의 형태]

Mr. Park had his car repaired (by someone). 미스터 박은 그의 자동차를 수리시켰다.

[목적보어 앞에 as를 사용하는 형태]

You regarded him as fit for the job. 당신은 그가 그 일에 적합하다고 간주했다.

VITAMINS

매일 먹으면 몸에 좋은 비타민처럼 매일 복습으로 영어 실력 튼튼~

기[氣]라는 말은 명사로 숨을 쉴 때에 나오는 기운이나, 정기, 생기 등을 말한다. 때로는 동양철학에서 만물이 생성되는 힘을 말한다. 라이팅을 잘하게 되면 기가 살아나서, 영어에 자신감을 갖게 된다. 오늘도 복습을 통해서 자신감, 즉 기를 키워 보시길 바란다.

다음에 제시된 우리말을 영어로 써 보시라. 만일 배운 것인데, 처음 보는 것처럼 느껴지는 분이 있다면, 어떻게 해야 될지 알쥐! @.@

(Give) 당신은 그 사무원에게 당신의 이름과 주소를 주어야만 합니다.

_____

(Bring) 당신은 어머니에게 여분의 옷들을 내일까지 갖다 주어야 합니다.

_____

(Send) 당신은 당신의 등록 서류를 다음 금요일까지 사무실에 보내야 합니다.

_____

(Offer) 그 영업사원은 그 물건을 터무니없는(unreasonable) 가격에 사라고 제안했다.

_____

(Build) Tony는 그의 아들을 위해서 개 집을 짓습니다.

_____

(Cook) 나는 어머니께 수프를 부엌에서 요리해 드렸다.

_____

(Buy) 나는 약간의 채소들을 그 식료품점(grocery store)에서 네게 사 줄 것이다.

_____

(Ask) 샤론은 그녀의 선생님에게 개구리들에 관하여 질문했다.

_____

(Beg) 그 작은 소년은 그의 어머니에게 새 휴대폰을 사달라고 간청했다.

_____

(Inquire) 그 목사는 교회에 다음 주 기도회 모임을 요구했다.

_____

TODAY'S 영작교실

파이널 5형식! 별 다섯 개 호텔이 제일 좋다는 것과 5형식이 형식 중에서 제일 좋은 형식이라는 것은 정말 다른 이야기다. *..* 목적어를 통해서, 동사의 동작을 구체적으로 설명하긴 하는데, 뭔가 더 설명을 하고 싶을 때에 목적어만을 설명해 주는 보어를 등장시켜서, 보다 완벽한 문장을 만들고 싶을 때에 사용하면 된다. 「주어 + 동사 + 목적어 + 목적보어」의 5형식에 쓰인 동사는 불완전타동사라 하는데, 불완전타동사는 뒤에 목적어와 그 목적어를 설명하는 목적보어를 필요로 한다.

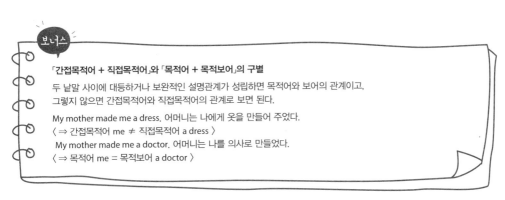

보너스

「간접목적어 + 직접목적어」와 「목적어 + 목적보어」의 구별
두 낱말 사이에 대등하거나 보완적인 설명관계가 성립하면 목적어와 보어의 관계이고,
그렇지 않으면 간접목적어와 직접목적어의 관계로 보면 된다.
My mother made me a dress. 어머니는 나에게 옷을 만들어 주었다.
〈 ⇒ 간접목적어 me ≠ 직접목적어 a dress 〉
My mother made me a doctor. 어머니는 나를 의사로 만들었다.
〈 ⇒ 목적어 me = 목적보어 a doctor 〉

5형식의 세 가지 형태

5형식 문장에서 목적어와 목적보어는 주술관계로, 목적보어 자리에는 명사, 형용사, 분사, to부정사, 동사원형 등이 올 수 있다. 5형식의 중요한 포인트는 목적어의 입장에서 문장을 이해하면 된다. 예를 들면, 'I want you to understand me. 나는 당신이 나를 이해했으면 해요'에서 보는 것과 같이 you와 understand는 뗄 수 없는 관계를 가진다.

목적어와 목적보어의 관계가 능동적인 경우에는 동사원형이나 ~ing 형태를, 수동적인 경우에는 과거분사(p.p)의 형태를 목적보어로 취한다.

주술관계?
주술(주어와 동사의 관계)이라고 하지 말고, 같은 내용이라고 보자. 목적어와 목적보어는 같은 말이라고 생각하면 더 쉽다. ^^!

동사의 대상이 되는 목적어와 목적보어가 필요한 형태

> **형태: 주어 + 불완전타동사 + 목적어 + 목적보어**
>
> **의미: 주어가 목적어를 목적보어 하게 동사한다.**

사용되는 불완전타동사에 따라서, 목적어 뒤에 오는 목적보어에 명사, 형용사, to부정사, 현재분사, 과거분사 등을 사용하게 된다.

(1) 명사형: appoint, call, select

> **형태: 주어 + 동사 + 목적어 + 명사**
>
> **의미: 주어가 목적어에게 명사를 동사한다.**

I appointed the girl my assistant. 나는 그 소녀를 내 보조원으로 임명했다.

Karen called her brother a hero. Karen은 그의 남동생을 영웅이라고 불렀다.

(2) 형용사형: drive, paint, keep, find

> 형태: 주어 + 동사 + 목적어 + 형용사
>
> 의미: 주어가 목적어를 형용사 하게 동사한다.

I carefully drove my car. 나는 내 차를 조심스럽게 운전했다.

The men fantastically painted the wall. 그 남자들은 그 벽을 환상적으로 칠했다.

(3) to부정사형: allow, compel, forbid, permit, urge, tell, cause

> 형태: 주어 + 동사 + 목적어 + to부정사
>
> 의미: 주어가 목적어에게 to부정사 하게 동사한다.

The writer allowed his editor to modify his document.
그 작가는 그의 편집자에게 그의 문서를 수정하게 허락했다.

The chocolate compelled Diana to break her diet.
그 초콜릿은 Diana의 다이어트를 그만두도록 강요했다.

(4) 현재분사형: catch, find, keep

> 형태: 주어 + 동사 + 목적어 + 현재 분사
>
> 의미: 주어는 목적어가 현재분사하는 것을 동사한다.

My little brother caught insects running in the fields.
내 남동생은 들판에서 날고 있는 곤충들을 잡았다.

I find this method very satisfying. 나는 이 방법이 아주 만족스럽다.

(5) 과거분사형: get, hear, make, have, keep

> **형태: 주어 + 동사 + 목적어 + 과거분사(p.p)**
>
> **의미: 주어는 목적어를 과거분사하게 동사한다.**

I got a hundred-dollar bill withdrawn from the bank yesterday.
나는 백 달러를 은행으로부터 어제 인출을 했다.

Hailey heard some weird sounds made by the baby.
Hailey는 이상한 소리가 아기로부터 나는 것을 들었다.

사역동사의 5형식

사역동사는 4형식에서만 사용하는 것이 아니라, 5형식의 문장에서도 사용이 가능하다. 5형식에는 보충 설명하는 보어를 동반하기 때문에, 각각의 사역동사에 따라서 문장의 구조가 좀 달라진다.

(1) make / let형

> **형태: 주어 + make / let + 목적어 + 동사원형**
>
> **의미: 주어가 목적어에게 동사원형을 하게 한다.**

Mr. Lee made his daughter clean her room. 미스터 리는 그의 딸에게 방을 치우도록 시켰다.

My mother lets me drive her car. 어머니는 내가 그녀의 차를 운전하도록 허용한다.

(2) have형

> 형태: 주어 + have + 목적어 + 동사원형
>
> 의미: 주어가 사람 목적어에게 동사원형을 하게 한다.

I had the trained mechanic repair my car. 나는 숙련된 기술자에게 내 차를 수리하도록 시켰다.

(3) help형

> 형태: 주어 + help + 목적어 + 동사원형/to부정사
>
> 의미: 주어가 목적어에게 동사원형/to부정사를 하게 한다.

My big sister helped me wash the dishes after dinner.
큰언니는 저녁 식사 후 내가 설거지하는 것을 도와주었다. (= My big sister helped me to wash the dishes after dinner.)

(4) get형

> 형태: 주어 + get + 사람 목적어 + to부정사
>
> 의미: 주어가 사람 목적어에게 to부정사를 하게 한다.

The students got the professor to dismiss the project early in school.
그 학생들은 그 과제를 일찍 끝내도록 교수님을 설득했다.

(5) have / get형

> 형태: 주어 + have/get + 사물 목적어 + 과거분사
>
> 의미: 주어가 사물 목적어에게 과거분사를 하게 한다.

Mr. Park had his car repaired(by someone). 미스터 박은 그의 자동차를 수리시켰다.

목적보어 앞에 as를 사용하는 5형식 동사

어떤 내용을 간주하고, 부르고, 정의 내리고, 인용하고 생각하는 등의 표현을 하기 위해서는 목적보어 앞에 as를 사용하여, 5형식 구문을 만들게 된다.

능동태	수동태
Regard A as B 간주하다	A be regarded as B
Refer to A as B 부르다	A be referred to as B
Consider A as B 생각하다	A be considered as B
Define A as B 정의 내리다	A be defined as B
Cite A as B 인용하다	A be cited as B
Look upon A as B 간주하다	A be looked upon as B
Take A as B 받아들이다	A be taken as B
Speak of A as B 말하다	A be spoken of as B
Designate A as B 임명하다	A be designated as B
Think of A as B 간주하다	A be thought of as B

능동태: You regarded him as fit for the job. 당신은 그가 그 일에 적합하다고 간주했다.

수동태: He was regarded as fit for the job. 그는 그 일에 적합하다고 간주되었다.

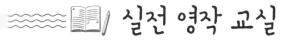 실전 영작 교실

Step 1 다음에 주어진 사역동사를 사용하여, 우리말을 5형식으로 영작해 보세요.

1 (Have) 그 선생님은 Amanda로 하여금 Jenny에게 사과하도록 시켰다.

→ _____

2 (Help) 나는 나의 여동생이 그녀의 과제를 마칠 수 있도록 도와주었다.

→ _____

3 (Get) 그 소녀들은 Caleb에게 그들과 함께 파티에서 춤을 출 수 있도록 했다.

→ _____

4 (Have) Mrs. Kim은 기술자에 의해 그녀의 디지털 카메라를 수리되도록 시켰다.

→ _____

5 (Make) Mrs. Lim은 그녀의 아들에게 그녀의 집까지 운전시켰다.

→ _____

6 (Let) Danny는 그녀의 여동생에게 그의 컴퓨터를 사용하도록 허락했다.

→ _____

Step 2 다음에 제시된 [목적보어 앞에 as를 사용하는 5형식 동사]들을 사용하여, 우리말을 영작해 보세요.

1 (Regard A as B) Bill은 그의 가장 친한 친구를 그의 형제라고 간주한다.

→ _____

2 (Refer to A as B) 카우보이는 말들을 Black Beauty라고 부른다.

→ _____

3 (Consider A as B) 나는 그 프로젝트 주제가 천재적인 아이디어라고 생각한다.

→ _____

4 (Define A as B) Eunice는 인터넷을 그녀의 의사소통 기기라고 정의를 내린다.

→ _____

5 (Cite A as B) 그 교장은 그 에세이를 교육의 방법으로 인용했다.

→ _____

6 (Look upon A as B) 그 왕은 촌뜨기(peasant)를 닭으로 간주했다.

→ _____

7 (Take A as B) 그 논평을 찬사로 받아들이세요.

→ _____

8 (Speak of A as B) 다른 사람을 바보라고 말하는 것은 무례한 일이다.

→ _____

9 (Designate A as B) 그 건축가는 그 일꾼을 그 공사장의 최고 책임자로 임명했다.

→ _____

10 (Think of A as B) Audrey는 Crystal을 가장 좋은 친구로 간주한다.

→ _____

Step 3 다음에 주어진 단어를 사용하여, 우리말을 5형식으로 영작해 보세요.

1 (Select) 그 선생님은 나를 그 학생회의의 회장으로 선임했다.

→ _____

2 (Keep) Sarah는 그녀의 약속을 진심으로 지켰다.

→ _____

3 (Find) 나는 내 지갑이 비어 있는 것을 알았다.

→ _____

4 (Forbid) 그 학교의 교칙은 홀 통행증(hall pass) 없이 교실 밖으로 걸어 나오는 것을 허용하지 않는다.

→ _____

5 (Permit) 나의 어머니는 친구와 함께 영화 보는 것을 나에게 허용했다.

→ _____

6 (Urge) Ms. Olson은 Lisa에게 그 강의에 주의를 기울이도록 재촉했다.

→ _____

7 (Tell) 내가 너에게 너의 방으로 가서 너의 과제를 하라고 말하지 않았니?

→ _____

8 (Cause) Hurricane Katrina는 수백 명의 사람들이 그 도시에서 대피하도록 야기시켰다.

→ _____

9 (Keep) Mindy는 비타민을 먹는다는 그녀는 약속을 지키지 못했다.

→ _____

10 (Made) 그 요리사는 스파게티를 대단히 맛있게 만들었다.

→ _____

11 (Have) 나는 낡아 버린 멋진 청바지를 가졌었다.

→ _____

12 (Keep) Lily는 맹세한 그녀의 약속을 지키지 않았다.

→ _____

✧ ✧

이럴땐 이렇게

대명사 it의 특별용법

비인칭 주어 It은 3인칭대명사로 쓰이는 'It'과 관계없이 시간, 거리, 날씨, 계절, 명암 등을 나타낼 때 관용적으로 쓰이는 주어를 말한다.

1 비인칭 주어 it: 관용적으로 아무런 뜻이 없는 가짜 주어인 셈이다.

[시간] What time is it now? It's just ten AM. 지금 몇 시야? 10시야.

[날짜] What's the day today? It's June 11th. 오늘 며칠인데? 6월 11일.

[날씨] How was the weather yesterday? It was raining. 어제 날씨는? 비가 왔죠.

[거리] How far is it from here to Los Angeles? It's about 200 miles. 여기서 LA까지 거리가 얼마죠? 대략 200마일 정도요.

[명암] What's going on? It is getting dark outside. 무슨 일인데? 지금 밖이 어두워지고 있어.

2 형식 주어 = 가짜 주어: To부정사, that절, 동명사 등으로 주어를 사용하고 싶은데, 그렇게 하다 보면 주어가 너무 길어지게 된다. 따라서 주어를 간략하게 만들기 위해서 가짜 주어인 it을 사용하게 되는데, 이 경우에 말하고자 하는 내용이 강조되게 된다. 흔히 가주어라고 한다.

(1) [It ~ to부정사]

To talk with her is so fun. → It is so fun to talk with him. 그와 이야기하는 것은 정말 재미있다.

(2) [It ~ that 절]

That we have studied how to write English for 30 days with Basic English III is valuable.

→ It is valuable that we have studied how to write English for 30 days with Basic English III.

우리가 30일 동안 영작 공부를 해왔다는 것은 정말 가치 있는 일이다.

(3) [It ~ 동명사]

Crying over spilt milk is useless. → It is useless crying over spilt milk. 엎질러진 우유는 울어봐야 소용없다.

보너스 영작 교실 📝

☑ 가짜 목적어를 사용한 5형식의 변형

내용을 강조하기 위해서, 가짜 목적어(형식상 목적어) it을 사용하면, 5형식을 더 예쁘게(*.*) 꾸밀 수 있다.

형태: 주어 + 동사 + it(가짜 목적어) + 목적보어 + to부정사(진짜 목적어)

의미: 주어는 가주어 내용을(진짜 목적어가 목적보어) 한다.

동사: believe, consider, find, make, take, think 등

Some people may consider it a little expensive to buy.
어떤 사람들은 아마도 이것을 사기는 좀 비싸다고 생각한다.

다음에 제시된 동사를 사용하여 [주어 + 동사 + it + 목적보어 + to부정사] 형태로 우리말을 영작해 보세요.

1 (Think) 나는 영어를 일 년 안에 마스터하는 것이 가능하다고 생각한다.

→ _____

2 (Make) 나는 아침에 물 한 잔 마시는 것을 규칙으로 하고 있다.

→ _____

3 (Find) 나는 그녀가 그렇게 말한 것이 사실임을 알았다.

→ _____

4 (Believe) 그는 사제가 되는 것이 그의 소명이라고 믿는다.

→ _____

5 (Take) 그는 내년 여름에 대학 졸업 시험을 친다.

→ _____

6 (Consider) 우리는 이것이 매우 중요하다고 생각한다.

→ _____

Level up! 고급 영작 교실

우리말을 참고해서, 사진의 내용을 영작해 보세요.

〈1단계: 한 문장씩 영작해 보기〉

1 두 사람이 들여다보고 있어요 / 무엇이 안에 있는지 / 보석 상자 (현재진행)

→ _____

- 두 사람: two people 이 경우에 2사람이라고 해서, '2 persons'라고 쓰지 말기 바란다. Person은 1명을 지칭하는 단어이고, people은 2사람 이상을 지칭하는 단수 복수 형태의 단어다.
- 보석 상자: jewelry case 처음 등장하는 것이니, 당연히 부정관사 'a'를 붙여 주자. 그리고 '진열 케이스'를 말하고 싶다면, 단지 'a display case' 정도로 써도 된다.

2 두 여자들이 / 서로 대화하고 있네요 / 가까운 쪽(nearby)에서 (현재진행)

→ _____

- 바로 가까이에서: nearby 흔히 가까이 정도로 하면 near를 써도 좋다.
- 서로: each other

3 벽들은 덮여 있어요 / 진열의 / 목걸이들과 다른 보석들 (수동태)

→ _____

- 덮여 있다: be covered with ~ 'cover'가 동사로 쓰이면 주의해야 한다. 왜냐하면 보도하다, 보호하다, 대신하다, 생방송하다 등의 뜻을 갖기 때문이다.
- 진열: displays 진열되는 것의 상태에 따라 다르게 써야 한다. 보다 큰 규모는 'exhibition', 흔히 말하는 쇼 'show'보다 작은 규모로 진열해 놓은 것은 'display'
- 목걸이: necklaces

〈2단계: 통째로 다시 써보기〉

1 두 사람이 보석 상자 안에 무엇이 있는지 들여다보고 있어요. 두 여자들이 바로 가까이에서 서로 대화하고 있네요. 벽들은 목걸이들과 다른 보석들의 진열로 덮여 있어요.

→ _____

_____

_____

_____

🔆 동사의 대상이 되는 목적어와 목적보어가 필요한 형태

(1) 명사형: appoint, call, select: 주어 + 동사 + 목적어 + 명사

　· 의미: 주어가 목적어에게 명사를 동사한다.

(2) 형용사형: drive, paint, keep, find: 주어 + 동사 + 목적어 + 형용사

　· 의미: 주어가 목적어를 형용사 하게 동사한다.

(3) to부정사형: allow, compel, forbid, permit, urge, tell, cause: 주어 + 동사 + 목적어 + to부정사

　· 의미: 주어가 목적어에게 to부정사 하게 동사한다.

(4) 현재분사형: catch, find, keep: 주어 + 동사 + 목적어 + 현재분사

　· 의미: 주어는 목적어가 현재분사하는 것을 동사한다.

(5) 과거분사형: get, hear, make, have, keep: 주어 + 동사 + 목적어 + 과거분사(p.p)

　· 의미: 주어는 목적어를 과거분사하게 동사한다.

🔆 사역동사의 5형식

(1) make / let형: 주어+make / let + 목적어 + 동사원형

　· 의미: 주어가 목적어에게 동사원형을 하게 한다.

(2) have형: 주어 + have + 목적어 + 동사원형

　· 의미: 주어가 사람 목적어에게 동사원형을 하게 한다.

(3) help형: 주어 + help + 목적어 + 동사원형/to부정사

　· 의미: 주어가 목적어에게 동사원형/to부정사를 하게 한다.

(4) get형: 주어 + get + 사람 목적어 + to부정사

　· 의미: 주어가 사람 목적어에게 to부정사를 하게 한다.

(5) have / get형: 주어 + have/get + 사물 목적어+과거분사

　· 의미: 주어가 사물 목적어에게 과거분사를 하게 한다.

🔆 기억할 문장

· My mother lets me drive her car. 어머니는 내가 그녀의 차를 운전하도록 허용한다.

· I had the trained mechanic repair my car. 나는 숙련된 기술자에게 내 차를 수리하도록 시켰다.

· My big sister helped me wash the dishes after dinner. 큰언니는 저녁 식사 후 내가 설거지하는 것을 도와주었다.

· The students got the professor to dismiss the project early in school.
그 학생들은 그 과제를 일찍 끝내도록 교수님을 설득했다.

고급문장은
덧셈이 필요해!

3형식 + 2형식은? 5형식

We saw the fire. (3형식)

+ The fire was burning all the trees in the mountains. (2형식)

= We saw the fire burning all the trees in the mountains. (5형식)

VITAMINS

매일 먹으면 몸에 좋은 비타민처럼 매일 복습으로 영어 실력 튼튼~

영어를 잘하는 방법은 분명히 있다. 그것은 자꾸 쓰고 말하라는 것인데, 어떤 목적과 좋은 교재가 없이는 불가능한 일이다. 자기가 썼으니까, 좋은 교재라고 하겠지 하고 생각하시는 분들만 빼고, 실제로 많은 분들이 이 교재를 통하여 영작의 기초를 완벽하게 다듬으셨다. 여러분도 그들의 대열에 합류하기를 바란다. 마지막까지 힘을 내어, 30과를 마칠 때의 뿌듯함을 상상해 보시라. 잠이 오겠는가? ^^! 따라 해 보시라. '자나 깨나 영작문, 아는 것도 다시 보자!'

다음에 제시된 우리말을 영어로 써 보시라. 만일 배운 것인데, 처음 보는 것처럼 느껴지는 분이 있다면, 어떻게 해야 될지 알쥐! @.@

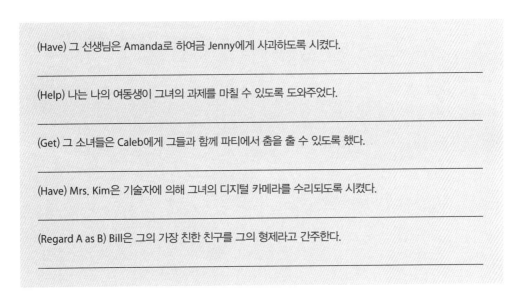

(Have) 그 선생님은 Amanda로 하여금 Jenny에게 사과하도록 시켰다.

_____

(Help) 나는 나의 여동생이 그녀의 과제를 마칠 수 있도록 도와주었다.

_____

(Get) 그 소녀들은 Caleb에게 그들과 함께 파티에서 춤을 출 수 있도록 했다.

_____

(Have) Mrs. Kim은 기술자에 의해 그녀의 디지털 카메라를 수리되도록 시켰다.

_____

(Regard A as B) Bill은 그의 가장 친한 친구를 그의 형제라고 간주한다.

_____

(Refer to A as B) 카우보이는 말들을 Black Beauty라고 부른다.

_____

(Consider A as B) 나는 그 프로젝트 주제가 천재적인 아이디어라고 생각한다.

_____

(Select) 그 선생님은 나를 그 학생회의의 회장으로 선임했다.

_____

(Keep) Sarah는 그녀의 약속을 진심으로 지켰다.

_____

(Find) 나는 내 지갑이 비어 있는 것을 알았다.

_____

TODAY'S 영작교실

수능에서 속담 "돌다리도 두드려 보고 건너라"는 말을 영어로 잘 옮긴 것이라는 문제가 출제된 적이 있다. "매사에 확인하는 습관을 가져라"는 속담, 즉 격언(Maxim)인데, 영어로 하면, "Look before you leap"(뛰기 전에 살펴라)가 된다. 사실, 4개의 단어로 이루어진 간단한 문장인데도, 정말 훌륭한 뜻을 내포하고 있다. 그러나 영어에서 실제로 이렇게 간략하게 말을 하면, 지능을 의심받게 된다. 무슨 말씀이냐고? 가급적 길게 말하되 분명하게 말하는 사람이 말을 잘하는 사람이지, 소크라테스나 유명 철학자가 아닌 다음에는 이런 식으로 말하다가는 괜한 오해를 사기 십상이다.

그렇다면 길게 말하기 위해서는 어떤 연습이 필요할까? 답은 참으로 간단하다. "두 문장을 하나로 합쳐라."

주격 보어
주어의 주된 동작 이외의 상황을 보충 설명하는 역할

> I sat. + I was watching the TV show for 2 hours.
>
> = I sat watching the TV show for 2 hours.
>   S   V   S.C

목적격 보어 만들어 영작하기: 2형식+3형식

목적어의 동작이나 상태를 설명하는 것을 말한다.

> We   saw   the fire. + The fire was burning all the trees in the mountains.
>
> = We saw the fire burning all the trees in the mountains.
>   O   O.C

우리가 본 것은 그 화재(산불)인데, 그것은 산 전체를 태우는 중이었다는 내용인데, 그 화재(the fire)가 겹치기 때문에 생략하고, 하나의 문장(sentence)에 동사가 2개가 있으면 안 되기 때문에 동사(was)도 빼버렸다. 그리고 남은 것은 순서대로 연결해 주면, 근사한 문장 합치기가 완성된다.

어떠신가, 합쳐보니 더 근사하지 않는가? 따라서 베이직 영작문과 플러스를 무사히(?) 통과하신 분이라면, 제 말을 다 이해하시고 합치는 것이 더 아름답다고 믿고 따라 하실 것이다. 우리나라도 제발 힘(국력)을 합쳐야 한다. ← 이거 잠꼬대 ^^!

5형식을 나누면, 3형식과 2형식이 남는다.

등산을 해 본 적이 한 번이라도 있는 분은, 처음에는 낯선 길이지만, 다시 돌아 내려올 때에는 익숙했던 기억이 있으실 것이다. 그런 기분으로 합쳤던 놈들을 다시 2개의 문장으로 분리시켜 보자.

> I hear the siren coming from the street nearby. — I hear the siren.
>
> = The siren is coming from the street nearby.

나는 그 사이렌 소리를 듣는다.(I hear the siren.) 그리고 그 사이렌 소리는 가까운 길로부터 들려 온다.(The siren is coming from the street nearby.) 그 사이렌 소리(the siren)는 앞의 문장에서는 목적어 역할을 했지만, 뒤 문장에서는 주어의 역할을 하도록 해 주면 된다. 시제가 hear로 현재이니까, 현재형인 be동사 is를 넣어준다.

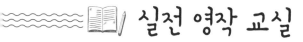

실전 영작 교실

Step 1 보기와 같이 두 개의 문장을 하나로 만들어 써 보세요.

> **보기** I see the trees. 나는 나무들을 보아요.
> + The trees are blowing in the wind. 그 나무들은 바람에 흔들리고 있어요.
> = <u>I see the trees blowing in the wind.</u>

1 I smell the coffee. 나는 커피 냄새를 맡는다.

   + The coffee is being made in the kitchen. 그 커피는 부엌에서 만들어지고 있는 중이다.

   = _____

2 We could hear the music. 우리는 음악을 들을 수 있었다.

   + The music was coming from the radio. 그 음악은 라디오로부터 나오는 것이었다.

   = _____

3 They stepped on the paintings. 그들은 그 그림들로 발걸음을 옮겼다.

   + The paintings were drawn by the artists. 그 그림들은 예술가들에 의해 그려진 것이다.

   = _____

4 We saw a cat. 우리는 고양이를 보았다.

   + It was crawling into the alley. 그것은 골목길을 기어 다니는 중이었다.

   = _____

5 Jack noticed a hole. Jack은 구멍을 발견했다.

   + The hole was worn in his jacket. 그 구멍은 그의 자켓에 생긴 것이다.

   = _____

6 She let out a scream. 그녀는 비명소리를 냈다.

   + The scream was heard by everyone. 그 비명은 모두에게 다 들렸다.

   = _____

7 I caught the bunny. 나는 토끼를 잡았다.

   + The bunny was trying to escape. 그 토끼는 도망을 시도하는 중이다.

   = _____

8 I smell gasoline. 나는 가솔린(휘발류) 냄새를 맡는다.

+ Gasoline is being pumped into my car. 가솔린은 내 차에 주유되고 있는 중이다.

= _____

비명에도 종류가 있다? ^^!

scream 공포 · 고통 따위로 인한 크고 날카롭고 긴 외침. 놀라서 숨이 막힐 때의 희미한 외침.

shriek scream보다도 더욱 날카롭고 짧은 외침. 여자들이 들떠서 깩깩대는 소리.

screech 째진 목소리의 불쾌함 · 귀에 거슬림 · 천함 따위를 강조하는 말.

Step 2 다음 보기와 같이 한 문장을 두 개의 문장으로 나누어 써 보세요.

보기 We saw the car accident creating a total disaster. 우리는 완전히 재난으로 변한 차 사고를 보았다.

→ 1) We saw the car accident.

→ 2) The car accident was creating a total disaster.

1 I heard the baby crying for his mom. 나는 그의 엄마 때문에 아기가 울고 있는 것을 들었다.

→ 1) _____

→ 2) _____

2 We saw our friend running down the street. 우리는 우리 친구가 거리를 뛰어가는 것을 보았다.

→ 1) _____

→ 2) _____

3 I hear my dad getting ready to go to work. 나는 아빠가 출근을 준비하는 소리를 들었다.

→ 1) _____

→ 2) _____

4 I saw a lady being chased by a dog. 나는 개에게 쫓기고 있는 한 여자는 보았다.

→ 1) _____

→ 2) _____

5 I see my neighbor taking out the garbage. 나는 쓰레기를 버리고 있는 내 이웃을 보았다.

→ 1) _____

→ 2) _____

6 She saw the fight taking place near her school. 그녀는 그녀 학교 근처에서 벌어진 싸움을 보았다.

→ 1) _____

→ 2) _____

7 They recognized the thief running away from the cops. 그들은 경찰들로부터 도망하는 그 도둑을 알아차렸다.

→ 1) _____

→ 2) _____

8 I saw the waves rushing towards the shore. 나는 해변가로 진입하는 파도들을 보았다.

→ 1) _____

→ 2) _____

이럴땐 이렇게

It ~ that 강조 용법의 또 다른 모양새

I met Jane yesterday. 나는 어제 Jane을 만났다.

(1) It was Jane that I met yesterday. 내가 어제 만난 사람은 Jane이었다.

(2) It was yesterday that I met Jane. 내가 Jane을 만난 것은 어제였다.

강조되는 부분이 달라질 때마다, that 대신에 그것에 맞는 것을 써야 제맛이다.

사람이면?	Who(whom)	It was she who took this picture for me.
사물이면?	Which	It was the vase which she broke yesterday.
장소면?	Where	It was a good restaurant where I ate dinner yesterday.
시간이면?	When	It was yesterday when she broke the window.

보너스

생긴 것도 똑같은, 형식 주어 It ~ that과 강조의 It ~ that은 어떻게 다른가?

형식 주어는 생략할 수 없지만, 강조의 경우는 생략이 가능하다.

형식 주어 it   It is so easy that we learn English. 우리가 영어를 배우는 것은 엄청 쉽다. ^^!

강조 it   It is I (that) am wrong. 잘못한 사람은 나다.

보너스 영작 교실 📝

☑ 지각동사의 목적격 보어에 원형부정사를 쓰는 이유

지각동사(知覺動詞)나 사역동사(使役動詞)의 목적격 보어에는 원형부정사(Bare Infinitive, to 없는 부정사)를 쓴다고 배웠다. 왜 그럴까?

I found her stealing something, so I believe her to be dishonest에서 found가 지각동사이기 때문에 목적격 보어로 to가 없는 원형부정사 steal을 썼고, think는 인식동사이기 때문에 목적격 보어 be 앞에 to를 붙였다.

그런데 see, find, know, perceive 등은 지각동사로도 쓰이고 인식동사로도 쓰인다.

(1) I found the new items pay는 '나는 그 상품들로 수지맞는 것을 보았다'라는 의미이고,

(2) I found the new items to pay는 '나는 그 상품들로 인해 장사가 잘되는 것을 알았다'는 의미이다.

즉 (1)의 found는 지각동사이고 (2)의 found는 인식동사이다.

그러면 왜 지각동사의 목적격 보어에는 'to가 없는 부정사'를 쓰고, 인식동사의 목적격 보어에는 'to가 있는 부정사'를 쓰는가? 그 이유는 간단하다. 위에서 예로 든 find처럼 지각동사로도 쓰이고 인식동사로도 쓰이는 단어들 때문이다. 같은 단어가 지각동사로 쓰일 때와 인식동사로 쓰일 때를 구분하기 위해 목적격 보어의 형태를 달리한 것이다. (동아일보 매거진 2006/11/16 참조)

우리말을 참고해서, 사진의 내용을 영작해 보세요.

〈1단계: 한 문장씩 영작해 보기〉

1 여러 개 쌓아 놓은 것이 있어요 / 접시들을 / 카운터의 마지막 부분에 (There 구문)

→ _____

– 무엇이 어디에 있다: There 오직 위치해 있는 것을 말할 때에만 사용한다. 사람이 어디에 있다고 말할 때에도 사용하지만, 사람과 같은 경우는 가급적 사용하지 않는 것이 좋다. 왜냐하면 '사람들'은 누가 가져다 놓은 것이 아니라 자기 발로 장소를 찾아갔기 때문이다. '사물'은? 자기 발로 가지 않고, 누군가 가져다 놓은 것이기 때문에 좀 다르게 사용하자.
– 여러 개: several '쎄버럴'이라고 발음하자.

2 한 표시가 사람들에게 경고하고 있어요 / (경고하는 내용이 무엇인데: that) / 이것들이 뜨겁다고. (현재 + that + 현재)

→ _____

– 표시: sign, mark 표시가 처음 나왔으니, 부정관사(a)를 붙여 사용하자.
– 경고: warn, caution 동사로 사용되고, 3인칭 단수로 사용하자.

3 오래되어 보이는 단지 하나가 근처에 놓여 있군요. (수동태)

→ _____

– 오래되어 보이는: old-looking
– 단지, 항아리, 독: urn 발음은 [어언]이라고 하면 되고, 단지도 처음 나왔으니, 부정관사(a)를 사용하자. 한 번 더 나오면 당연히 'the'를 붙인다. '꿀 한 단지'는 'a jar/pot of honey', '차 항아리'는 'a tea urn' 정도로 표현하면 된다.

〈2단계: 통째로 다시 써 보기〉

1 카운터의 마지막 부분에 접시들을 쌓아 놓은 것이 몇 개 있어요. 한 표시가 이것들이 뜨겁다고 사람들에게 경고하고 있어요. 오래되어 보이는 단지 하나가 근처에 놓여 있군요.

　→ _____

　_____

　_____

　_____

꼭 기억하자

🔆 문장 합치기의 정석

합칠 문장 1: 우리는 그 화재를 보았다. (We saw the fire.)

합칠 문장 2: 그 화재는 그 산의 모든 나무들을 태우는 중이었다.
(The fire was burning all the trees in the mountains.)

둘을 합친 문장: 우리가 본 그 화재는 그 산의 모든 나무들을 태우는 중이었다.
(We saw the fire burning all the trees in the mountains.)

"우리가 본 것은 그 화재(산불)인데, 그것은 산 전체를 태우는 중이었다"라는 내용인데, 그 화재(the fire)가 겹치기 때문에 생략하고, 하나의 문장(sentence)에 동사가 2개가 있으면 안 되기 때문에 동사 (was)도 빼 버렸다. 그리고 남은 것은 순서대로 연결해 주면, 근사한 문장 합치기가 완성된다.

🔆 기억할 문장

· I smell the coffee being made in the kitchen. 나는 그 커피가 부엌에서 만들어지고 있는 냄새를 맡았다.

· We could hear the music coming from the radio.
우리는 그 라디오를 통해서 나오는 그 음악을 청취할 수 있었다.

· Jack noticed a hole worn in his jacket. Jack은 그의 재킷에 구멍이 있는 것을 알아차렸다.

· I caught the bunny trying to escape. 나는 도망가려고 하는 그 토끼를 잡았다.

· I smell gasoline being pumped into my car. 나는 내 차에 주유되는 가솔린의 냄새를 맡았다.

DAY 07

부정대명사의
꼬리는 아홉 개

긍정과 부정이 달라요

[긍정]   We know both of her sisters. 우리는 그녀의 누이 둘 다를 안다.

[부분 부정] We don't know both of her sisters.
           우리는 그녀의 누이 둘 다를 알진 못한다.

[전체 부정] We don't know either of her sisters.
           우리는 그녀의 누이 둘 다 알지 못한다.

VITAMINS

매일 먹으면 몸에 좋은 비타민처럼 매일 복습으로 영어 실력 튼튼~

요사이 운영하는 학원에서 학생 수가 좀 늘었다. 재미있는 현상은, 학생들은 저자가 '더 열심히 영어 공부를 하라고' 닦달할수록 더 강사를 신뢰한다는 것이다. 실제로, 토플 시험에 만족한 점수를 받고 나서도, 계속해서 영작을 배우러 오는 학생들이 늘고 있다. *.* 따라서 오늘은 여러분들이 좀 더 열심히 할 것으로 믿고 잔소리는 그만하겠다.

다음 두 개의 문장을 한 문장으로 써 보세요. 만일 배운 것인데, 처음 보는 것처럼 느껴지는 분이 있다면, 어떻게 해야 될지 알쥐! @.@

I smell the coffee. 나는 커피 냄새를 맡는다.

+ The coffee is being made in the kitchen. 그 커피는 부엌에서 만들어지고 있는 중이다.

= _____

We could hear the music. 우리는 음악을 들을 수 있었다.

+ The music was coming from the radio. 그 음악은 라디오로부터 나오는 것이었다.

= _____

They stepped on the paintings. 그들은 그 그림들로 발걸음을 옮겼다.

+ The paintings were drawn by the artists. 그 그림들은 예술가들에 의해 그려진 것들이다.

= _____

또, 다음 한 문장을 공부해 본 것과 같이, 두 개의 문장으로 나누어 써 보세요.

I heard the baby crying for his mom. 나는 그의 엄마 때문에 아기가 울고 있는 것을 들었다.

　　1) _____

　　2) _____

We saw our friend running down the street. 우리는 우리 친구가 거리를 뛰어가는 것을 보았다.

　　1) _____

　　2) _____

I hear my dad getting ready to go to work. 나는 아빠가 출근을 준비하는 소리를 들었다.

　　1) _____

　　2) _____

TODAY'S 영작교실

부정대명사는 정해지지 않은 (부정의) 사람이나 사물 또는 수량 등을 막연히 가리킬 때 사용한다. 이러한 부정대명사가 모두 아홉 가지다. 그래서 이 과의 제목에서 꼬리가 아홉 개 달렸다고 했다. 구미호처럼 여러 가지 상황에 따라 변신을 하는데, 즉 구미호처럼 다양하게 사용해야 한다. 이런 부정대명사를 모두 배워 보자.

One

용법 1: 앞에 나온 명사를 대신 할 때에 사용한다, 대명사 취급

의미: 그것, 이것

A: I don't like this dress. 나는 이 옷을 좋아하지 않아요.

B: Please show me a better one. 더 나은 것(옷)을 보여 주세요.

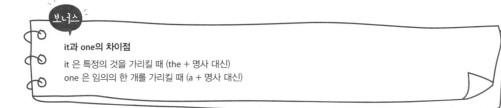

보너스

it과 one의 차이점
it 은 특정의 것을 가리킬 때 (the + 명사 대신)
one 은 임의의 한 개를 가리킬 때 (a + 명사 대신)

용법 2: 일반적인 사람을 나타낸다, 대명사 취급

의미: 사람은, 사람들은, 누구나

One should take care of oneself. 사람은 자기 자신을 돌보아야만 한다.

One should do one's duty. 사람은 자기의 의무를 다해야만 한다.

ones와 one's의 차이

1) ones는 one의 복수형
   The ones who really want freedom are ourselves (we). 진실로 자유를 바라는 사람은 바로 우리다.
2) one's는 one의 소유격
   No one's clapping. 아무도 박수를 치지 않는군요.

Other, Another

(1) Other

용법: 다른 것, 또는 다른 사람을 지칭할 때(복수형: others), 형용사 취급

의미: 다른 무엇

Other staff members may disagree, but I feel that the tuition should not be increased.
다른 회원들은 반대할지 모르겠지만 나는 구독료를 인상해서는 안 된다고 생각한다.

She raised one arm and then the other. 그녀가 한 손을 들더니 나머지 한 손도 들었다.

(2) Another

용법: 다른 것 하나를 지칭할 때(an + one=another), 형용사 취급

의미: 또 다른 하나, 무엇

We've got another 280miles to go to Las Vegas in Nevada.
우리는 Nevada의 Las Vegas까지 280마일을 더 가야 한다.

That's quite another matter. 그것은 전혀 다른 문제이다.

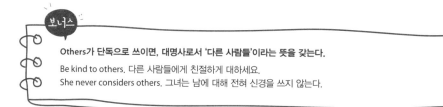

보너스

Others가 단독으로 쓰이면, 대명사로서 '다른 사람들'이라는 뜻을 갖는다.

Be kind to others. 다른 사람들에게 친절하게 대하세요.
She never considers others. 그녀는 남에 대해 전혀 신경을 쓰지 않는다.

All, Both

(1) All

> **용법: 단수, 복수, 대명사, 형용사 취급**
>
> **의미: 모든 것**

All of the boys are at home. 모든 소년들은 집에 있다.

All was silent. 만물은 고요하였다.

All my teachers are so kind. 내 선생님들은 모두 친절하다.

(2) Both

> **용법: 복수, 대명사, 형용사 취급**
>
> **의미: 둘 다**

Both of them are good friends. 그들 둘 다 좋은 친구들이다.

Both children have been to Japan. 아이들 둘 다 일본에 갔다 온 적이 있다.

Every, Each

(1) Every

용법: 단수, 형용사 취급

의미: 모든

Every teacher has her own room. 각 선생님들은 각자의 방을 갖고 있다.

They jog every morning. 그들은 아침마다 조깅한다.

(2) Each

용법: 단수, 대명사, 형용사 취급

의미: 각각, 하나하나

Each student in the class has a chance to speak English to the teacher.
각 학급의 학생들은 선생님에게 영어로 말할 기회가 있다.

She gave each girl a glass of water. 그녀는 각각의 소녀들에게 물 한 잔씩 주었다.

Either, Neither

(1) Either

용법: 단수, 대명사, 형용사, 부사, 접속사 취급

의미: (둘 중) 어느 하나

You can park on either side of the street because there is no street cleaning.
도로 청소가 없기 때문에, 도로 어느 쪽으로나 주차를 할 수 있다.

Either candidate will be suitable for the job of president of our council.
어느 후보든 우리 모임 대표자의 직무에 적합할 것이다.

Either의 부사 취급

1) 《부정의 등위절 뒤에서 and, or, nor와 호응하여, 또는 부정의 종속절 뒤에서》 …도 또한 (…이 아니다), …과 같은 정도로 (…않다) (*긍정문에서는 too, also).
   He's either French or Spanish. 그는 프랑스인이거나 스페인인이다.

2) 《긍정 절 뒤에서》 …이라고는 하지만 (…은 아니다), 뿐만 아니라 (…않다), 또한 (…않다).

(2) Neither

> 용법: 단수, 대명사, 형용사, 부사, 접속사 취급 (not + either)
>
> 의미: (둘 다) ~이 아니다

Neither one of us could understand French. 우리들 중 누구도 프랑스어를 이해하지 못했다.

I neither borrow nor lend money. 나는 (돈을) 빌리지도 빌려 주지도 않는다.

None, No

(1) None

> 용법: 단수, 복수, 대명사 취급
>
> 의미: (둘 다) ~이 아니다

There were none present. 거기에는 아무도 없었다.

I slept none last night. 어젯밤에 한잠도 못 잤다.

(2) No

> 용법: 단수, 복수, 형용사 취급
>
> 의미: 아무도(아무것도) ~ 아닌

Do you have no money? 돈 좀 있나요? I have none. 없는데요.

No pain, no gain. 〈속담〉 노력 없이는 얻는 게 없다. [고생 끝에 낙이 온다.]

Some, Any

(1) Some

> **용법: 단수, 복수, 대명사, 형용사 취급**
>
> **의미: 약간의 수, 양, (긍정문)어떤**

There's some ice in the fridge. 냉장고에 얼음이 좀 있어.

I have some interest in the topic. 나는 그 주제에 약간 관심이 있다.

Some woman at the door is asking to see you. 문 앞에 있는 어떤 여자가 너를 만나려고 요청하고 있다.

(2) Any

> **용법: 단수, 복수, 대명사, 형용사 취급**
>
> **의미: 약간의 수, 양, (부정문)어느**

Do you speak any French? 불어 좀 말할 줄 아세요?

Are there any pencils in that drawer? 서랍에 연필이 좀 있니?

Phone me any time next Monday. 나에게 다음 월요일 어느 시간이라도 전화해 줘.

퀴즈: 다음 중 맞는 것을 골라 보세요. 둘 다 맞으면 둘 다 표시하고.

1) Did you buy (some, any) fruit?
2) Did you read (some, any) books over the summer?
3) Can I have (some, any) of your pie?
4) She doesn't have (some, any) paper.
5) David has (some, any) extra pens.

복합 부정대명사

	Some	**Any**	**No**	**Every**
사람 −one −body	누군가 Someone Somebody	누군가, 누구라도 Anyone Anybody	아무도 ～이 아니다 No one Nobody	모든 사람, 누구라도 Everyone Everybody
물건 −thing	무언가 Something	무언가, 무엇이라도 Anything	아무것도 ～이 아니다 Nothing	모든 물건, 무엇이라도 Everything

There's someone at the door. 문에 누군가가 있다.

Is there something under the table? 식탁 밑에 뭐가 있나요?

Anyone can enter the golf tournament. There's no age limit.
누구든지 그 골프 대회에 출전할 수 있다. 나이 제한이 없다.

Is there anything in the news? 이 기사들에 뭔가가 있어요?

No one wanted to buy the house in Koreatown because it was too high-priced.
코리아타운 내의 집 값이 너무 비싸서 아무도 사려고 하지 않았다.

Nothing (else) matters to her apart from her family. 그녀에게는 자기 가족 외에는 아무것도 중요하지 않다.

Everyone was tired and irritable during the baseball game.
야구 경기에서 모든 사람들이 지치고 짜증이 났다.

부분 부정과 전체 부정

[긍정]   **We know both of her sisters.** 우리는 그녀의 여동생 둘 다를 안다.

[부분 부정] **We don't know both of her sisters.** 우리는 그녀의 여동생 둘 다를 알진 못한다.

[전체 부정] **We don't know either of her sisters.** 우리는 그녀의 여동생 둘 다 알지 못한다.

부분 부정문	전체 부정문
Not ~ both 양쪽 다 ~는 아니다	Not ~ either, neither 양쪽 모두 ~이 아니다
We don't know **both** of them. 우리는 그들 둘 다를 알지 못한다.	We don't know **either** of them. 우리는 그들 둘 다 모른다. (= We know **neither** of them.)
Not ~ all, not ~ every 전부 ~는 아니다	Not ~ any, none, no 전부 ~아니다
We don't know **all** of them. 우리는 그들 모두를 알지 못한다.	We don't know **any** of them. 우리는 그들 중 아무도 모른다. (= We know **none** of them.)

실전 영작 교실

Step 1 다음에 제시된 부정대명사를 사용하여 우리말을 영작해 보세요.

1 (One) 나는 내 시계를 잃어 버렸기 때문에, 나는 새 시계를 사야만 한다.

→ _____

2 (It) 이것은 노트북 컴퓨터인데, 내 것이다.

→ _____

3 (One) 사람은 어디서나 자기 선생님을 존경해야만 한다.

→ _____

4 (One) 그녀는 내가 직장에서 항상 신뢰할 수 있는 유일한 사람이다.

→ _____

5 (Both) 그녀의 아이들은 둘 다 대학에 다닌다.

→ _____

6 (All) 5명의 남자들 모두가 성실한 일꾼이다.

→ _____

7 (Every) 그 반의 모든 학생들이 TOEIC 시험에 합격했다.

→ _____

8 (Some) 오늘 오전에 당신 앞으로 우편물이 좀 왔어요.

→ _____

9 (Any) TOEIC 수업을 위한 무슨 제안이 있으세요?

→ _____

10 (No) 무슨 말로도 그 사고로 인한 내 슬픔(grief)을 표현할 수 없다.

→ _____

11 (Each) 나의 친구들마다 새 차를 가지고 있다.

→ _____

12 (Either) 내가 아이스크림 두 개를 샀어.

→ _____

13 (Neither) 우리 친구 중 누구도 차가 없다.

→ _____

Step 2 제시된 단어를 사용하여 보기와 같이 영작하고, 의문문으로도 만들어 보세요

> **보기** (Someone) 누군가 그 소년을 밀었다. 누군가가 민 것은 누구야?
> → <u>Someone pushed the boy</u>. → <u>Whom did someone push</u>?

1 (Someone) 누군가 Grace와 함께 학교에 갔다. 누군가와 함께 학교에 간 사람은 누구게?

→ _____. → _____?

2 (Somebody) 누군가 Jane을 태워 주었다. 누군가가 태워준 사람은 누구게?

→ _____. → _____?

3 (Anyone) 누군가 그녀에게 소리를 질렀다. 누군가가 소리를 질렀던 사람은 누구게?

→ _____. → _____?

4 (Anybody) 누구라도 그 남자를 무서워하였다. 누구라도 무서워했던 사람은 누구게?

→ _____. → _____?

5 (No one) 아무도 Laura와 일하지 않았다. 아무도 함께 일하지 않은 사람은 누구게?

→ _____. → _____?

6 (Nobody) 아무도 그와 함께 춤을 추지 않았다. 아무도 함께 춤추지 않은 사람은 누구게?

→ _____. → _____?

7 (Everyone) 모든 사람이 그 학생에게 고함쳤다. 모든 사람이 고함을 친 사람은 누구게?

→ _____. → _____?

8 (Everybody) 모든 사람이 Anna와 함께 식사했다. 모든 사람과 함께 식사한 사람은 누구게?

→ _____. → _____?

9 (Something) 나는 어머니와 함께 무언가를 구웠다. 내가 무언가를 함께 구운 사람은 누구게?

→ _____. → _____?

10 (Anything) 그녀는 무언가를 나에게 빌렸다. 그녀가 무언가를 빌린 사람은 누구게?

→ _____. → _____?

11 (Nothing) 그는 아무것도 그녀에게 쓰지 않았다. 그가 아무것도 써 주지 않은 사람은 누구게?

→ _____. → _____?

12 (Everything) Kevin은 무엇이라도 그들과 함께 일했다. Kevin이 무엇인가 함께 일한 사람은 누구게?

→ _____ _____. → _____?

Step 3 다음에 제시된 단어를 사용하여 우리말을 영작해 보세요.

1 (Not ~ both) 이 교회에서 우리 둘 다는 젊은 사람이 아니다.

→ _____

2 (Not ~ all)) 일요일마다 모든 아이들이 다 텔레비전을 즐기는 것은 아니다.

→ _____

3 (Not ~ every) 동일한 결론이 모든 상황에서 잘 적용되는 것은 아니다.

→ _____

4 (Not ~ either) 난 좋은 커피숍을 한 군데 알아. 여기서 멀지도 않아.

→ _____

5 (Neither) 나는 그녀가 보여준 그 둘 중 어느 것도 선택하지 않았다.

→ _____

6 (Not ~ any) 난 기다려도 괜찮다, 특별히 바쁠 것 없으니까.

→ _____

7 (None) 수학 시간에 그들 중 아무도 아직 답을 하지 않았다.

→ _____

8 (No) 그녀가 무슨 말을 하든, 그녀를 믿지 마.

→ _____

이럴땐 이렇게

후치 수식이라는 말을 아세요?

복합 부정대명사로 알려진, Something, Anything, Nothing, Everything는 대명사로 사용되기 때문에, 명사 앞에 형용사가 위치하는 것이 원칙이다. 하지만 복합 부정대명사이기 때문에, 이것을 수식하는 형용사는 뒤에 놓이게 된다. 이것을 뒤에서 수식한다고 해서, 후치 수식이라고 부른다.

[틀린 표현] There is wrong something in the living room.
[맞는 표현] There is something wrong in the living room. 거실에 좀 이상한 무엇이 있다.
[틀린 표현] Is there interesting anything on Naver.com?
[맞는 표현] Is there anything interesting on Naver.com? 네이버에 좀 재미있는 것이 있나요?
[틀린 표현] The doctor said that there was serious nothing wrong with her.
[맞는 표현] The doctor said that there was nothing serious with her. 의사는 그녀에게 아무런 이상이 없다고 했다.
[틀린 표현] They were assured that possible everything was being done.
[맞는 표현] They were assured that everything possible was being done. 그들은 가능한 모든 일이 행하여지고 있었다는 것을 확신했다.

보너스 영작 교실 📖

☑ 지시대명사의 특별용법

1 인사 소개 때 this는 이 사람

Mother, this is my English teacher, Dr. Koh. 어머니 이 분의 저의 영어 선생님 고 박사님이에요.

2 This (these): 비교적 가까운 것, 또는 현재나 미래

This is my baseball. 이것은 나의 야구공이다.

this exit 이번 출구.   these days 요즈음

3 That (those): 비교적 먼 것, 또는 지나간 과거

That is my dog. 저것이 내 강아지다.

that evening class 그날 저녁 수업.   those days 그 당시에

부사로도 쓰이기도 한다.

Can you afford this much? 너 이렇게 많이 낼 형편이 되니?
She was still living with her parents at that time/in those days in Los Angeles.
그녀는 그 당시에 아직 부모님들과 함께 Los Angeles에서 살고 있었다.

4 that(those) of는 명사의 반복을 피하기 위해서 사용(그것들)

The weather in Las Vegas, Nevada, is different from that of Los Angeles.

These sofas are more comfortable than those. 이 소파들이 저 의자들보다 더 편안하다.

한 문장 내에서 앞에 나온 명사의 반복을 피하기 위해서 that이나 those를 쓰는데 앞에 나온 명사가 단수면
that을, 복수이면 those를 쓴다. 주로 that(those) of의 형태로 쓰이며, this(these) of로는 쓰지 않는다. ^^!

5 this는 뒤에 나올 문장이나 어구, that은 앞에 나온 문장이나 어구를 받는다.

It pains me to have to tell you this. "Please go away!" 당신에게 이런 말을 해야 하는 게 고통스럽다. "떠나주세요!"

Study hard. I've told you again and again to do that. 공부 열심히 하라고, 그렇게 누차 말했잖아.

6 관용어구: those(= people) who: ～하는 사람들

Today, we salute all those who died for our country.
오늘 우리는 조국을 위하여 돌아가신 모든 분들께 경의를 표합니다. *salute 경의를 표하다

Level up! 고급 영작 교실

우리말을 참고해서, 사진의 내용을 영작해 보세요.

〈1단계: 한 문장씩 영작해 보기〉

1 한 남자가 들고 있어요 / 흰색 비닐 백을 / 그리고 들여다 보고 있네요 / 유리창을 통해서 / 한 상점 안을 (현재진행)

→ _____

   – 상점: shop 소매점은 영국식으로 하면 shop, 미국식으로 하면 store 정도가 된다. 처음 나왔으니까 부정관사(a)를 붙여 주는 것을 잊지 말 것.

2 그 상점은 있어요 / 신발로 가득 (현재)

→ _____

   – ~으로 가득하다: be full of ~   – 상점이 두 번째로 등장하니까 정관사(the)를 붙여 주는 것을 잊지 말 것.

3 신발 뒤로 / 몇 개의 가방들 / 과 지갑들이 있고요. (There 구문)

→ _____

   – 뒤로: behind at the back of는 순전히 「…의 (바로) 뒤에」의 뜻으로, behind는 「…의 뒤에 (숨어서)」의 뜻으로 쓴다.

4 그리고 몇 개의 큰 가방이 바닥에 놓여 있어요. (There 구문)

→ _____

   – 큰 가방: luggage   – 몇 개라는 뜻은 some 정도를 쓰는 것이 좋겠다.

〈2단계: 통째로 다시 써 보기〉

1 흰색 비닐 백을 들고 있는 한 남자가 유리창을 통해서 한 상점 안을 들여다 보고 있네요. 그 상점은 신발로 가득한데, 신발 뒤로 몇 개의 가방들과 지갑들이 있고, 몇 개의 큰 가방이 바닥에 놓여 있어요.

→ _____

_____

_____

_____

꼭 기억하자

One

용법 1: 앞에 나온 명사를 대신 할 때에 사용한다; 대명사 취급 / 의미: 그것, 이것

용법 2: 일반적인 사람을 나타낸다; 대명사 취급 / 의미: 사람은, 사람들은, 누구나

Other, Another

(1) Other: 용법: 다른 것, 또는 다른 사람을 지칭할 때, 형용사 취급 / 의미: 다른 무엇

(2) Another: 용법: 다른 것 하나를 지칭할 때, 형용사 취급 / 의미: 또 다른 하나 무엇

All, Both

(1) All : 용법: 단수, 복수, 대명사, 형용사 취급 / 의미: 모든 것

(2) Both: 용법: 복수, 대명사, 형용사 취급 / 의미: 둘 다

Every, Each

(1) Every: 용법: 단수, 형용사 취급 / 의미: 모든

(2) Each: 용법: 단수, 대명사, 형용사 취급 / 의미: 각각, 하나하나

Either, Neither

(1) Either: 용법: 단수, 대명사, 형용사, 부사, 접속사 취급 / 의미: (둘 중) 어느 하나

(2) Neither: 용법: 단수, 대명사, 형용사, 부사, 접속사 취급 (not + either) / 의미: (둘 다) ~이 아니다

기억할 문장

· Please, show me a better one. 더 나은 것(옷)을 보여 주세요.

· One should take care of oneself. 사람은 자기 자신을 돌보아야만 한다.

· She raised one arm and then the other. 그녀가 한 손을 들더니 나머지 한 손도 들었다.

· That's quite another matter. 그것은 전혀 다른 문제이다.

· All of the boys are at home. 모든 소년들은 집에 있다.

· Both of them are good friends. 그들 둘 다 좋은 친구들이다.

주어가
자꾸 길어질 때

명사절 1

I like you. (일반적인 절.)

+ That(명사절 접속사 that 첨가) + I like you. + is true. (동사 첨가)

→ That I like you is true. (주어가 명사절인 완벽한 문장)

VITAMINS

매일 먹으면 몸에 좋은 비타민처럼 매일 복습으로 영어 실력 튼튼~

오늘부터 본격적으로 문장 합치기가 시작된다. 문장을 합치기를 하려면, 단문을 잘 만들어야 하는 것은 기본이다. 앞서 배운 문장의 기본 5형식과 더불어 지난 시간에 배웠던, 주어를 잘 만들기 위한 부정대명사 등을 잘 이해하였다면, 이번 과부터 시작되는 수업이 정말 재미있을 것이다.

다음에 제시된 우리말을 영어로 써 보시라. 만일 배운 것인데, 처음 보는 것처럼 느껴지는 분이 있다면, 어떻게 해야 될지 알쥐! @.@

(One) 나는 내 시계를 잃어 버렸기 때문에, 나는 새 시계를 사야만 한다.

_____

(It) 이것은 노트북 컴퓨터인데, 내 것이다.

_____

(One) 사람은 어디서나 자기 선생님을 존경해야만 한다.

_____

(Someone) 누군가 Grace와 함께 학교에 갔다. 누군가와 함께 학교에 간 사람은 누구게?

_____. _____?

(Somebody) 누군가 Jane을 태워 주었다. 누군가가 태워준 사람은 누구게?

_____. _____?

(Anyone) 누군가 그녀에게 소리를 질렀다. 누군가가 소리를 질렀던 사람은 누구게?

_____. _____?

(Anybody) 누구라도 그 남자를 무서워하였다. 누구라도 무서워했던 사람은 누구게?

_____. _____?

(Not ~ both) 이 교회에서 우리 둘 다는 젊은 사람이 아니다.

_____

(Not ~ all)) 일요일마다 모든 아이들이 다 텔레비전을 즐기는 것은 아니다.

_____

(Not ~ every) 동일한 결론이 모든 상황에서 잘 적용되는 것은 아니다.

_____

TODAY'S 영작교실

주어 + 동사가 있는 것은 절이라고 하고, 없는 것은 구라고 한다는 것은 파이널을 공부하시는 분들 중에 모르시는 분은 없을 것이다. 주어가 동사가 들어갈 정도의 긴 표현을 주어로 사용하고 싶을 때에 바로 명사절을 사용한다. 이러한 것은, ~하는 것, ~인지, ~언제 ~인지 등의 의미를 갖는데, 오늘은 명사절이 주어 자리에 쓰여, ~하는 것이라는 의미를 갖게 되는 문장을 만들어 보자.

보너스

중요한 것은, 명사절은 명사 역할을 한다는 것이다. 따라서 명사가 올 수 있는 자리에는 어느 곳에던지 들어갈 수 있다. 즉, 주어, 동사의 목적어, 보어, 전치사의 목적어, 동격자리 등에 쓰일 수 있다.

명사절의 주어 역할

형식: 명사절 접속사 + (주어) + 동사

의미: 주어가 동사한다는 것(사실 또는 단정)

"내가 너를 좋아한다는 것은 사실이다." 이 말을 영작해 보면, 먼저 주어로 "내가 너를 좋아한다는 것"이라는 말을 만들어야 한다. 여기서 "~한다는 것"에 해당하는 것이 주어의 자리에 쓰이기 때문에, 이것을 명사와 같은 구실을 한다고 해서 명사절이 성립된다.

I like you. (일반적인 절: 내가 너를 좋아한다.)

+ That + I like you (명사절 접속사 that + 내가 너를 좋아한다는 것)

+ is true. (동사 첨가: ~은 사실이다.)

= That I like you is true. (주어가 명사절인 완벽한 문장: 내가 너를 좋아한다는 것은 사실이다.)

명사절 접속사의 종류

대표적인 명사절 접속사로는 that이 있지만, 이 외에도 whether 등이 있으며, 의문사도 명사절을 이끄는 접속사로도 사용된다는 것에 주의한다. 쓸 게 많다는 것이다. ^^!

(1) ~하는 것   that

(2) ~인지 아닌지   whether (if)

(3) ~하는 것, 무엇이 / 무엇을 ~하는지   what

(4) 누가 / 누구를 ~하는지   who

(5) 언제 ~하는지   when

(6) 어디에서 ~하는지   where

(7) 왜 ~하는지   why

(8) 어떻게 ~하는지   how

if/whether + 주어 + 동사

'~인지 아닌지'의 뜻으로 문장에서 명사절을 이끄는 역할을 한다. 또한, 접속사 if가 이끄는 절은 문장의 주어역할을 할 수 없으며, or not이 있는 경우에는 접속사 whether를 사용한다.

If (= Whether) you have won the prize or not will be announced on our bulletin board on March 5.
귀하의 수상 여부는 우리의 게시판에 3월 5일에 공지될 것입니다.

that절이 주어일 경우(가주어 it / the fact that)

형식 1: that + 주어 + 동사 + 동사 → it + 동사 + that + 주어 + 동사

해설: that절이 주어일 경우에는 가주어 it을 문장 앞에 쓰는 것이 좋다. That 주어 자리에 가주어 it을 쓰고, 긴 that절은 that과 함께 문장 뒤로 보내면 된다.

That I like you is true. → It is true that I like you.

형식 2: that + 주어 + 동사 + 동사 → fact + that + 주어 + 동사 + 동사

해설: that절 앞에 명사 fact를 사용하여 절로 쓰기도 한다.

That I like you is true. → The fact that I like you is true.

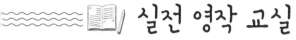 실전 영작 교실

Step 1 보기와 같이 제시된 두 문장을 한 문장으로 만드세요. 이해했어도 끝까지 다 쓰세요.^^!

> **보기**   I know a taxi driver. 나는 택시 운전사를 알고 있다.
>   **+** He drove me to the mall. 그는 나를 몰까지 운전해 주었다.
>   **=** <u>The taxi driver that I know drove me to the mall.</u>

1   The man was here last week. 그 남자는 지난 주에 여기에 있었다.

    + He borrowed a book. 그는 책을 빌려갔다.

    = _____

2   We saw the singer perform. 우리는 그 가수의 공연을 보았다.

    + She was very talented. 그녀는 매우 재능이 있었다.

    = _____

3   I see the man every day. 나는 그 남자를 매일 본다.

    + He is our mailman. 그는 우리의 우체부이다.

    = _____

4   I jumped over the fence. 나는 담장을 뛰어넘었다(점프했다).

    + It was very high. 이것은 매우 높았다.

    = _____

5   I ate a hamburger for lunch. 나는 점심으로 햄버거를 먹었다.

    + It was delicious. 이것은 맛있었다.

    = _____

6   I wore my new shoes. 나는 새 신발을 신었다.

    + They got dirty already. 그것은 이미 더러워졌다.

    = _____

7   The man bought his wife a necklace. 그 남자는 그의 아내에게 목걸이를 사 주었다.

    + It was very expensive. 이것은 매우 비쌌다.

    = _____

8   I write in my diary every night. 나는 매일 밤 일기를 쓴다.

+ It is private. 이것은 비밀이다(개인적이니까).

= _____

9   We saw the girl at the baseball game. 우리는 농구 경기에서 그 소녀를 보았다.

+ She was cheering loudly. 그녀는 큰소리로 응원하고 있었다.

= _____

Step 2   보기와 같이 제시된 두 문장을 영작하고, 한 문장으로 만드세요.

> 보기   그 소녀는 많은 선물을 받았다. → The girl received many presents.
> + 그녀는 대단히 행복했다.   → She was extremely happy.
> = The girl that received many presents was extremely happy.

1   그는 그의 점심을 매일 가져온다.   → _____

그것은 항상 같은 샌드위치이다.   → _____

= _____

2   새로운 학생이 우리 학교에 왔다.   → _____

그녀는 매우 부끄러워한다.   → _____

= _____

3   우리 선생님은 오늘 결근했다.   → _____

그녀는 아팠다.   → _____

= _____

4   우리는 큰 사람(몸집이)을 봤다.   → _____

그는 많이 먹는다.   → _____

= _____

5   우리는 새로운 사장(boss)이 직장에서 생겼다. → _____

그는 엄격(Strict)하다.   → _____

= _____

6 나는 어제 새로운 친구를 만났다. → _____

    그녀는 옆집에 산다. → _____

    = _____

7 우리는 바닷가에 갔다 왔다. → _____

    그것은 아주 깨끗했다. → _____

    = _____

8 그 작은 소년은 그 계단에서 넘어졌다. → _____

    그의 팔이 부러졌다. → _____

    = _____

Step 3 통째로 써보는 3단계: 명사절을 사용하여 영작해 보세요.

1 나는 그가 정직하다는 것을 안다.

   → _____

2 그녀는 그녀의 자녀들이 미래에 성공할 것이라고 확신한다.

   → _____

3 유감스럽게도 그녀는 오늘밤 오지 않을 것이다.

   → _____

4 그녀는 그녀의 아버지가 회사를 팔았다는 것에 매우 놀랐다.

   → _____

5 문제는 그가 최근에 돈이 없다는 것이다.

   → _____

6 나는 병원에서 그녀가 아팠는지 몰랐다.

   → _____

7 그 승객들이 살아 있다는 것은 분명(certain)하다.

   → _____

8 그녀가 내 사무실에 오지 않는다는 것은 분명(clear)하다.

   → _____

관계대명사 **that**만을 사용해야 할 경우

1) [the only/the very/the same/the + 서수/the + 최상급 + 명사]를 수식할 때
   그 노래는 내가 듣고 싶은 유일한 것이다. The song is the only one that I feel like listening to.

2) 부정명사[all/any/some/every/many/no + 명사]를 수식할 때
   영어를 잘하는 모든 학생 every student that speaks English well

3) anything/something/nothing/everything을 수식할 때
   네가 필요한 것은 다 나에게 말해 봐라. Tell me everything that you need.

보너스 영작 교실 📖

☑ 셀 수 있는 명사와 셀 수 없는 명사

중학교 시절부터, 그렇게 외우고 또 외우고 혼동되고, 헷갈리는 것이 바로 명사의 단수형, 복수형이다. 언제 단수인지, 언제 복수인지, 정말 열 받는 분들이 많다. 사실 이것 때문에 영어가 싫어졌다는 분도 지난 학기에 본 적이 있다. ^^! 오늘 이 두 가지를 완전히 마스터하자!

1   **셀 수 있는 명사: 기본적으로 단수, 복수형이 가능하며, 관사를 붙인다.**

· 보통명사: 사람이나, 사물에 공통적으로 쓰이는 명사

① 일정한 모양을 갖춘 것: girl, bird, flower, pencil, cat, dog

   She could hear a dog barking. 그녀는 짖는 것을 들을 수 있었다.

② 일정한 모양은 없어도 셀 수 있는 것: day, week, month, year

   I really like a year-round sport. 나는 연중 계속되는 스포츠가 정말 좋다.

③ 4계절의 이름: spring, summer, fall, winter

   I saw so many spring flowers. 나는 봄에 피는 많은 꽃들을 보았다.

④ 세상에 하나뿐인 것: sun, moon, earth

   The sun rises in the east and sets in the west. 태양은 동쪽에서 뜨고 서쪽으로 진다.

· 집합명사: 사람이나 사물이 여럿 모여서 만들어진 집합을 나타내는 명사 family,
class, team

① 집합체 전체를 하나의 덩어리로 보는 경우(단수)

Our basketball team is a large one. 우리 농구팀은 큰 팀이다.

② 집합체를 구성하는 하나하나의 사람이나 사물에 중점을 두는 경우(군집명사: 복수)

Our basketball team have（the most）fans at our school. 우리 농구팀은 학교에서 팬들을 가지고 있다.

2 **셀 수 없는 명사: 기본적으로 단수, 복수형이 불가능하며, 관사를 붙일 때가 있고, 안
붙일 때가 있다.**

· 물질명사: 일정한 형태가 없는 물질을 나타내는 명사 water, paper, gold, silver,
wine, stone

John's car is big and black. 존의 차는 크고 검정색이다.

David's car is small and blue. 데이비드의 차는 작고 파란색이다.

· 추상명사: 일정한 형태가 없고, 눈에 보이지 않아서 우리의 생각으로만 느낄 수 있는 사물의 성질, 상태를 나타내는 명사 belief, truth, bad, peace, kindness, knowledge, power

The price of Nancy's shirt was (the same as) Alice's. Nancy의 셔츠의 가격은 Alice의 것과 같다.

· 고유명사: 사람, 12달 이름, 요일, 도시, 나라와 같이 세상에 하나뿐인 것을 나타내는 명사 James, August, Wednesday, Seoul, Korea, USA

Helen lived in Mexico. Helen은 멕시코에 살았다.

고유명사도 앞에 부정관사를 붙일 수 있다.
"I want to be a Clinton." 고유명사 클린턴 앞에 부정관사를 붙일 경우에는 ～와 같은 사람이라는 뜻을 갖게 된다. "나는 클린턴과 같은 사람이 되고 싶다."
또한, ～의 작품, ～회사의 제품이라고 할 때에도, 부정관사를 고유명사 앞에 붙여도 된다.
"I have a Picasso." 나는 피카소의 작품 한 점을 갖고 있다.

 Level up! 고급 영작 교실

우리말을 참고해서, 사진의 내용을 영작해 보세요.

〈1단계: 한 문장씩 영작해 보기〉

1 몇 몇의 사람들이 / 걸어가고 있어요 / 통로를 통하여 (현재진행)

→ _____

　– 걸어가고: strolling(down), walking(down), moving(down) 모두 같은 말이니, 골라서 쓸 것!

2 왼쪽의 남자는 / 들여다 보고 있어요 / 메뉴를 / 작은 커피숍에서 (현재진행)

→ _____

　– 왼쪽의 남자: a man on the left 또는 On the left a man
　– 메뉴와 커피숍도 둘 다 처음 나왔으니, 부정관사(a)를 붙여 주자.

3 그 사람들 위로 광고판이 보이죠 / 앞으로 개봉될 쇼들을 / 호텔에서 (현재)

→ _____

　– 위로: above over와 above의 차이를 좀 알아보자. above는 밀착하지 않고 떨어져서 높은 위치에 있음을 나타내는데, 바로 위를 의미하는 경우도 있다. over도 바로 위를 의미하지만, 위를 덮는 넓이라든가 운동을 나타내는 점에서 above와 다르다. hold one's hands above one's head에서는 두 손은 어깨에서 곧바로 위에 있는 것을 생각할 수 있고, over one's head에서는 머리 바로 위에 손을 올려서 머리를 덮고 있는 것을 생각할 수 있다.
　– 광고판: signs 흔히 advertisements 하면 일종의 영업을 위한 홍보를 총칭한다. 줄임 말은 ads.
　– 개봉될: upcoming, coming soon (영화의) 개봉 박두, 근일 개봉.

⟨2단계: 통째로 다시 써 보기⟩

1 몇 몇의 사람들이 통로를 통하여 걸어가고 있어요. 왼쪽의 남자는 작은 커피숍에서 메뉴를 들여다 보고
   있어요. 그 사람들 위로 호텔에서 앞으로 개봉될 쇼들의 광고판이 보이죠.

→ _____

_____

_____

_____

[정답 확인하기]

Step 1
1) The man that was here last week borrowed a book. 2) The singer that we saw perform was very talented. 3) The man that I see every day is our mailman. 4) The fence that I jumped over was very high. 5) The hamburger that I ate for lunch was delicious. / That I ate the hamburger for lunch was delicious. / It was delicious that I ate the hamburger for lunch. 6) My new shoes that I wore got dirty already. 7) The necklace that the man bought his wife was very expensive. 8) My diary that I write in every night is private. That which I write in my diary every night is private. / It is private what I write in my diary every night. 9) The girl that we saw at the baseball game was cheering loudly.

Step 2
1) He brings his lunch every day. It is always the same sandwich. The lunch that he brings everyday is always the same sandwich. 2) A new student came to our school. She is very shy. The new student that came to our school is very shy. 3) Our teacher was absent today. She felt sick. Our teacher that was absent today felt sick. 4) We saw a big man. He eats a lot. The big man that we saw eats a lot. 5) We have a new boss at work. He is strict. The new boss that we have at work is strict. 6) I met a new friend yesterday. She lives next to me. The new friend that I met yesterday lives next to me. 7) We went to the beach. It was very clean. The beach that we went to was very clean. 8) The little boy fell down the stairs. He broke his arm. The little boy that fell down the stairs broke his arm.

Step 3
1) I know that he is honest. 2) She is sure that her children will succeed in the future. 3) I'm afraid that she will not come tonight. 4) She was so surprised that his father had sold the company. 5) The trouble is that he has no money recently. 6) I didn't know that she was sick in the hospital. 7) That the passenger is alive is certain. 8) It is clear that she will not come to my office.

Level up!
1) Several people are strolling along the walkway. 2) On the left, a man is looking at a menu for a small coffee shop. 3) Above the people are signs (signboards) for upcoming performances in the hotel.

꼭 기억하자

💡 명사절의 주어 역할

형식: 명사절 접속사 + (주어) + 동사

의미: 주어가 동사하는 것(사실 또는 단정)

💡 명사절 접속사의 종류

∼하는 것	that
∼인지 아닌지	whether(if)
∼하는 것, 무엇이/무엇을 ∼하는지	what
누가 /누구를 ∼하는지	who
언제 ∼하는지	when
어디에서 ∼하는지	where
왜 ∼하는지	why
어떻게 ∼하는지	how

💡 that 절이 주어일 경우: 강조 용법 it ∼ that / the fact that

형식 1: that + 주어 + 동사 + 동사 → it + 동사 + that + 주어 + 동사

형식 2: that + 주어 + 동사 + 동사 → fact + that + 주어 + 동사 + 동사

💡 기억할 문장

· The lunch that he brings everyday is always the same sandwich.
그가 매일 가져오는 점심은 항상 같은 샌드위치이다.

· The new student that came to our school is very shy. 우리 학교로 온 새로운 학생은 매우 부끄러워한다.

· Our teacher that was absent today felt sick. 우리 선생님은 아파서 오늘 결근했다.

· The big man that we saw eats a lot. 우리는 몸집이 큰 사람이 많이 먹는 것을 봤다.

· The new boss that we have at work is strict. 직장에 온 새로운 사장은 엄격하다.

목적어가
자꾸 길어질 때

명사절 2

We believed it. (일반적인 절)

+ That + (명사절 접속사 that 첨가)

+ We made it to the finals. (목적어가 될 절 첨가)

→ We believed that we made it to the finals.

VITAMINS

매일 먹으면 몸에 좋은 비타민처럼 매일 복습으로 영어 실력 튼튼~

한국 사회에서, 영어가 차지 하는 비중은 무엇보다도 입시라는 것 때문에 높을지 모르겠다. 한편으로는 취업이 다가올수록 다시 토익(TOEIC) 등 입사에 관련된 영어 공부를 다시 하게 된다. 본 책을 끝까지, 잘 마무리하신다면, 토익 라이팅과 스피킹 과목에서, 고득점을 맞을 거라고 보장해 드린다.

다음에 제시된 우리말을 영어로 써 보시라. 만일 배운 것인데, 처음 보는 것처럼 느껴지는 분이 있다면, 어떻게 해야 될지 알쥐! @.@

The man was here last week. 그 남자는 지난 주에 여기에 있었다.

+ He borrowed a book. 그는 책을 빌려갔다.

= _____

We saw the singer perform. 우리는 그 가수의 공연을 보았다.

+ She was very talented. 그녀는 매우 재능이 있었다.

= _____

I see the man every day. 나는 그 남자를 매일 본다.

+ He is our mailman. 그는 우리의 우체부이다.

= _____

그는 그의 점심을 매일 가져온다. _____

그것은 항상 같은 샌드위치이다. _____

= _____

새로운 학생이 우리 학교에 왔다. _____

그녀는 매우 부끄러워한다. _____

＝ _____

우리 선생님은 오늘 결근했다. _____

그녀는 아팠다. _____

＝ _____

나는 그가 정직하다는 것을 안다.

_____

그녀는 그녀의 자녀들이 미래에 성공할 것이라고 확신한다.

_____

유감스럽게도 그녀는 오늘밤 오지 않을 것이다.

_____

TODAY'S 영작교실

명사절은 명사 역할을 하므로, 어제 배운 대로, 명사가 오는 자리인 주어, 동사의 목적어, 보어, 전치사의 목적 또한 동격 자리에 쓰일 수 있다. 명사절에는 모두 5가지 용법이 있다고 말한 바 있다. 주어로 쓰고, 동사의 목적어로도 쓰고, 보어로 쓰고, 전치사의 목적어로도 쓰고, 그리고 동격으로도 쓴다. 오늘은 주어로 쓰는 경우는 어제 배웠으니, 나머지를 모두 공부하겠다.

동사의 목적어 역할

형식: 주어 + 동사 + that(생략 가능) + 주어 + 동사

의미: 주어가 that절을 동사한다
　　　(~을, ~를로 해석되며, 동사의 목적어 구실을 한다)

목적어란 동사의 대상이 되는 말이다. 우리말에서는, 목적어의 바로 뒤에 목적격 조사 '을, 를'이 붙으므로 쉽게 구별이 된다. 영어에서는 동사 바로 뒤에 있는 명사가 대부분 목적어이다. 왜냐하면 목적어의 위치가 동사의 바로 뒤이기 때문이다.

I like the Superman movie.
동사 like의 대상이 바로 the Superman movie이다. 따라서 이것이 목적어가 된다.

목적어에서 중요하게 기억해야 할 것은 목적어도 주어와 마찬가지로 반드시 명사이어야한다. 즉, 형용사나 부사, 동사 등이 목적어가 될 수 없다. 그래서 명사절을 사용하고 있는것이다.

I know that he is honest. 나는 그가 정직하다는 것을 안다.

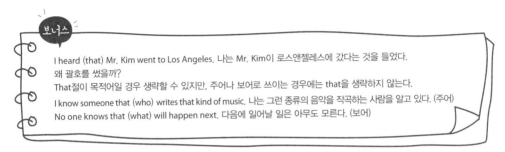

I heard (that) Mr. Kim went to Los Angeles. 나는 Mr. Kim이 로스앤젤레스에 갔다는 것을 들었다.
왜 괄호를 썼을까?
That절이 목적어일 경우 생략할 수 있지만, 주어나 보어로 쓰이는 경우에는 that을 생략하지 않는다.
I know someone that (who) writes that kind of music. 나는 그런 종류의 음악을 작곡하는 사람을 알고 있다. (주어)
No one knows that (what) will happen next. 다음에 일어날 일은 아무도 모른다. (보어)

전치사의 목적어 역할

> **형식: 주어 + 동사 + 전치사 + 관계대명사 + 주어 + 동사**
>
> **의미: 전치사를 위한, 앞서 말한 내용에 대한 부연 설명**

전치사의 뒤에는 명사, 대명사, 동명사, 또는 명사절이 오게 되는데 이를 전치사의 목적어라 한다. 전치사 다음에 오는 말을 전치사의 목적어라고 하며, 따라서 목적격 관계대명사(which, whom, that)가 와야 한다.

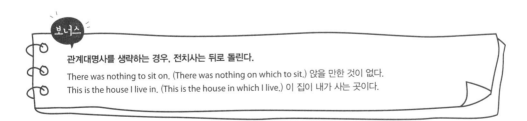

관계대명사를 생략하는 경우, 전치사는 뒤로 돌린다.
There was nothing to sit on. (There was nothing on which to sit.) 앉을 만한 것이 없다.
This is the house I live in. (This is the house in which I live.) 이 집이 내가 사는 곳이다.

(1) 전치사의 목적어로 쓰인 명사절

She told me about what she had done. 그녀는 자신이 한 일에 대해 나에게 이야기했다.

There is some logic in what he says. 그가 한 말에는 일리가 있다.

That accords with what I saw. 그것은 내가 본 것과 일치한다.

(2) 관계대명사가 전치사의 목적어인 경우: 이때는 전치사가 관계대명사 앞에 놓이기도 한다.

This is the house which she lives in. 여기가 그녀가 살고 있는 집이다.

= This is the house in which she lives.

쉼표가 무엇이길래!

관계대명사 that은 「전치사 + that」의 어순으로 쓰이지 않는다. 또한, 중요한 것은 That 앞에는 쉼표도, 전치사도 와서는 안 된다. 쓰고 싶다면, 사물인 경우 which를 사람인 경우 who를 쓰면 된다.

Please see Mr. Shim about that I told you this morning. (X)
Please see Mr. Shim, about whom I told you this morning. (O) 내가 어제 말한 Mr. Shim을 만나세요.
There are eight items that are offered at half price in the Office Depot. (X)
There are eight items, which are offered at half price at Office Depot. (O)
8개의 품목이 있는데, 그 8개 모두가 절반 가격에 Office Depot에서 제공되고 있다.

그런데 만일 which 앞에 쉼표가 없다면? 그렇다면 뜻이 완전히 달라진다.

There are eight items which are offered at half price at Office Depot. 절반 가격에 제시된 8개의 품목이 있다.
*여러 개의 품목 중 8개만이 절반 가격이라는 말씀.

명사절의 동격 역할

That으로 연결하는 내용이 같은 내용일 경우 동격이라고 부른다. 이 경우에도 that을 사용하여 연결할 수 있다.
The claim that she stole the bag is not true. 그녀가 그 가방을 훔쳤다는 주장은 거짓이다.
The news that Italy won the World Cup in 2006 is true. 이탈리아가 2006 월드컵을 지배한다 뉴스는 사실이다.

명사절의 보어 역할

보어란 주어나 목적어를 좀 더 자세히 설명해 주기 위해서 '보충 설명해 주는 말'이다. (넘쉽기 때문에 다들 알고 있으리라 보는데 ^^! 그래도 혼자 공부하시는 분들을 위해서 설명을 좀 해야겠다.)

> I am a nurse. 나는 간호사예요.

여기서, 주어는 I인데, 이것이 어떤 사람인지 더 보충 설명해 주어야 할 듯싶다. 그래서 사용한 것이, nurse이다. I = nurse가 된다. 간호사는 주어를 보충 설명해 주니, 보어가 된다. (보아가 아니라, 보어가 필요한 순간이다. 가수 보아 하고 혼동하지 마시라. ^^!) 그런데 주어를 보충 설명해 주고 있으니, 주격 보어라고 한다.

하나의 예를 더 들면, She is beautiful. 그녀는 아름답다. 정도의 의미인데 여기서, She = beautiful 이 성립된다. 물론 주격 보어가 된다. 그런데 주의할 것이 하나 있다. 보어로 사용될 것은 여기서 알아차리신 것처럼, 오직 명사(nurse)와 형용사(beautiful)만이 올 수 있다는 것이다. 부사나 동사는 보어가 될 수 없다.

> The question is who made it. 문제는 누가 그것을 만들었는가이다.
> Mr. Kim is not what he was. Mr. Kim은 이제 과거의 그가 아니다.

하나 더, 주어를 보충 설명하는 보어를 주격 보어라고 했다. 마찬가지로 목적어를 보충 설명해 주는 보어를 목적격 보어라고 한다. 주의할 것은 문장의 형식이 5형식으로 달라지지만, 여기서도 보어로 명사와 형용사만을 사용할 수 있다.

> I think Mr. Kim is a doctor. (Mr. Kim = doctor) 나는 Mr. Kim이 의사라고 생각한다.

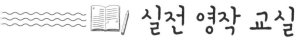

실전 영작 교실

Step 1 보기와 같이 제시된 두 문장을 한 문장으로 만드세요.

> **보기** We believed it. 우리는 이것을 믿었다.
> + We made it to the finals. 우리는 학기말 시험까지 이것을 해냈다.
> = <u>We believed that we made it to the finals.</u>

1 It is obvious. 이것은 분명하다.

+ The flowers have just been bought. 이 꽃들은 막 구매되었다.

= _____

2 No one is sure. 아무것도 확실한 것은 없다.

+ It will rain tomorrow. 내일 비가 올 것이다.

= _____

3 They told me. 그들은 나에게 말했다.

+ They are all old friends. 그들은 모두 오래된 친구들이다.

= _____

4 Susan is sure. Susan은 확신한다.

+ She wants to become a teacher. 그녀는 선생님이 되는 것을 원한다.

= _____

5 They are certain. 그들은 확신한다.

+ Many guests will show up. 많은 손님들이 올 것이다.

= _____

6 I know. 나는 안다.

+ It will be a long walk. 이것은 오래 걸어야 할 것이다.

= _____

7 It has been predicted. 이것은 예언되어 왔다.

+ A tornado will soon hit the country. 토네이도가 그 나라를 가까운 시일에 강타할 것이다.

= _____

8   They are sure. 그들은 확신한다.

    + The movie will be a success. 그 영화는 성공할 것이다.

    = _____

9   They have announced it. 그들은 이것을 발표했다.

    + They are engaged. 그들은 종사하고 있다.

    = _____

10 He is the man. 그가 그 사람이다.

    + I spoke to him. 나는 그에게 말했다.

    = _____

Step 2   보기와 같이 제시된 두 문장을 한 문장으로 만드세요.

> **보기** 나는 안다. → I know.
> + 나는 오늘 병원 예약이 있다. → I have a doctor's appointment today.
> = <u>I know that I have a doctor's appointment today.</u>

1   내 친구가 내게 말했다.   _____

    그녀는 이사하는(move away) 중이었다.   _____

    = _____

2   그는 알았다.   _____

    그의 어린 여동생(baby sister)은 배가 고팠다. _____

    = _____

3   우리는 알아차렸다.   _____

    우리는 그 졸업식에 정시 도착할 약속을 못 지켰었다. _____

    = _____

4   나는 모든 사람에게 말했다.   _____

    나는 그 제안(offer)을 거절할 계획이었다.   _____

    = _____

5 그는 확신했다.

그는 그의 목표들을 성취할 계획이다.

= _____

6 누구도 우리에게 말하지 않았다.

우리는 리포트를 쓰기로 되어 있었다(be supposed to do).

= _____

7 이것은 발표되었다.

그 시험이 연기되었다.

= _____

8 이것은 분명(clear)하다.

그들 사이에 하나의 논쟁이 벌어질 것이다.

= _____

9 우리는 모두 의식하고 있다.

우리가 좀 더 연습을 더 할 필요가 있다.

= _____

10 영어는 과목 중의 하나이다.

나는 영어를 매우 좋아한다.

= _____

Step 3

1 저기 서 있는 저 여자를 봐.

→ _____

2 너와 이야기하고 있던 그 여자가 누구였니?

→ _____

3 그는 그 영화는 사실에 근거를 두고 있다고 말했다.

→ _____

4 그녀가 내 이메일을 받지 않았을 가능성이 있다.

→ _____

5 그 커피숍에서 나에게 말을 걸었던 그 남자는 전에 나와 이웃에 살았다.

→ _____

6 그녀가 전화를 해야 하는 사람은 Las Vegas에 산다.

→ _____

7 오늘 오후에 온 편지는 내 친구에게서 온 것이었다.

→ _____

8 우리가 보고 있는 사진들은 전문 사진사들에 의해 찍힌 것들이다.

→ _____

9 나는 무엇이 그녀를 귀찮게 하는지(bother) 물었다.

→ _____

10 그녀의 정직함(honesty)이 나는 가장(most) 마음이 끌린다(attract).

→ _____

이럴땐 이렇게

부정관사와 정관사의 사용법

언제 부정관사를 쓰고, 언제 정관사를 써야 할지 아직도 혼동되는 분들을 위한 마지막 기회라고 생각하시고, 편한 마음(!)으로 잘 공부해 보시길 바란다.

(1) 부정관사의 6가지 사용법

1) 단수 보통명사 앞에 She is such a smart woman.
2) '하나'(= one)의 의미 I bought a brown bag.
3) '~에, ~마다'의 의미 I take TOEIC writing lessons 10 hours a week.
4) '~ 같은'(= the same)의 의미 We are of an age in this class. (동갑)
5) '어떤'(= a certain)의 의미 They are taking a long time to get ready.
6) '~라는 것'(= any)의 의미(대표단수) Dog is man's best friend.

보너스

A Mr. Park is waiting for you. 고유명사 앞에 A가 있는데, 맞는 말일까?
여기서 A는 '~라는 이름의 사람'이라는 의미를 가져서, "Mr. Park이라는 사람이 당신을 기다려요" 정도가 된다.

(2) 정관사의 13가지 사용법

1) 명사의 반복

She has a ball. The ball is yellow. 그녀는 공이 있다. 그 공은 노란색이다.

2) 서로 알고 있거나, 상황적으로 명확한 것

I need the teacher to help me with my project. 나는 내 프로젝트를 도와 줄 선생님이 필요하다.

3) 세상에서 하나뿐인 것 the sun, the moon, the earth, the world, the universe, the Bible

Most mountains in the world have been left in their natural states and are today primarily used for recreation.
세계의 대부분의 산들은 자연상태에서 보존되어 왔는데, 이것들은 현재는 주로 휴양지로 사용된다.

4) 형용사 구, 절이 명사를 수식할 때

That is the new dress which Grace wanted to buy. 그 새 옷은 Grace가 사실 원했던 것이다.

5) 형용사의 최상급, 서수 앞에

The first gates are opening. 첫 번째 게이트들이 열려 있다.

6) by the + 단위 표시 명사의 형태

Bread is sold by the kilogram. 빵은 킬로 단위로 판매된다.

7) the + 단수 보통명사: 종족 전체

The tiger is a fierce animal. 호랑이는 사나운 동물이다.

The elephant relies more on its sense of smell than on any other sense.
코끼리는 다른 어떤 감각보다도 후각에 더 의존한다.

*종족 전체를 나타내는 표현은 모두 3가지다. A + 단수명사, the + 단수명사, 복수 명사

8) 가족, 국민을 나타내는 말 앞에 the Robinsons 로빈슨 씨 가문(S를 붙이는 것 주의)

Families like the Rockefellers have become synonymous with wealth.
록펠러 가문과 같은 집안은 부와 같은 의미가 되었다.

9) 항상 복수형으로 쓰이는 지명 앞에 the Alps, the Rocky Mountains

The Alps is the name of one of the great mountain ranges in Europe.
알프스는 유럽의 가장 큰 산맥의 이름 중의 하나이다.

10) 하천, 바다, 반도 이름 앞에 the Han River, the Pacific, the Korean Peninsula

This bridge across the Danube River links Hungary with Slovakia.
이 다리는 Danube River를 가로질러 Hungary와 Slovakia를 연결한다.

11) 신체의 일부: 전치사 + the

My sister struck me on the head. 내 여동생이 나의 머리를 내리쳤다.

12) the + 보통명사: 추상명사

The pen is mightier than the sword. 펜은 검보다 강하다.

It is the mother in her showing itself. 그것은 그녀의 표출된 모성애이다.

13) the + 형용사: 복수명사, 추상명사 the rich(부자), the poor(가난한 사람), the good(선)

The rich are getting richer. 부자들은 더 부자가 되려고 한다.

The accused has been found not guilty. 그 피의자는 무죄 판결을 받았다.

보너스 영작 교실 📚

☑ 생략이 가능한 접속사

종속접속사 중 뜻이 없는 접속사가 있는데, 생략이 가능하다. 뜻이 없는 접속사는 아래와 같다.

명사절 유도접속사: that (~것)

목적격 관계대명사: which, whom, that (~은/는, 을/를)

1   명사절 유도 접속사 that 생략

- 형식: V + (that) + S + V~
- 의미: 명사절인 that절은 뜻이 없으므로 생략 가능하고 타동사(V)의 목적어 역할을 할 경우, 문장 속에서 절의 종류를 파악할 수 있으므로 that은 생략할 수 있다. 따라서 접속사가 생략된 경우 타동사(V)와 주어 (S) 사이에는 that이 빠졌다는 것을 알 수 있고, 여러분들도 생략할 수 있어야 한다.
- The boss said (that) the woman would be in charge of the engineers and the mechanics. 동사가 'said' 와 'would be'로 두 개 사용되어 접속사가 하나 있어야 한다. '~ said(동사) the woman(주어) ~'가 되어 said와 the man 사이에는 명사절 유도접속사 that이 생략되었다.

I just realized (that) Mr. Johnson smoked too much in the office.
나는 Johnson 씨가 사무실에서 담배를 너무 많이 피운다는 것을 막 알게 되었다.

2   목적격 관계대명사 which, whom, that 생략

- 형식: 명사 + (which, whom, that) + S + V + ~
- 의미: 관계대명사는 뜻이 없어서 생략 가능하고 목적격 관계대명사인 경우는 문장 속에서 절의 종류를 파악할 수 있으므로 생략할 수 있다. 따라서 접속사가 생략된 경우 명사와 주어(S) 사이에 which(whom, that)가 빠졌다는 것을 알 수 있다.
- Every product (that) we buy has an effect on the environment. 동사가 'buy'와 'has'로 두 개 사용되어 접속사가 하나 있어야 한다. '~ Product(명사) we(주어) ~'가 되어 product와 we 사이에는 목적격 관계 대명사 that이 생략되었다.

Your passport (that) has expired should inform the travel agency.
당신의 여권이 기간 만료가 되면 여행사에 알려야 한다.

Level up! 고급 영작 교실

우리말을 참고해서, 사진의 내용을 영작해 보세요.

〈1단계: 한 문장씩 영작해 보기〉

1 많은 신발들과 가방들이 진열되어 있어요 / 작은 가게 안에 (There 구문)

   → _____

   – 진열: display 전치사(on)를 앞에 넣어 주어야 뜻이 분명해진다.
   – 작은 가게: small shop 처음 등장하는 가게이니까, 부정관사(a)를 붙여 주자.

2 세 여자가 보고 있어요 / 신발을 / 그들 주위에 있는 (현재진행 + that)

   → _____

   – 그들 주위에: around them

3 다른 여자는 서 있어요 / 오른쪽에 / 의자 옆에 (현재진행)

   → _____

   – 다른 여자: another woman 왜 another를 썼을까? 물론 아시겠지요. 여러 여자 중의 하나이기 때문에 another를 썼고, 만일 그 여자 하나만 남았다면, the other를 써야죠.
   – 옆에: next to

〈2단계: 통째로 다시 써 보기〉

1 작은 가게 안에 많은 신발들과 가방들이 진열되어 있어요. 세 여자가 그들 주위에 있는 신발을 보고 있어
요. 다른 여자는 오른쪽에 의자 옆에 서 있어요.

→ _____

_____

_____

_____

[정답 확인하기]

Step 1   1) It is obvious that the flowers have just been bought. 2) No one is sure that it will rain tomorrow. 3) They told me that they are all old friends. 4) Susan is sure that she wants to become a teacher. 5) They are certain that many guests will show up. 6) I know that it will be a long walk. 7) It has been predicted that a tornado will soon hit the country. 8) They are sure that the movie will be a success. 9) They have announced that they are engaged. 10) He is the man whom I spoke to. (He is the man to whom I spoke.)

Step 2   1) My friend told me. She was moving away. My friend told me that she was moving away. 2) He knew. His baby sister was hungry. He knew that his baby sister was hungry. 3) We were aware. We would not be able to make it to the graduation ceremony in time. We were aware that we would not be able to make it to the graduation ceremony in time. 4) I told everyone. I was going to reject the offer. I told everyone that I was going to reject the offer. 5) He is certain. He is going to accomplish his goals. He is certain that he is going to accomplish his goals. 6) No one told us. We were supposed to write a report. No one told us that we were supposed to write a report. 7) It was announced. The test has been postponed. It was announced that the test has been postponed. 8) It is clear. An argument is going to arise between them. It is clear that an argument is going to arise between them. 9) We are all aware. We need to practice even more. We are all aware that we need to practice even more. 10) English is one of the subjects. I'm very fond of English. English is one of the subjects of which I'm very fond. (English is one of the subjects that I'm very fond of.)

Step 3   1) Look at that woman standing there. 2) Who was that woman you were talking to? He said that the movie was based on a true story. 4) It is possible that she hasn't received my e-mail. 5) The man that spoke to me in the coffee shop used to live near me. 6) The person that she has to call lives in Las Vegas. 7) The letter that (which) came this evening was from my friend. 8) The photographs that (which) we are looking at were taken by professional photographers. 9) I asked what was bothering her. 10) Her honesty was what attracted me most.

Level up!   1) There are many shoes and bags on display in a small shop. 2) Three women are looking at the shoes that are around them. 3) Another woman is standing on the right next to a chair.

동사의 목적어 역할

형식: 주어 + 동사 + that(생략가능) + 주어 + 동사

의미: ~을, ~를로 해석되며, 동사의 목적어 구실을 한다.

전치사의 목적어 역할

형식: 주어 + 동사 + 전치사 + 관계대명사 + 주어 + 동사

의미: 전치사를 위한, 앞서 말한 내용에 대한 부연 설명

기억할 문장

· No one told us that we were supposed to write a report.
우리가 리포트를 쓰기로 되어 있다는 것을 누구도 우리에게 말하지 않았다.

· It was announced that the test has been postponed.
그 시험이 연기가 되었다는 것이 발표되었다.

· It is clear that an argument is going to arise between them.
그들 사이에 하나의 논쟁이 벌어질 것이 분명하다.

· We are all aware that we need to practice even more.
우리가 좀 더 많은 연습이 필요하다는 것을 우리는 의식하고 있다.

· English is one of the subjects of which I'm very fond.
영어는 내가 가장 좋아하는 과목 중의 하나이다.

하고 싶은 말이 많을 때는 이렇게

형용사절(관계대명사절)

I'm reading a book. (어떤 책을 읽었는데?)

+ ,(콤마) + which (책에 대한 추가 설명을 which로 받는다)

+ My teacher recommended it. (선생님께서 권유하신 책)

= I'm reading a book. which my teacher recommended. (합친 문장)

VITAMINS

매일 먹으면 몸에 좋은 비타민처럼 매일 복습으로 영어 실력 튼튼~

영화 <미녀는 괴로워>를 기억하시는지요. 유튜브에서 찾아보면 아직도 볼 수 있는 재미있는 영화다. 참담하게 뚱뚱한 그녀가 성형수술을 통하여, 외모에 자신감을 가지면서, 동시에 자신의 자아를 잃어 버리게 된다는 얘기이다. 하지만 영어에 대한 자신감은 과연 성형수술로 가능하지 않다. 다만, 열심히 쓰고, 쓰고, 또 쓰면 가능해진다.

다음에 제시된 우리말을 영어로 써 보시라. 만일 배운 것인데, 처음 보는 것처럼 느껴지는 분이 있다면, 어떻게 해야 될지 알쥐! @.@

저기 서 있는 저 경찰관을 봐.

_____

너와 이야기하고 있던 그 여자가 누구였니?

_____

그는 그 소설이 사실에 근거를 두고 있다고 말했다.

_____

그가 내 이메일을 받지 않았을 가능성이 있다.

_____

그 커피숍에서 나에게 말을 걸었던 그 남자는 전에 나와 이웃에 살았다.

_____

그녀가 전화를 해야 하는 사람은 New York에 산다.

_____

오늘 오후에 온 편지는 내 회사에게서 온 것이었다.

_____

우리가 보고 있는 사진들은 전문 사진사들에 의해 찍은 것들이다.

_____

나는 무엇이 그녀를 귀찮게 하는지(bother) 물었다.

_____

그녀의 정직함(honesty)이 나는 가장(most) 마음이 끌린다(attract).

_____

TODAY'S 영작교실

형용사의 용도는 오직 명사의 상태를 나타내기 위해서 필요하다. 그러면, 형용사절은? 마찬가지다. 다만, 주어와 동사가 들어간 것을 절이라고 부르기 때문에 형용사절이라고 한다. 형용사절은 무엇 할 때에 쓰이는 것인가? 형용사, 형용사구와 마찬가지로 절이 명사를 꾸며주면 형용사절이다. 그냥 이렇게 믿으시면 된다. 명사를 꾸며 주는데, 일반적인 형용사는 명사 앞에서 명사를 꾸며 주지만, 이놈은 좀 길어졌기 때문에 뒤로 보낸다. 따라서 형용사절의 위치는 꾸미는 명사(선행사)의 바로 뒤가 된다.

이때에 꾸밈을 받는 명사를 선행사라고 한다. 선행사라… 앞에 있는 놈이라는 뜻이다. ^^; 절(temple) 이름이 아니다. 앞 놈과 관계 있는 내용을 말한다고 해서 관계절이라고 한다. 관계절이 따로 있는 것이 아니다.

여기에는 제한적 용법과 계속적 용법이라는 두 가지 쓰임새가 있는데, 이것의 차이를 명확하게 알아두셔야만, 쉼표(comma)를 쓸까 말까 하는 문제의 고민도 해결될 것이다.

제한적 용법

형식: 주어 + 동사 + 명사(선행사) + 관계대명사 + 주어 + 동사

해석: 형용사와 마찬가지로 'ㄴ', 'ㄹ'로 해 준다.

의미: 앞에 있는 명사(선행사)를 수식하여 특정한 대상으로 한정시켜 준다.

She has three sisters who are nurses.

그녀는 간호사인 언니가 세 명 있다. (그녀의 가족에는 다수의 언니가 있을 수 있지만, 간호사인 언니는 세 명이라는 의미이다.)

제한적 용법으로 쓰인 목적격 관계대명사 whom, which, that은 생략할 수 있다.
He is playing the Internet game (which) he loves. 그는 그가 좋아하는 인터넷 게임을 논다.

계속적 용법

> 형식: 주어 + 동사 + 명사(선행사) + 콤마(,) + 관계대명사 + 주어 + 동사
>
> 해석: 형용사와 마찬가지로 'ㄴ', 'ㄹ'로 해 준다.
>
> 의미: 앞에 있는 명사(선행사)에 대해 추가적인 특별 정보를 제공한다. 이때
>
> 에는 반드시 관계절 앞에 콤마를 주어야 한다.

She has three sisters, who are nurses. 그녀는 언니가 세 명이 있는데, 그들은 간호사이다.
(그녀의 가족에는 세 명의 언니만 있고, 그 셋 모두 간호사라는 의미이다. 쉼표 하나의 차이가 이렇게 크다. ^^!)

보너스

계속적 용법으로 쓰인 목적격 관계대명사 whom, which, that은 생략할 수 없다.

또한, 관계절 내에서는 주어, 목적어 등의 역할을 하면서 관계절을 이끌어 앞에 오는 명사를 수식해 준다. 따라서 관계대명사 뒤에는 주어나 목적어 등이 빠진 문장이 올 수 있게 된다.

My favorite sport is golf, which I watch every weekend. (O) 내가 좋아하는 스포츠는 골프인데, 이것을 나는 매주 본다.
My favorite sport is golf, I watch every weekend. (X)

형용사절을 이용한 문장 합치기

Step 1: 두 문장에 공통으로 들어 있는 단어를 선택한다.

Step 2: 공통으로 있는 단어 중 종속절(꾸며 줄 문장)에 있는 것을 관계대명사로 바꾼다.

Step 3: 관계대명사를 문장의 맨 앞에 놓는다.

Step 4: 관계대명사가 이끄는 문장을 선행사(꾸며 줄 명사) 뒤에 붙인다.

Step 5: 주절의 문장과 합한다. 완성

(1) 주격 who 사용

> 합칠 재료 문장: I teach the nurse. (주절) + The nurse studies English hard. (종속절)

Step 1 두 문장에 공통으로 들어있는 단어 the nurse를 선택한다.

Step 2 종속절(꾸며줄 문장)의 주어(the nurse)를 사람이 주어인, 관계대명사 who로 바꾼다.

The nurse studies English hard. → who studies English hard.

Step 3 여기서는 관계대명사 who가 문장의 제일 앞에 있다.

Step 4 관계대명사 who가 이끄는 종속절을 선행사 the nurse 바로 뒤에 갖다 붙인다.

Step 5 주절의 문장과 합한다. 완성

I teach the nurse who studies English hard. 나는 영어를 열심히 공부하는 간호사를 가르친다.

(2) 목적격 whom 사용

> **합칠 재료 문장: The girl is my sister. (주절) + You know the girl. (종속절)**

Step 1 두 문장에 공통으로 들어있는 단어 the girl을 선택한다.

Step 2 종속절(꾸며줄 문장)의 주어(the girl)를 사람이 목적어인, 관계대명사 whom으로 바꾼다.

You know the girl. → You know whom.

Step 3 여기서는 관계대명사 whom을 문장의 맨 앞으로 내 놓는다. → Whom you know.

Step 4 관계대명사가 이끄는 문장을 선행사(명사) 뒤에 붙인다. → The girl whom you know

관계대명사가 이끄는 절 뒤에, 주절의 나머지를 그대로 써 주면 된다.

Step 5 주절의 문장과 합한다. 완성

The girl whom you know is my sister. 당신이 알고 있는 그 소녀는 나의 여동생이다.

(3) 소유격 whose 사용

> **합칠 재료 문장: A boy is called an orphan. (주절) + His parents are dead. (종속절)**

Step 1 두 문장에 공통으로 들어 있는 단어(A boy와 His)를 선택한다.

Step 2 공통으로 있는 단어 중 종속절(꾸며줄 문장)에 있는 것을 관계대명사(소유격)로 바꾼다. his → whose

Step 3 관계대명사 Whose를 문장의 맨 앞에 놓는다. Whose parents are dead.

Step 4 관계대명사가 이끄는 문장을 선행사(꾸며 줄 명사) 뒤에 붙인다. A boy whose parents are dead 관계 대명사가 이끄는 절 뒤에, 주절의 나머지를 그대로 써 주면 된다.

Step 5 주절의 문장과 합한다. 완성

A boy whose parents are dead is called an orphan.

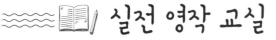

실전 영작 교실

Step 1 보기와 같이 제시된 두 문장을 한 문장으로 만드세요.

> **보기** I'm reading a book. 나는 책을 읽고 있다.
> + My teacher recommended it. 나의 선생님이 이것을 권했다.
> = I'm reading a book, which my teacher recommended.
> (or) I'm reading a book that my teacher recommended.

1 This is my dog. 이것은 내 강아지다.

  + I found her at the park. 나는 이것을 공원에서 발견했다.

  = _____

2 I have a new computer. 나는 새 컴퓨터를 가지고 있다.

  + My mom bought it for me. 엄마가 나를 위해 사 주신 것이다.

  = _____

3 We bought a car. 우리는 차를 구입했다.

  + I picked it. 이것은 내가 고른 것이다.

  = _____

4 I made a sandwich. 나는 샌드위치를 만들었다.

  + I ate it for dinner. 나는 이것을 저녁으로 먹었다.

  = _____

5 I listened to my CD. 나는 내 CD를 들었다.

  + I bought it last year. 나는 이것을 지난 해에 구매했다.

  = _____

6 I am wearing a sweater. 나는 스웨터를 입고 있다.

  + My friend gave it to me. 이것은 내 친구가 나에게 준 것이다.

  = _____

7 Here is my project. 내 프로젝트가 여기에 있다.

   + I finished it yesterday. 나는 이것을 어제 끝냈다.

   = _____

8 There is the jacket. 그 자켓이 거기에 있다.

   + I want to buy it. 나는 이것을 사고 싶다.

   = _____

9 There is the cat. 그 고양이가 거기에 있다.

   + I saw it last week. 나는 지난 주에 이것을 보았다.

   = _____

Step 2 보기와 같이 제시된 우리말을 영작하고, 또 그 두 문장을 한 문장으로 만드세요.

> **보기** 이것은 나의 차이다. → This is my car.
> + 나는 이것을 학교까지 운전했다. → I drove it to school.
> = This is my car which I drove to school.

1 우리는 영화를 보고 왔다.   → _____

   이것은 어제부터 시작된 것이다.   → _____

   = _____

2 나는 편지 한 통을 썼다.   → _____

   나는 나의 삼촌에게 이것을 보낼 계획이다. → _____

   = _____

3 나는 도서관에 다녀왔다.   → _____

   이것은 나의 집 근처에 있다.   → _____

   = _____

4 나는 노래 한 곡을 불렀다.   → _____

   이것은 내 친구가 나에게 가르쳐 준 것이다. → _____

   = _____

5 거기에 정원이 있다.   → _____

    이것은 비에 의해 망가졌다(Destroy).   → _____

    = _____

6 이것들은 꽃들이다.   → _____

    나는 이것을 집으로 사 왔다.   → _____

    = _____

7 나의 아빠는 식료품(groceries)을 운반하신다.→ _____

    나의 엄마가 그것들을 구입했다.   → _____

    = _____

8 우리는 할아버지를 도와드렸다.   → _____

    그는 나이가 들고 약해지셨다.   → _____

    = _____

9 이것이 나의 방이다.   → _____

    나는 이것을 오늘 아침에 청소했다.   → _____

    = _____

Step 3   다음에 제시된 문장을 형용사절을 사용하여 영작하세요.

1 우리와 함께 놀았던 그 가족은 아주 친절했다. (whom/who/that)

   → _____

2 굉장한 용기를 보여준 군인을 존경했다. (who)

   → _____

3 당신이 언급하고 있는 그 편지를 찾을 수가 없어요. (to which)

   → _____

4 그 구역이 바로 비행기가 날지 못하는 구역이다. (over which)

   → _____

5 나는 한국 시장에 전력(concentrate)을 기울이는 회사를 안다. (which)

→ _____

6 나는 고속(high speeds)일 때는 제어가 힘든 차를 빌렸다. (which)

→ _____

7 우리의 삶을 풍요롭게 하는 경험들을 좋아한다. (which)

→ _____

8 나는 아버지가 가수인 소녀를 만났다.(whose)

→ _____

이럴땐 이렇게

many나 much 대신 쓸 수 있는 형용사구

A lot of, lots of, plenty of 를 사용하여, many(수)나 much(양)을 나타내는 표현을 다양하게 구사하여 보자. 매번 쓰는 many와 much는 이제 지겹지 않은가?

또한, A great(= good) number of, A large number of를 many 대신에 사용할 수도 있고, A great(= good) deal of, A large amount of를 much 대신에 사용해도 된다. 골고루 좀 쓰자. ^^!

Many (수)	Much(양)
A lot of, lots of, plenty of	
A great(= good) number of	A great(= good) deal of
A large number of	A large amount of

My sister has many (= a lot of) friends at her school. 내 여동생은 학교에 많은 친구가 있다.

I have a lot of (many) toys in my house. 난 집에 많은 장난감이 있다.

The box has much (a large amount of) weight. 그 상자는 무게가 많이 나간다.

Your car takes up a large amount of (much) gas. 너의 차는 기름이 많이 먹는다.

보너스 영작 교실 📖

☑ 형용사의 위치

형용사의 주된 역할은 명사 앞에 위치해서 명사를 수식하는 것인데, 이런 경우는 한정적 용법이라고 한다.

1 명사를 수식하는 형용사

· 일반형용사 + 명사

Our company urged the staff to take early retirement. 직원들에게 조기 퇴직하라고 강력히 권했다.

· 분사형용사 + 명사

She has a limited source of income in Los Angeles. 그녀는 LA에서 제한된 소득원을 갖고 있다.

· 형용사 and 형용사 + 명사

You have fresh and innovative approaches to existing situations.
당신은 현존하는 상황에 대한 신선하고 혁신적인 접근들을 가지고 있다.

· 부사 + 형용사 + 명사

Videotaping in the session room is strictly prohibited.
교실에서의 비디오테이프 녹화는 엄격하게 금지되어 있다.

· 관사 + 형용사 + 명사

I know a person who is a renowned engineer. 내가 알고 있는 사람은 명성이 자자한 기술자이다.

· 한정사 + 형용사 + 명사

There are so many experienced workers in this company. 이 회사에는 많은 숙련된 직원들이 있다.

2 보어 역할을 하는 형용사

형용사는 2형식 문장에서 be동사의 보어, 5형식 문장에서 목적 보어 역할을 할 수 있다.

· be동사(2형식 동사) + 형용사

These hotel rooms look empty. 이 호텔의 방들은 비어 있는 것 같다.

· be동사 + 형용사 + 전치사

These clothes are suitable for cold weather in Alaska. 이 옷들은 알래스카의 추운 날씨에 적합하다.

3 성질이 다른 두 개 이상의 형용사가 명사 앞에 쓰였을 경우의 어순

| All | 소유격, 관사, 지시 형용사 | 서수 | 수량 형용사, 기수 | 성질 형용사 | | | | | | | 명사 |
				성질	대소	신구	형상	출처	색	재료	
	her					new		Swiss		gold	watch
	the		three	brave		old		USA			soldiers
all	these		four	nice	little	old	round	Korean	red	iron	desks

형용사가 명사 뒤에 오는 경우

1) 다른 어구가 붙어 길어질 때: Korea is a country famous for BBQ. 한국은 바비큐로 유명한 나라이다.

2) −thing으로 끝나는 부정대명사를 수식할 때: You should give her something special for a birthday present. 생일 선물로 그녀에게 뭔가 특별한 것을 주어야만 한다.

3) 대조가 되는 두 개의 형용사가 명사를 수식할 때: He is a boy, poor, but happy. 그는 가난하지만 행복한 소년이다.

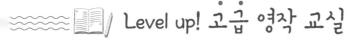

Level up! 고급 영작 교실

우리말을 참고해서, 사진의 내용을 영작해 보세요.

⟨1단계: 한 문장씩 영작해 보기⟩

1   한 남자가 준비하고 있네요 / 내려 갈려고 / 에스컬레이터로 / 아래 지역으로 (현재진행)

→ _____

 – 에스컬레이터: escalator
 – 내려 갈려고: to go down 그러면 올라 갈려고는? to go up

2   그는 그의 휴대전화를 갖고 있고 / 왼손에 / 이야기를 하고 있네요 / 누군가와 (현재진행)

→ _____

 – 휴대전화: cell phone 아는 척 한다고 해서 mobile phone이라고 하면 좀 어색하다. 왜냐하면 '모바일 폰'에는 군용 무전기 뭐
   그런 것들이 다 포함되기 때문이다.^^!

3   그는 메고 있어요 / 작은 백팩을 / 그의 등에 (현재진행)

→ _____

 – 메고 있다: wear 입을 때도 쓰고, 멜 때에도 쓸 수 있다.
 – 백팩: backpack 흔히 등에 짊어지는 가방을 미국에서는 백팩이라고 부른다.

〈2단계: 통째로 다시 써 보기〉

1 한 남자가 에스컬레이터로 아래 지역으로 내려 갈려고 준비하고 있네요. 그는 왼손에 그의 휴대전화를 갖고 있고, 누군가와 이야기를 하고 있네요. 그는 작은 백팩을 그의 등에 메고 있어요

→ _____ _____

_____

_____

_____

꼭 기억하자

🔆 제한적 용법

형식: 주어 + 동사 + 관계대명사 + 주어 + 동사

해석: 형용사와 마찬가지로 'ㄴ', 'ㄹ'로 해 준다.

의미: 앞에 있는 명사(선행사)를 수식하여 특정한 대상으로 한정시켜 준다.

🔆 계속적 용법

형식: 주어 + 동사 + 콤마(,) + 관계대명사 + 주어 + 동사

해석: 형용사와 마찬가지로 'ㄴ', 'ㄹ'로 해 준다.

의미: 앞에 있는 명사(선행사)에 대해 추가적인 특별 정보를 제공한다. 이때에는 반드시 관계절
　　　앞에 콤마를 주어야 한다.

🔆 형용사절을 이용한 문장 합치기

Step 1: 두 문장에 공통으로 들어 있는 단어를 선택한다.

Step 2: 공통으로 있는 단어 중 종속절(꾸며 줄 문장)에 있는 것을 관계대명사로 바꾼다.

Step 3: 관계대명사를 문장의 맨 앞에 놓는다.

Step 4: 관계대명사가 이끄는 문장을 선행사(꾸며 줄 명사) 뒤에 붙인다.

Step 5: 주절의 문장과 합한다. 완성

🔆 기억할 문장

· There is the garden that got destroyed by the rain. 비에 의해 망가진 정원이 있다.

· These are the flowers that I brought home. 이것들이 내가 집으로 사온 꽃들이다.

· My dad is carrying the groceries that my mom bought. 엄마가 구입한 식료품을 아빠가 운반한다.

· We helped the man that is old and weak. 나이가 들어 약해진 할아버지를 우리는 도와드렸다.

· This is my room that I cleaned this morning. 이 방이 아침에 내가 청소한 방이다.

사과 부사는
아무 때나 먹어도 된다

부사절 1

She came home. 그녀는 집에 왔다. (일반적인 절)

+ When (부사절 접속사)

= When she came home 그녀가 집에 왔을 때(부사절)

VITAMINS

매일 먹으면 몸에 좋은 비타민처럼 매일 복습으로 영어 실력 튼튼~

여러분 중에, 세상이 자기를 안 알아주니까, 영어공부 안 하는 분이 있을지 모른다. 영어공부를 다 완성하고 나면 그때서야 세상이 본인을 알아줄 것이다. 걱정 말고 공부하시길 바란다. 일단 복습부터 하시고 공부를 시작하시길 바란다.

다음에 제시된 우리말을 영어로 써 보시라. 만일 배운 것인데, 처음 보는 것처럼 느껴지는 분이 있다면, 어떻게 해야 될지 알쥐! @.@

우리와 함께 놀았던 그 가족은 아주 친절했다. (whom/who/that)

_____

굉장한 용기를 보여준 군인을 존경했다. (who)

_____

당신이 언급하고 있는 그 편지를 찾을 수가 없어요. (to which)

_____

그 구역이 바로 비행기가 날지 못하는 구역이다. (over which)

_____

나는 한국 시장에 전력(concentrate)을 기울이는 회사를 안다. (which)

_____

나는 고속(high speeds)일 때는 제어가 힘든 차를 빌렸다. (which)

_____

우리의 삶을 풍요롭게 하는 경험들을 좋아한다. (which)

_____

나는 아버지가 가수인 소녀를 만났다. (whose)

_____

TODAY'S 영작교실

부사는 홍옥, 국광과 더불어 3대 사과 품종 중의 하나이다. 어른들은 아침에 먹는 사과가 금사과니 어쩌니 해서 밤에는 사과를 못 먹게 했다. 그런 사과 품종 중의 하나인 부사 말고, 쓰고 말하는 데 사용되며 특히 동사를 위해 존재하는 부사, 부사구, 마찬가지로 형용사, 부사, 동사를 꾸며주는 절이 부사절이다.

부사절은 주절의 뒤에 있는 경우도 있지만 대부분 주절의 앞에 위치한다. 문장의 맨 앞에 부사절임을 나타내는 접속사가 붙기 때문에 구별하기 쉽다. 오늘은 부사절을 만드는 방법을 배워본다.

> 앞서 배운 형용사절과 부사절의 차이점은 형용사절이 종속절에 위치하면서, 앞의 주절의 선행사(주로 명사 상당)를 꾸며주는 구실을 하는 반면, 부사절은 주로 주절보다 앞에 위치하면서 동작을 꾸며주는 역할을 한다. 앞에 위치하면서, 뒤의 얘기를 꾸며 준다고 보면 된다.
> (형용사절) That is the book that is really good to study English with. 그것이 바로 영어를 공부하기에 정말 좋은 바로 그 책이다.
> (부사절) When the airplane came to the airport, it was raining. 그 비행기가 공항에 도착하였을 때에 비가 오는 중이었다.

평범한 절을 부사절로 변신시키려면, 부사절 접속사를 사용하면 된다. 또 그것을 축약하여 간략한 문장으로 만들어야 '수준 있는 글을 썼구나' 하고 남에게 보여 줄 수 있게 된다. ^^ 오늘은 부사절 접속사를 알아보고, 또 부사절을 축약하는 방법을 배워 본다.

부사절 접속사의 종류

부사절 접속사가 어떤 의미를 갖느냐에 따른 분류이다.

종류	부사절 접속사	예문
시간	When(~할 때), Whenever(~할 때마다), while(~하는 동안), as(~하면서), before(~전에), aftetr(~후에), since(~이래로), until(~까지), once (일단 ~하면), as long as(~하는 한), by the time(~할 때까지, ~할 무렵), as soon as(~하자마자)	When I did the dishes, I broke a cup. 설거지를 할 때에 나는 컵을 깼다. By the time I reached home, I received a phone call from my girlfriend. 내가 집에 도착한 때쯤, 나는 여자 친구에게서 전화를 받았다.
장소	Where(~하는 곳에), wherever(어디에 ~하든), everywhere(~하는 어디에서나)	Whenever I walked around the neighborhood, I heard many dogs bark. 내가 우리 마을을 산책할 때마다, 나는 많은 개들이 짖는 소리를 듣는다. Everywhere he goes, his dog goes, too. 그의 개 역시 그가 가는 어디나 간다.
이유	Because / as / since(~때문에), now that(~이므로), in that(~라는 점에서)	Because we practiced for the concert, we are tired. 우리는 그 콘서트 연습 때문에 피곤하다. You want to leave. In that case, why don't you leave? 너는 떠나길 원한다. 왜 떠나지 않는 거지?
결과	So 형용사/부사 that(너무 ~해서 ~하다) / Such 명사 that(너무 ~해서 ~하다)	She is so busy that she cannot study the test. 그녀는 너무도 바빠서, 시험준비를 하지 못했다. It gave him such a shock that his face turned white. 이것은 그의 표정이 하얗게 질리도록 너무 충격을 가져다 주었죠.
목적	So that / in order that(~하기 위해)	She left by a side door so that none might see her. 아무도 그녀를 알아보지 못하도록, 그녀는 문 옆에 서 있었다. *leave by 옆에 있다.
대조	Although / though /even though (비록 ~일지라도), while / whereas (반면에)	Though she is poor, she is content. 그녀는 비록 가난할지라도 만족하며 산다. Although he is 80 years old, he is still very active. 비록 그는 80살의 나이지만 활기 넘친다.
방식	As(~처럼, ~대로), just as(꼭 ~처럼), as if / as though(마치 ~처럼)	As I earn more money, I spend more at the Grove Mall. 돈을 더 버는 대로, 나는 그로브 몰에 가서 더 쓴다. It's just as I believed. 그것은 바로 내가 믿던 것이다.
조건	If(만약 ~라면), unless(만약 ~않는다면), in case(~의 경우를 대비하여, ~하는 경우), Provide / providing (that) (만약 ~라면)	Unless we write a story, we couldn't come up with new ideas. 만약 우리가 그 스토리를 작성하지 않는다면, 우리는 새로운 아이디어들을 꺼낼 수 없을 거야. In case of fire, call 911. 불이 났을 때는 911을 부르세요.

접속부사란?

부사이기 때문에, 주어와 동사가 포함된 절을 이끌 수는 없지만 세미콜론(;)과 콤마(,) 사이에서 두 문장을 연결하는 역할을 할 수 있다. 물론 단독으로 문장 앞에 쓰려면, 콤마만 주면 된다.

(1) 결과를 나타내는 경우

> **accordingly** 따라서   **consequently** 그 결과로   **hence** 이 때문에
>
> **therefore** 그러므로   **thus** 그래서

Accordingly, I gave up my purpose. 그래서 나는 나의 목적을 포기했다.

Her bicycle broke down; consequently she arrived rather late.
그녀의 자전거가 고장이 나서 그 결과로 그녀는 상당히 늦게 도착했다.

I should go by myself; hence I will leave for Las Vegas in 2 weeks.
나는 나 혼자서 떠나야 한다. 따라서 나는 지금부터 2주일 후에 떠날 것이다.

The tickets were sold out at the box office; therefore, we had to watch the next show.
그 표들이 매표소에서 매진이 되었다. 그러므로 우리는 다음 공연을 봐야만 했다.

Mr. Park tried his best on the test; thus he passed the test.
Mr. Park은 최선을 다했다. 그래서 그는 시험에 합격했다.

(2) 부가 설명을 하는 경우

> **besides** 게다가   **furthermore** 더군다나
>
> **in addition** 그에 더하여   **moreover** 더 나아가

Besides Japanese, she speaks English. 그녀는 영어 외에도 일본어를 말한다.

I don't know where Santa Monica is, and, furthermore I don't want to go there.
나는 Santa Monica가 어디에 있는지 알지 못한다 게다가 나는 거기에 가고 싶지도 않다.

In addition to teaching, he writes poems. 그는 학생들을 가르칠 뿐만 아니라 시도 쓴다.

I want to go fishing; moreover, I want to go skiing in this winter.
낚시뿐만 아니라 나는 이 겨울에 스키를 타러 가고 싶다.

(3) 양보를 나타내는 경우

> **however** 그러나   **nevertheless** 그럼에도 불구하고
>
> **nonetheless** 그런데도

Everyone played well. However, we still lost the baseball game.
모두가 잘했다. 그러나 우리는 그 야구경기에 졌다.

I have worked such a long time. Nevertheless, the results are disappointing.
나는 오랫동안 일해 왔다. 그럼에도 불구하고 결과는 실망스럽다.

I like my job; nonetheless, I go to work late every day.
나는 내 직업을 좋아한다. 그럼에도 불구하고 매일 늦게 출근한다.

(4) 시간을 나타내는 경우

> **meanwhile** 그럭저럭 하는 사이에

Leave the cake to cool. Meanwhile, make the strawberry juice.
케이크가 식게 놔 두세요. 그동안 딸기 주스를 만드세요.

(5) 조건을 나타내는 경우

> **otherwise** 그렇지 않다면, 다른 경우에

Mary had no problems; otherwise she would have called you.
Mary는 아무 문제가 없었다. 안 그랬다면 당신에게 전화를 했을 것이다.

모양이 다른 전치사

접속사처럼 해석이 가능해서 늘 혼동하게 만드는데, 영작할 때에 이것들을 사용하길 원한다면, 뒤에는 바로 명사 또는 명사 상당어구만을 사용해야 한다. 왜냐고요? 전치사라니까요. ^^!

① **Regardless of~** ~에 개의치 않고
　　Regardless of the snow, they went out. 그들은 눈이 오는 데도 불구하고 밖으로 나섰다.

② **Because of~** ~때문에　I have a headache because of my jogging. 나는 뛰었기 때문에 머리가 아프다.

③ **In spite of~** 그럼에도 불구하고
　　I love her in spite of all her faults. 그녀의 모든 결점들에도 불구하고 나는 그녀를 사랑한다.

④ **Despite~** ~에도 불구하고
　　Despite his young age, he joined the army. 어린 나이에도 불구하고 그는 군에 갔다 왔다.

⑤ **Due to~** ~때문에　The accident was due to her carelessness. 그 사고는 그녀의 부주의가 원인이었다.

⑥ **During~** ~하는 동안　During the morning, I was just sleeping. 아침 내내 나는 잠을 잤다.

⑦ **In~** ~안에　No one was in when she called. 그녀가 찾아갔을 때 아무도 안에 없었다.

⑧ **At~** ~에　The airplane was at the end of the runway. 그 비행기는 활주로의 끝에 있었다.

부사절의 축약

부사절의 의미는 그대로 유지하면서도 간단 명료한 분사구문으로 만들 수 있는데, 일반동사일 때와 be동사일 경우가 다르다.

(1) 부사절의 동사가 일반동사일 때

Step 1　주절 주어와 같은 부사절 주어를 생략한다.

Step 2　일반동사를 '동사원형 + ing'의 형태로 바꾼다. 단, 부사절의 시제가 주절의 시제보다 앞설 때에는 동사를 'having + 과거 분사'로 바꾼다.

Step 3　접속사들은 대개 생략하지 않는다. 단, when, while은 생략이 가능하고, 이유의 접속사로 사용되는 because, as, since는 반드시 생략한다.

When I go to the mall, I meet my friend.

주절의 주어 I와 같은 부사절 주어 I를 생략한다. 일반동사 go는 going으로 바꾼다. 접속사 when은 그냥 둬도 되고, 빼도 된다.

→ (When) going to the mall, I meet my friend. 나는 그 상가(mall)에 갈 때마다, 내 친구를 만난다.

Because we practiced for the concert, we are tired now.

주절의 주어 we와 같은 부사절 주어 we를 생략한다. 일반동사 practiced는 주절의 동사 are보다 시제가 앞서기 때문에, having practiced로 바꾼다. 이유의 접속사 because는 생략한다.

→ Having practiced for the concert, we are tired now.
그 콘서트를 위해 연습했기 때문에 우리는 막 피곤해졌다.

부사절의 주어가 주절의 주어와 일치하지 않을 경우, 부사절의 주어를 생략하여 축약시킬 수 없다.
When I talk on the phone, my mom comes into my room. 내가 전화할 때에 엄마가 내 방에 들어왔다.
(When) talking on the phone, my mom comes into my room. (X)

(2) 부사절의 동사가 be동사일 때

Step 1 주절 주어와 같은 부사절 주어를 생략한다.

Step 2 현재분사나 과거 분사 앞의 be동사는 생략하고, 형용사나 전치사구 앞의 be동사는 being으로 바꾼다. (being은 생략 가능하다.) 단, 부사절의 시제가 주절의 시제보다 앞설 때에는 동사를 'having been'으로 바꾼다. (having been은 생략 가능하다.)

Step 3 접속사들은 대개 생략하지 않는다. 단, when, while은 생략이 가능하고, 이유의 접속사로 사용되는 because, as, since는 반드시 생략한다.

When he was on a trip, he was able to take his mind off of work.

주절의 주어 he와 같은 부사절 주어 he를 생략한다. be동사 was는 being으로 바꾼다.(생략 가능) 접속사 when은 그냥 둬도 되고, 빼도 된다.

→ (When) (Being) on a trip, he was able to take his mind off of work.
여행 중이었을 때, 그는 일에서 몰두하지 않을 수 있었다. *take one's mind off ~을 주의하지 않게 하다

While I was riding on the airplane, I felt nauseated.

주절의 주어 I와 같은 부사절 주어 I를 생략한다. 현재분사 riding 앞의 be동사 was는 생략한다. 접속사 while은 그냥 둬도 되고, 빼도 된다.

→ (While) riding on the airplane, I felt nauseated. 비행기를 타는 동안 나는 메스꺼움을 느꼈다.

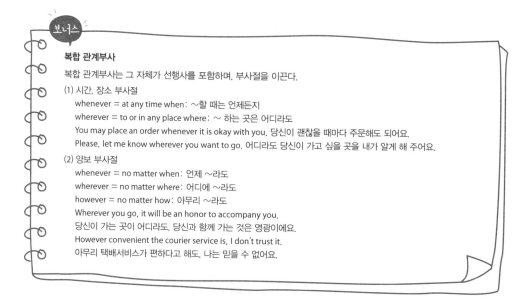

보너스

복합 관계부사

복합 관계부사는 그 자체가 선행사를 포함하며, 부사절을 이끈다.

(1) 시간, 장소 부사절

whenever = at any time when : ~할 때는 언제든지

wherever = to or in any place where : ~ 하는 곳은 어디라도

You may place an order whenever it is okay with you. 당신이 괜찮을 때마다 주문해도 되어요.

Please, let me know wherever you want to go. 어디라도 당신이 가고 싶은 곳을 내가 알게 해 주어요.

(2) 양보 부사절

whenever = no matter when : 언제 ~라도

wherever = no matter where : 어디에 ~라도

however = no matter how : 아무리 ~라도

Wherever you go, it will be an honor to accompany you.

당신이 가는 곳이 어디라도, 당신과 함께 가는 것은 영광이에요.

However convenient the courier service is, I don't trust it.

아무리 택배서비스가 편하다고 해도, 나는 믿을 수 없어요.

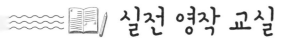

실전 영작 교실

Step 1 보기와 같이 부사절을 축약된 형태로 만들어 보세요.

> **보기** As they walk around the art gallery, they see many paintings.
> 그들이 아트 갤러리 주위를 걸었을 때에, 그들은 많은 그림들을 보았다.
> = <u>(While) Walking around the art gallery, they see many paintings.</u>

1 When I walked down the street, I saw a lost dog. 내가 거리를 걸을 때에, 나는 길 잃은 개를 보았다.

   = _____

2 As I was hungry, I prepared myself a meal. 내가 배가 고팠기 때문에, 스스로 음식을 장만했다.

   = _____

3 While she was asleep, she heard a loud scream. 그녀가 잠이 들었을 때에, 그녀는 큰 비명을 들었다.

   = _____

4 As Sue read a book, she got tired. Sue는 책을 읽었기 때문에, 피곤해졌다.

   = _____

5 When he kicked the ball, he sprained his ankle. 그가 그 공을 찼을 때에, 그는 발목을 삐게 되었다.

   (*sprain one's ankle: 발목을 삐다.)

   = _____

6 When the computer operated on the network, it stopped working.

   그 컴퓨터가 네트워크를 작동했을 때에, 그 컴퓨터는 작동을 멈추었다.

   = _____

7 As the singer sings a song, she forgets the lyrics. 그 가수가 노래를 부를 때에, 그녀는 가사를 잊어 버렸다.

   = _____

8 When Sally was sick, she couldn't go to school. Sally가 아팠기 때문에, 그녀는 학교에 갈 수 없었다.

   = _____

9 Because we danced for hours, we sweat. 우리가 4시간 동안 춤을 추었기 때문에, 우리는 땀에 젖었다.

   = _____

10 As the athletes train for the Olympics, their techniques improve.

육상선수들이 올림픽을 위하여 훈련을 했기 때문에, 그들의 기량이 성장했다.

= _____

보기와 같이 축약된 부사절을 원래의 형태로 원상 복구시키세요.

> **보기** (As) Driving the car, the man turns on the radio. 운전할 때에, 그 남자는 라디오를 켰다.
> = <u>As the man drives the car, he turns on the radio.</u>

1 (When) Falling asleep at night, I had a nightmare. 잠에 들 때마다, 나는 악몽을 꾸었다.

= _____

2 (When) Going to school, I saw my friends. 학교에 갈 적에 나는 내 친구들을 보았다.

= _____

3 (When) Baking cookies, I shared them with my family. 쿠키를 만들 때마다, 나는 내 친구들과 나누어 먹는다.

= _____

4 (When) Having read the newspaper, I am able to learn about politics.

신문을 읽을 때마다, 나는 정치에 대해서 배울 수 있다.

= _____

5 (As) Calling my friend, we talked for hours. 내 친구와 전화할 때마다, 우리는 4시간은 이야기한다.

= _____

6 (Whenever) Walking around the neighborhood, I heard many dogs bark.

이웃을 걸어 다닐 때마다, 나는 많은 개들이 짖는 소리를 들었다.

= _____

7 (After) Wishing upon a star, my wish came true. 별에 대고 소원을 빌고 난 후에, 나의 소원은 이루어졌다.

= _____

8 (As) Breaking his arm, Joe couldn't play baseball. 그의 팔이 부러져 버렸기 때문에, Joe는 야구를 할 수 없게 되었다.

= _____

9　(When) Doing the dishes, I broke a cup. 내가 접시를 닦을 때에, 나는 컵을 깼다.

　　=＿＿＿＿＿＿＿＿＿＿＿＿＿＿＿＿＿＿＿＿＿＿＿＿＿＿＿＿＿＿＿

10　(Because) Having no money, she couldn't buy new clothes. 돈이 없기 때문에, 그녀는 새 옷을 살 수 없었다.

　　=＿＿＿＿＿＿＿＿＿＿＿＿＿＿＿＿＿＿＿＿＿＿＿＿＿＿＿＿＿＿＿

Step 3　다음에 제시된 우리말을 부사절의 축약 형태로 영작해 보세요.

1　내가 감기(flu)에 걸렸기 때문에, 나는 밖에 나갈 수 없다.

　→ ＿＿＿＿＿＿＿＿＿＿＿＿＿＿＿＿＿＿＿＿＿＿＿＿＿＿＿＿＿＿＿

2　밖이 어두워졌을 때에, 밖에 나가는 것은 안전하지 못하다(unsafe).

　→ ＿＿＿＿＿＿＿＿＿＿＿＿＿＿＿＿＿＿＿＿＿＿＿＿＿＿＿＿＿＿＿

3　시험 공부를 하다가, 그 학생들은 졸리게 되었다(sleepy).

　→ ＿＿＿＿＿＿＿＿＿＿＿＿＿＿＿＿＿＿＿＿＿＿＿＿＿＿＿＿＿＿＿

4　그들이 뷔페식당에서 먹었을 때에, 그들은 대단히(extremely) 배가 불렀다.

　→ ＿＿＿＿＿＿＿＿＿＿＿＿＿＿＿＿＿＿＿＿＿＿＿＿＿＿＿＿＿＿＿

5　우리가 새 선생님을 만났을 때에, 그녀는 매우 수줍어했다.

　→ ＿＿＿＿＿＿＿＿＿＿＿＿＿＿＿＿＿＿＿＿＿＿＿＿＿＿＿＿＿＿＿

6　그가 그 콘서트에서 큰 소리를 지르는 동안에, 그는 목소리를 잃어 버렸다.

　→ ＿＿＿＿＿＿＿＿＿＿＿＿＿＿＿＿＿＿＿＿＿＿＿＿＿＿＿＿＿＿＿

7　그가 그 가는 길(directions)을 모를 때에, 그는 근처(nearby)의 행인들에게 물었다.

　→ ＿＿＿＿＿＿＿＿＿＿＿＿＿＿＿＿＿＿＿＿＿＿＿＿＿＿＿＿＿＿＿

8　그가 근방을 하루 종일 걸었기 때문에, 그의 다리들은 피부가 까지게 되었다(sore).

　→ ＿＿＿＿＿＿＿＿＿＿＿＿＿＿＿＿＿＿＿＿＿＿＿＿＿＿＿＿＿＿＿

9　우리가 영화를 볼 때에, 우리는 마치 팝콘을 먹는 것과 같은 기분이 들었다.

　→ ＿＿＿＿＿＿＿＿＿＿＿＿＿＿＿＿＿＿＿＿＿＿＿＿＿＿＿＿＿＿＿

10　내가 미국에 갈 때마다, 나는 이방인(stranger)과 같은 느낌이 든다.

　→ ＿＿＿＿＿＿＿＿＿＿＿＿＿＿＿＿＿＿＿＿＿＿＿＿＿＿＿＿＿＿＿

부사절 접속사 VS 전치사

여러분이 잘 알다시피 접속사 뒤에는 절이 나와야 하고, 전치사 뒤에는 구가 나온다. 부사절 접속사 다음에 구가 나오거나, 전치사 다음에 절이 나올 수 없다. 따라서 현재 사용하길 원하는 단어가 전치사인지, 접속사인지를 먼저 결정한 후에 다음에 올 내용을 고민하면 훨씬 영작하는 것이 수월해진다. ^^ 엄청 중요한 내용이니, 한 번만 따라 말해 보시라. "절 앞에는 전치사, 구 앞에는 접속사가 올 수 없다."

Although the critical situation in Lebanon, they didn't believe his claim. (X) 접속사 다음에 구가 나왔네!
In spite of the critical situation in Lebanon, they didn't believe his claim. (O) 같은 내용인 전치사 사용!

의미	해석	접속사	전치사
시간	~할 때, ~동안에, ~까지	When, while, by the time	In/at, during, by
이유	~때문에	Because, as, since	Because of, due to, owing to
목적	~을 위해	So that, in order that → Such that	So as to, in order to
대조	~에도 불구하고	Though, although	Despite, in spite of
방식	~처럼	As	Like
조건	~인 경우에	If, in case (→ that)	In case of

보너스 영작 교실

☑ 부사의 위치

부사는 명사를 제외한 모든 품사를 수식할 수 있다. 여기서 수식이란 꾸며서 보충 설명할 수 있다는 뜻인데, 주로 앞에 놓인다.

1 일반동사의 앞뒤

It's extremely hot outside, but everyone wants it to be hot.
지금 밖은 정말 더운데, 하지만 모두들 그것을 원한다.

2 조동사와 동사원형 사이

We will be arriving in Los Angeles exactly at 5. 우리는 오후에 정확하게 Los Angeles에 도착하게 될 것이다.

3 have + 부사 + p.p(과거분사)

I have recently learned how to cook from my mother. 나는 최근에서야 어떻게 요리하는지를 어머니로부터 배우게 되었다.

4   **be + 부사 + p.p(과거분사)**

The dinner that was properly prepared by my mother is so delicious.
어머니에 의해서 적절하게 준비된 저녁식사는 매우 맛있다.

5   **부사 + 형용사**

They went out for dinner while I was deeply sleeping.
내가 매우 깊게 잠이 든 동안에 그들은 저녁식사를 먹고 왔다.

6   **일반동사 + as 부사 as**

Mr. Johnson gives difficult tests as frequently as possible.
Mr. Johnson은 가능한 자주 어려운 시험을 출제한다.

 Level up! 고급 영작 교실

우리말을 참고해서, 사진의 내용을 영작해 보세요.

〈1단계: 한 문장씩 영작해 보기〉

1 한 남자가 휴식을 취하고 있어요 / 앉아서 / 편안해 보이는 벤치에 (현재진행)

→ _____

– 휴식: break 명사고 또 처음 등장했으니, 부정관사(a)를 붙여 주자.
– 편안해 보이는: comfortable–looking 형용사와 형용사를 연결하여 하나의 형용사로 만들기 원한다면, 대쉬(–)를 사용하여 연결하면 된다.

2 그는 읽고 있어요 / USA Today 신문을 (현재진행)

→ _____

– USA Today: 미국 전국 판 신문의 이름 / 이 경우에도 부정관사를 넣어 주자. 고유명사 앞인데도 넣느냐고? 이름은 알지만, 언제적 신문인지 모르기 때문에 일단 a를 넣고, 그다음에 the를 넣고 하면서 분명히 해 주면 좋다

3 그 남자 뒤로 / 높은 검정색 건물이 빛나고 있어요 / 햇볕에 (There 구문)

→ _____

– 뒤로: at the back of 물론 behind를 간단히 써도 되지만, 숨겨진 것처럼 보이는 것은 behind를 쓰면 좋고, 이왕이면 유식하게 (길게) 써 보자. ^^!
– 햇볕에: the sunlight

〈2단계: 통째로 다시 써 보기〉

1 한 남자가 편안해 보이는(comfortable-looking) 벤치에 앉아서, 휴식을 취하고 있어요. 그는 USA Today
   신문을 읽고 있어요. 그 남자 뒤로 높은 검정색 건물이 햇볕에 빛나고 있어요.

   → _____

      _____

      _____

      _____

🔆 부사절의 동사가 일반동사일 때의 부사절의 축약

Step 1: 주절 주어와 같은 부사절 주어를 생략

Step 2: 일반동사를 '동사원형 + ing' 형태로 바꿈. 단, 부사절의 시제가 주절의 시제보다 앞설 때에는 동사를 'having + 과거 분사'로 바꿈

Step 3: 접속사들은 대개 생략 안 함. 단, when, while은 생략이 가능, 이유의 접속사로 사용되는 because, as, since는 반드시 생략

🔆 부사절의 동사가 be동사일 때의 부사절의 축약

Step 1: 주절 주어와 같은 부사절 주어 생략.

Step 2: 현재분사나 과거분사 앞의 be동사는 생략. 형용사나 전치사구 앞의 be동사는 being으로 바꿈. (being은 생략 가능) 단, 부사절의 시제가 주절의 시제보다 앞설 때에는 동사를 'having been'으로 바꿈 (having been은 생략 가능)

Step 3: 접속사들은 대개 생략 안 함. 단, when, while은 생략이 가능, 이유의 접속사로 사용되는 because, as, since는 반드시 생략

🔆 기억할 문장

· Whenever I walked around the neighborhood, I heard many dogs bark.
내가 우리 마을을 산책할 때마다 나는 많은 개들이 짖는 소리를 듣는다.

· After I wished upon a star, my wish came true. 내가 별을 보고 소원을 빈 다음에, 내 소원이 이루어졌다.

· After Joe broke his arm, he couldn't play baseball. Joe는 팔이 부러져서 야구를 할 수 없게 되었다.

· When I did the dishes, I broke a cup. 내가 설거지를 할 때에 나는 컵을 깼다.

· Because she had no money, she couldn't buy new clothes.
그녀가 돈이 없었기 때문에 그녀는 새 옷을 살 수 없었다.

가장 많이 쓰이는 시간의 접속사 When

부사절 2

My brother walked in. (합칠 문장 1)

+ when (접속사 추가요)

+ I was playing the piano. (합칠 문장 2)

= I was playing the piano when my brother walked in.
(when을 사용하여 합친 문장)

VITAMINS

매일 먹으면 몸에 좋은 비타민처럼 매일 복습으로 영어 실력 튼튼~

벌써 베이직 영작문 파이널을 시작한 지 12일째가 되었다. 하루하루 시키는 대로, 따라 쓰기와 복습을 반복하신 분이라면, 영어가 그런 것이라는 나름대로의 감이 잡히셨을 것이고, 그렇지 않은 분이라면 아마도 여기까지도 못 오셨을 것이다. 이제부터가 가장 힘이 들 때이다. 작심삼일이라고 해서리, 의욕적으로 시작했는데, 자신의 실력을 가늠하기 힘들기 때문에 포기하고도 싶을지 모른다. 우물에 돌을 던져 넣는 심정으로 열심히 하다 보면, 그 우물은 돌로 가득 차게 될 것이다. 힘내시라.

다음에 제시된 우리말을 영어로 써 보시라. 만일 배운 것인데, 처음 보는 것처럼 느껴지는 분이 있다면, 어떻게 해야 될지 알쥐! @.@

나는 감기(flu)에 걸렸기 때문에, 밖에 나갈 수 없다.

_____

밖이 어두워졌을 때에, 밖에 나가는 것은 안전하지 못하다(unsafe).

_____

시험 공부를 하다가, 그 학생들은 졸리게 되었다(sleepy).

_____

그들이 뷔페식당에서 먹었을 때에, 그들은 대단히(extremely) 배가 불렀다.

_____

우리가 새 선생님을 만났을 때에, 그녀는 매우 수줍어했다.

_____

그가 그 콘서트에서 큰 소리를 지르는 동안에, 그는 목소리를 잃어 버렸다.

_____

그가 그 가는 길(directions)을 모를 때에, 그는 근처(nearby)의 행인들에게 물었다.

_____

그가 근방을 하루 종일 걸었기 때문에, 그의 다리들은 피부가 까지게 되었다(sore).

_____

우리가 영화를 볼 때에, 우리는 마치 팝콘을 먹는 것과 같은 기분이 들었다.

_____

내가 미국에 갈 때마다, 나는 이방인(stranger)과 같은 느낌이 든다.

_____

TODAY'S 영작교실

"When Harry Met Sally" 멕 라이언(Meg Ryan)이 셀리의 역을 했던, 영화가 생각난다. 저자는 영화광이라서, 어떤 단어가 생각나면 바로 영화 제목도 떠오르는 것이 단점이다. 1989년에 무려 9천만 불 이상을 벌어들인 영화인데, 영화 스토리만 좋으면 얼마든지 성공할 수 있다는 것을 증명한 영화로 기억에 남는다. 아직도 유튜브에 검색하니 영화를 볼 수 있다. 한번 볼 만한 영화라서 강추한다.

오늘은, 여기서 때를 나타내는 when을 집중 공부해 보자. 접속사로서의 When은 때를 나타내는 부사절을 만든다. when은 특정한 때를 나타내고 while은 기간을 나타내는 것이 일반적이다.

When의 5가지 용법
(1) 시간(동시 작용)

> 형태: 주어 + 동사 + when + 주어 + 동사 또는 When + 주어 + 동사 + (콤마)
>   + 주어 + 동사
> 의미: (…할[한]) 때

You will be informed when the book becomes available.
그 책을 구입할 수 있을 때, 알려드리겠습니다.

When과 거의 비슷한 as

접속사로서 as는 when과 거의 정말로 거의 비슷하다. 다만, when, while보다 더욱 강하게 동시에 일어난 일을 강조한다.

He entered the room as I was speaking. 내가 말하고 있을 때 그가 나타났다.

내가 어렸을 때: When I was boy이라고 해도 되고, As I was boy도 된다. (= as a boy: 전치사 as)

다시 생각해보면, when이 이끄는 문장이 앞으로 나가야 하지 않을까?

이렇게 생각하시는 분들이 있을 것이다. 물론, 일이 벌어진 순서가 그 책이 구입할 수 있을 때가 먼저고, 알려 주는 것은 나중이다. 따라서, "When the book becomes available, you will be informed"가 될 수 있다. 중요한 것은 주절은 when을 가질 수 없지만, 종속절은 when을 가질 수 있다.

when 이 이끄는 종속절과 주절의 주어가 같을 때, when절의 주어와 be동사가 생략되기도 한다.

When (I was) sick, I completely lost my appetite. 난 아팠을 때, 식욕을 완전히 잃었었다.

아팠던 사람과 식욕을 잃은 사람이 일치할 경우에, when절의 주어와 be동사를 생략해서 쓰고 말할 수 있다.

그런데 주로 글로 쓸 때 많이 생략한다. 말할 때는 그냥 말한다. ^ ^!

(2) 반복

> **형태: 주어 + 동사 + when + 주어 + 동사**
>
> **의미: …할 때에는 언제나(whenever)**

It annoys me when people forget to say, "Thank you."

사람들이 잊어먹고 고맙다는 말을 안 할 때 난 짜증난다.

(3) 대조(반전)

> 형태: 주어 + 동사 + when + 주어 + 동사
>
> 의미: …에도 불구하고(although)

She gave up politics when she might have had a great career in it.

크게 출세할 수 있었을지도 모르는데 그녀는 정치를 포기했다.

(4) 감안 / 고려

> 형태: 주어 + 동사 + when + 주어 + 동사
>
> 의미: …을 생각해 보면, …을 생각하면(considering that)

How can she buy a DVD when she has no money?

돈이 없는데 그녀는 어떻게 DVD를 살 수 있겠는가? (살 수가 없다)

보너스

여기서 when과 같은 용법을 보여주는, considering(that)은 전치사, 부사, 접속사로 다양하게 쓰인다.

1) 전치사: …을 고려하면, …으로서는, …에 비해
   Let's have a look at you. Hmm, not bad, considering your age.
   어디 한 번 볼까요. 흠, 나쁘지 않군요, 연세에 비해서는.

2) 부사: 구어체에서, 주로 문장 끝에 쓰인다. 그런대로, 제법
   That's not so bad, considering. 그런대로 그렇게 나쁘지 않다.

3) 접속사: 구어체에서, 주로 문장 앞에 쓰인다. …이므로, …을 생각하면
   Considering the smallness of the car, it is relatively roomy inside.
   그 차가 작은 것을 감안하면 내부는 비교적 넓은 편이다.
   She looks young considering (that) she is so old. 그녀의 나이 많음을 감안하면 그녀는 매우 젊어 보인다.

(5) 가정

> **형태: 주어 + 동사 + when + 주어 + 동사**
>
> **의미: (만약) …이라면(if)**

How can they expect to learn anything when they never listen?

그들은 결코 듣는 법이 없는데 어떻게 배우기를 기대하겠는가?

"Say when!" 무슨 뜻일까?

구어체에서, If you've had enough, you need to say, "When." "알맞은 분량이 되면 말해 주시오"이다. (남에게 음료수 등을 따를 때 하는 말) 이 경우의 대답으로 「이제 그만」은 'When'이라 한다. 'Stop'이라고 말하지 말길 바란다. 고! 스톱은 딴 경우에 쓰인다. ^ ^!

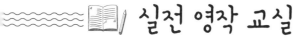

실전 영작 교실

Step 1 보기와 같이 제시된 두 문장을 When을 사용하여 한 문장으로 만드세요.

> **보기** My sister walked in. 내 여동생이 걸어 들어왔다.
> + I was playing the violin. 나는 바이올린을 연주하고 있었다.
> = <u>I was playing the violin when my sister walked in.</u>

1 I looked outside the window. 나는 창 밖을 바라보았다.

   + It was raining. 비가 오고 있었다.

   = _____

2 Joe turned on the radio. Joe는 라디오를 켰다.

   + Joe's family was sleeping. 조의 가족들은 자고 있었다.

   = _____

3 Jill woke up. Jill은 깨어났다.

   + Her friends were swimming. 그녀의 친구들은 수영 중이었다.

   = _____

4 They crossed the street. 그들은 길을 건넜다.

   + There were a lot of cars. 거기에는 많은 차들이 있었다.

   = _____

5 Dan entered the room. Dan은 방 안에 들어왔다.

   + His brother was listening to music. 그의 동생은 음악을 듣고 있었다.

   = _____

6 Sam received a phone call. Sam은 전화를 받았다.

   + He was writing a letter. 그는 편지를 쓰는 중이었다.

   = _____

7   I was running down the hallway. 나는 복도를 뛰어가는 중이었다.

    + I dropped my books. 나는 내 책들을 떨어뜨렸다.

    = _____

8   They heard the good news. 그들은 좋은 소식을 들었다.

    + I was on a trip. 나는 여행 중이었다.

    = _____

9   He bought a book. 그는 책을 구입했다.

    + I was waiting outside the store. 나는 그 상점 밖에서 기다리는 중이었다.

    = _____

10 She was washing the dishes. 그녀는 그 접시들을 씻는 중이었다.

    + She broke the cup. 그녀는 컵을 깼다.

    = _____

11 The teacher walked into the classroom. 그 선생님은 그 교실로 걸어 들어왔다.

    + The children were yelling. 그 어린이들은 큰소리로 떠드는 중이었다.

    = _____

12 Someone knocked on the door. 누군가 그 문을 두드렸다.

    + The family was eating dinner. 그 가족은 저녁 식사 중이었다.

    = _____

13 It started to snow. 눈이 내리기 시작했다.

    + The children were playing outside. 그 어린이들은 밖에서 놀고 있었다.

    = _____

14 The bully broke the chair. 그 불량배들이 의자를 부수었다.

    + The students were rehearsing the play. 그 학생들은 그 연극의 리허설을 하고 있는 중이었다.

    = _____

보기와 같이 제시된 두 문장을 영작하고, When을 사용하여 한 문장으로 만드세요.

> **보기** 전등이 꺼져 버렸다. → <u>The lights went off</u>.
> 그 학생들은 시험을 보는 중이었다. → <u>The students were taking a test</u>.
> = <u>The students were taking a test when the lights went off</u>.

1 Julie는 점심 식사 중이었다.　　　　→ _____

　　나는 그녀를 불렀다.　　　　　　　→ _____

　　= _____

2 나는 자는 중이었다.　　　　　　　→ _____

　　나는 비명소리(scream)를 들었다.　→ _____

　　= _____

3 그 선생님은 강의 중이었다.　　　　→ _____

　　그 학생들은 잠이 들었다.　　　　→ _____

　　= _____

4 그녀는 집으로 가는 중이었다.　　　→ _____

　　그녀는 두통을 앓았다.　　　　　　→ _____

　　= _____

5 나의 엄마는 화가 났다.　　　　　　→ _____

　　우리는 웃음을 멈출 수 없었다.　　→ _____

　　= _____

6 나는 뛰어가는 중이었다.　　　　　→ _____

　　내 다리가 부러졌다.　　　　　　　→ _____

　　= _____

7 그녀는 무서운 영화(scary movie)를 보는 중이었다.

　　→ _____

　　그녀는 소리를 질렀다.　　　　　　→ _____

　　= _____

8 그는 그의 친구들을 쫓아가는 중이었다.   → _____

   그는 떨어졌다.   → _____

   = _____

9 그 아기가 울기 시작했다.   → _____

   그 엄마는 요리 중이었다.   → _____

   = _____

10 Susie는 배가 고팠다.   → _____

   그녀는 쇼핑 중이었다.   → _____

   = _____

11 Jack은 그의 친구를 보았다.   → _____

   그는 거리를 걸어가는 중이었다.   → _____

   = _____

12 그들은 그 식당으로 들어갔다.   → _____

   그 식당은 매우 바빴다.   → _____

   = _____

13 그녀는 공부 중이었다.   → _____

   그녀는 큰 소음을 들었다.   → _____

   = _____

14 전기가 끊어졌다.   → _____

   나는 컴퓨터에서 리포트를 쓰는 중이었다.   → _____

   = _____

Step 3 다음에 제시된 우리말을 when을 사용하여 영작해 보세요.

1 우리가 공항에서 만났을 때 나의 오래된 룸메이트와 나는 황홀(ecstatic)했다.

   → _____

2 나는 딸기 치즈 케이크를 먹을 때마다 정말 행복하다.

   → _____

3　Michelle은 그의 오빠가 밀 때마다 걸려 넘어졌다(tripped).

　　→ ＿＿＿＿＿＿＿＿＿＿＿＿＿＿＿＿＿＿＿＿＿＿＿＿＿＿＿＿＿＿＿＿＿＿＿＿＿

4　경찰은 그 강도 사건(robbery)이 언제 일어났는지(occurred) 알지 못한다.

　　→ ＿＿＿＿＿＿＿＿＿＿＿＿＿＿＿＿＿＿＿＿＿＿＿＿＿＿＿＿＿＿＿＿＿＿＿＿＿

5　그가 초등학교 2학년일 때에 David의 부모님께서 시계를 사주셨다.

　　→ ＿＿＿＿＿＿＿＿＿＿＿＿＿＿＿＿＿＿＿＿＿＿＿＿＿＿＿＿＿＿＿＿＿＿＿＿＿

6　그 축구 선구가 결승골을 성공시켰을 때에 그 축구팬들은 흥분했다(go wild).

　　→ ＿＿＿＿＿＿＿＿＿＿＿＿＿＿＿＿＿＿＿＿＿＿＿＿＿＿＿＿＿＿＿＿＿＿＿＿＿

7　Alex는 그의 학교가 방학을 할 때에 나를 방문하겠다고 내게 약속했다.

　　→ ＿＿＿＿＿＿＿＿＿＿＿＿＿＿＿＿＿＿＿＿＿＿＿＿＿＿＿＿＿＿＿＿＿＿＿＿＿

8　Annie는 그의 남자 친구가 자기에게 전화하는 것을 잊어버렸을 때(forget to call)에 화가 났다.

　　→ ＿＿＿＿＿＿＿＿＿＿＿＿＿＿＿＿＿＿＿＿＿＿＿＿＿＿＿＿＿＿＿＿＿＿＿＿＿

9　만일 그 벨이 이미 울리고 난 후에 교실(homeroom)에 들어간다면 넌 지각(tardy)이다.

　　→ ＿＿＿＿＿＿＿＿＿＿＿＿＿＿＿＿＿＿＿＿＿＿＿＿＿＿＿＿＿＿＿＿＿＿＿＿＿

10　Petunia은 그 꽃가게가 세일을 할 때에 꽃들을 구매하기로 결정했다.

　　→ ＿＿＿＿＿＿＿＿＿＿＿＿＿＿＿＿＿＿＿＿＿＿＿＿＿＿＿＿＿＿＿＿＿＿＿＿＿

이럴땐 이렇게

콤마의 사용법

"When in Rome"이라는 말이 있다. 일종의 격언(proverb)인데, When (you are) in Rome, do as the Romans do의 줄임말이다. "로마에 가면, 로마의 법에 따라라." 그런데 궁금한 것은, 여기에서 나온 것처럼 when을 쓸 때, 콤마(,)는 언제 쓰는가의 문제이다.

콤마, 즉 쉼표는 쉬라고 있는 것이다. 말하다가 쉬라는 뜻이다. ^ ^ 그걸 누가 모르나! 그런데 여기에는 일종의 규칙이 하나 있다. 아주 쉽다. 부사절이 주절 앞에 올 때에는 콤마(,)가 사이에 오고, 주절 뒤에 올 때에는 콤마가 쓰이지 않는 것이 원칙이다.

When you're insured, you're secure against loss. 네가 보험에 들면 너는 손해로부터 안심해도 된다.
When he was a boy, he played at the river. 어릴 때 그는 그 강가에서 놀았다.

보너스 영작 교실 📖

☑ 재귀대명사의 특별 사용법 3가지

재귀대명사는 지시대상이 동일한 문장 중에 있을 때 사용되는 대명사로, myself, yourself, itself, themselves, ourselves 이다.

1 재귀용법

주어가 타동사나 전치사의 목적어와 동일 대상일 때 사용한다.

· They talked among themselves while they waited. 그들은 기다리는 동안 자기들끼리 이야기를 했다.

· We declared ourselves baffled. 우리도 당황스럽다고 고백했다.

2 강조용법

주어나 목적어를 강조하기 위해서 사용한다. 강조 용법에 쓰이는 재귀대명사는 생략이 가능하다.

· The students seemed to be enjoying themselves. 그 학생들은 즐겁게 노는 것 같았다.

· We ourselves had had a similar experience. 우리 자신도 비슷한 경험을 했었다.

3 관용어구(전치사 + 재귀대명사)

by oneself   홀로   for oneself   혼자 힘으로

in itself   그 자체로   of itself   저절로

· At the age of 22, one ought to make money by oneself. 22살이 되면 자기 스스로 돈을 벌어야 한다.

· I'm quite capable of speaking in English for myself, thank you!
고맙지만 나도 영어로 내 의사 정도는 표현할 수 있어!

· In itself, the show was pretty unoriginal, but it was still very popular.
본래 그 쇼는 꽤 진부했지만 여전히 인기가 좋다.

· The dishwasher was washing of itself. 그 자동 식기세척기는 저절로 씻고 있었다.

 Level up! 고급 영작 교실

우리말을 참고해서, 사진의 내용을 영작해 보세요.

〈1단계: 한 문장씩 영작해 보기〉

1   바나나들과 사과들이 검정색 그릇들에 담겨 있어요. (There 구문)

→ _____

– 검정색 그릇: black bowl

2   그 그릇들은 놓여져 있군요 / 얼음 속에 / 차갑게 하기 위해서 (현재진행)

→ _____

– 놓여져 있는: resting

3   거기에 또한 있어요 / 몇 개의 접시 더미들이 / 사람들이 사용할 수 있도록 하기 위해서 (There 구문)

→ _____

– 접시 더미들: stacks of plates
– 사용할 수 있게: to use

〈2단계: 통째로 다시 써 보기〉

1 바나나들과 사과들이 검정색 그릇들에 담겨 있어요. 그 그릇들은 차갑게 하기 위해서 어름 속에 놓여져 있군요. 거기에 사람들이 사용할 수 있도록 하기 위해서 몇 개의 접시 더미들이 또한 있어요.

→ _____

_____

_____

_____

[정답 확인하기]

Step 1 1) It was raining when I looked outside the window. 2) Joe's family was sleeping when he turned on the radio. 3) Jill's friends were swimming when she woke up. 4) There were a lot of cars when they crossed the street. 5) Dan's brother was listening to music when Dan entered the room. 6) Sam was writing a letter when he received a phone call. 7) I was running down the hallway when I dropped my books. 8) I was on a trip when they heard the good news. 9) I was waiting outside the store when he bought a book. 10) She was washing the dishes when she broke the cup. 11) The children were yelling when the teacher walked into the classroom. 12) The family was eating dinner when someone knocked on the door. 13) The children were playing outside when it started to snow. 14) The students were rehearsing the play when the bully broke the chair.

Step 2 1) Julie was eating lunch. I called her. Julie was eating lunch when I called her. 2) I was sleeping. I heard a scream. I was sleeping when I heard a scream. 3) The teacher was giving a lecture. The students fell asleep. The teacher was giving a lecture when the students fell asleep. 4) She was walking home. She got a headache. She was walking home when she got a headache. 5) My mom got angry. We couldn't stop laughing. We couldn't stop laughing when my mom got angry. 6) I was running. I broke my leg. I was running when I broke my leg. 7) She was watching a scary movie. She yelled. She was watching a scary movie when she yelled. 8) He was chasing his friend. He fell. He was chasing his friend when he fell. 9) The baby began to cry. The mom was cooking. The mom was cooking when the baby began to cry. 10) Susie got hungry. She was shopping. Susie was shopping when she got hungry. 11) Jack saw his friend. He was walking down the street. Jack was walking down the street when he saw his friend. 12) They walked into the restaurant. It was so busy in there. When it was so busy inside the restaurant, they walked in. 13) She was studying. She heard a loud noise. She was studying when she heard a loud noise. 14) The power went out. I was writing a report on the computer. I was writing a report on the computer when the power went out.

Step 3 1) My old roommate and I were ecstatic when we met at the airport. 2) I am happiest when I am eating strawberry cheesecake. 3) Michelle tripped when her older brother pushed her. 4) The police do not know when the robbery occurred. 5) David's parents bought him a watch when he was in the 2nd grade. 6) The soccer fans went wild when the soccer player scored the winning goal. 7) Alex promised me that he would visit me when his school starts vacation. 8) Annie becomes angry when her boyfriend forgets to call her. 9) You are tardy if you get into your homeroom when the bell had already rung. 10) Petunia decided to buy some flowers when the flower shop had a sale.

Level up! 1) There are apples and bananas in black bowls. 2) The bowls are resting in ice to keep them cold. 3) There are also several stacks of plates for people to use.

When의 5가지 용법

(1) 시간(동시 작용): (···할[한]) 때

형태: 주어 + 동사 + when + 주어 + 동사 또는 When + 주어 + 동사 + (콤마) + 주어 + 동사

(2) 반복: ···할 때에는 언제나 (whenever)

형태: 주어 + 동사 + when + 주어 + 동사

(3) 대조(반전) : ···에도 불구하고 (although),

형태: 주어 + 동사 + when + 주어 + 동사

(4) 감안/고려: ···을 생각해 보면, ···을 생각하면 (considering that)

형태: 주어 + 동사 + when + 주어 + 동사

(5) 가정: (만약) ···이라면 (if)

형태: 주어 + 동사 + when + 주어 + 동사

기억할 문장

· You will be informed when the book becomes available.
그 책을 구입할 수 있을 때, 알려드리겠습니다.

· It annoys me when people forget to say, "Thank you."
사람들이 잊어먹고 고맙다는 말을 안 할 때 난 짜증난다.

· She gave up politics when she might have had a great career in it.
크게 출세할 수 있었을지도 모르는데 그녀는 정치를 포기했다.

· How can she buy a DVD when she has no money? 돈이 없는데 그가 어떻게 DVD를 살 수 있겠는가?

· How can they expect to learn anything when they never listen?
그들은 결코 듣는 법이 없는데 어떻게 배우기를 기대하겠는가?

시간과 대조의 접속사
While

부사절 3 – While의 3가지 용법

The lights went off. (합칠 문장 1)

+ while (접속부사)

The students were taking a test. (합칠 문장 2)

= The lights went off while the students were taking a test.

(while을 사용하여 합친 문장)

VITAMINS

매일 먹으면 몸에 좋은 비타민처럼 매일 복습으로 영어 실력 튼튼~

어떤 분들은 친절하게 복습 코너가 있어서 좋다고 하고, 또 다른 사람들은 복습이랑 할 것이 너무 많아서 지겹다고 하고, 여러분은 어느 쪽이신가? 궁금하다. 물론, 앞에서, 어떤 분이라고 이야기할 때에 알아차렸는지 모르겠다. 그저, 시키는 대로, 30일간 쓰고 또 쓰다 보면 느는 것이 영작실력이다. 그날의 화려한 영광을 위해서, 오늘도 그냥 쓰세요. 이해하려고 하지 말고. ^,.^

다음에 제시된 우리말을 영어로 써 보시라. 만일 배운 것인데, 처음 보는 것처럼 느껴지는 분이 있다면, 어떻게 해야 될지 알쥐! @.@

우리가 공항에서 만났을 때 나의 오래된 룸메이트와 나는 황홀(ecstatic)했다.

_____

나는 딸기 치즈 케이크를 먹을 때마다 정말 행복하다.

_____

Michelle은 그의 오빠가 밀 때마다 걸려 넘어졌다(tripped).

_____

경찰은 그 강도 사건(robbery)이 언제 일어났는지(occurred) 알지 못한다.

_____

그가 초등학교 2학년일 때에 David의 부모님께서 시계를 사 주셨다.

_____

그 축구 선수가 결승골을 성공시켰을 때에 그 축구팬들은 흥분했다(go wild).

_____

Alex는 그의 학교가 방학을 할 때에 나를 방문하겠다고 내게 약속했다.

_____

Annie는 그의 남자 친구가 자기에게 전화하는 것을 잊어버렸을 때(forget to call)에 화가 났다.

_____

만일 그 벨이 이미 울리고 난 후에 교실(homeroom)에 들어간다면 넌 지각(tardy)이다.

_____

Petunia은 그 꽃가게가 세일을 할 때에 꽃들을 구매하기로 결정했다.

_____

TODAY'S 영작교실

"While you were sleeping"이라는 재미있는 영화가 있다. 유튜브에서 간단히 검색해도 볼 수 있는 영화인데, 일단 제목을 넣으면 포스터가 나오며 설명도 나온다. 영화 스피드(speed)의 여주인공으로 잘 알려진, 산드라 블락이 주연한 영화였다. 우리에게는 "당신이 잠든 사이에"라는 제목으로 소개된 바 있다. 여기서 While을 화일(wail)이라고 발음하든, 와일(wail)이라고 발음하든 아무 차이는 없다. 이런 거 신경 쓰지 마시고, 접속사로 사용될 때의 3가지 용법만 잘 기억하시면 된다.

While의 3가지 용법

(1) 시간(동시 작용)

> 형태: 주어 + 동사 + while + 주어 + 동사
>
> 의미: …하는 사이에, …하고 있는 동안에, …과 동시에, …하는 한(as long as)

She heard a loud noise while she was studying. 그녀가 공부하는 동안에 그녀는 어떤 큰 소음을 들었다.

Make hay while the sun shines.
《속담》 햇볕이 났을 때 건초를 만들어라. 즉 기회를 놓치지 마라. (중학교 때 꼭 외워야 했던 것! ^ ^시)

(2) 대조(반전)

> **형태: While + 주어 + 동사 + 콤마(,) + 주어 + 동사**
>
> **의미: 그런데 한편, ⋯인데, 그런데(whereas), ⋯이라 하나(although)**

While they don't agree, they continue to be friends. 그들은 의견이 서로 다르기는 하나 변함없이 친하게 지낸다.

그들이 동의하지 않는 동안에? 이렇게 해석하면 안 된다. ^^!

I love black-bean noodles while Mr. Park prefers seafood noodles at the Chinese restaurant.
중국식당에서 나는 자장면을 좋아하는데, 반면에 Mr. Park은 짬뽕을 선호한다.

부사절이 주절 앞에 올 때에는 콤마(,)가 사이에 오고, 주절 뒤에 올 때에는 콤마가 쓰이지 않는 것이 원칙이다. 하지만 예외가 있다. 특히, ' ..인 반면에'의 뜻으로 while과 whereas가 쓰일 때에는 예외적으로 부사절이 주절 뒤에 올 때에도 콤마를 쓴다.
We thought she was rather arrogant, whereas in fact she was just very shy. 우리는 그녀가 다소 건방지다고 생각했는데 사실은 그녀는 부끄럼이 아주 많을 뿐이었다.

(3) 계속적 용법(주로, 구어체에서)

> **형태: 주어 + 동사 + while + 주어 + 동사**
>
> **의미: 그리고(and)**

Her mother is a singer while she is a pianist. 그녀의 어머니는 가수이고 그녀는 피아니스트이다.

그녀의 어머니가 가수인 동안에? 이렇게 해석하면 안 된다. 또 and보다 while을 사용하였을 경우에 더 고급 문장이 된다.

The LA Angels baseball team won 2-1 while the SF Giants baseball team was also won.
LA Angels 야구팀은 2-1로 승리했고, 동시에 SF Giants 야구팀도 역시 승리했다.

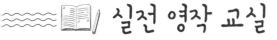 실전 영작 교실

Step 1 보기와 같이 제시된 두 문장을 While을 사용하여 한 문장으로 만드세요.

> **보기** The lights went off. 그 전등은 꺼졌다.
> + The students were taking a test. 그 학생들은 시험을 보는 중이었다.
> = <u>The lights went off while the students were taking a test.</u>

1 My brother walked in. 내 동생이 걸어 들어왔다.

  + I was playing the piano. 나는 피아노를 연주 중이었다.

  = _____

2 I called Julie. 나는 Julie를 불렀다.

  + She was eating lunch. 그녀는 점심 식사 중이었다.

  = _____

3 I heard a scream. 나는 비명소릴 들었다.

  + I was sleeping. 나는 잠자는 중이었다.

  = _____

4 The students fell asleep. 그 학생은 잠이 들었다.

  + The teacher was giving a lecture. 그 선생님은 강의 중이었다.

  = _____

5 She got a headache. 그녀는 두통이 생겼다.

  + She was walking home. 그녀는 집으로 걸어가는 중이었다.

  = _____

6 My mom got angry. 내 엄마는 화가 났다.

  + We couldn't stop laughing. 우리는 웃음을 멈출 수 없었다.

  = _____

7 I broke my leg. 나는 다리가 부러졌다.

  + I was running. 나는 뛰어가는 중이었다.

  = _____

8 She yelled. 그녀는 소리쳤다.

   + She was watching a scary movie. 그녀는 무서운 영화를 보는 중이었다.

   = _____

9 The boy fell. 그 소년은 넘어졌다.

   + He was chasing his friend. 그는 그의 친구를 쫓아가는 중이었다.

   = _____

10 The baby began to cry. 그 아기는 울기 시작했다.

   + The mom was cooking. 그 엄마는 요리 중이었다.

   = _____

11 Susie got hungry. Susie는 배가 고팠다.

   + She was shopping. 그녀는 쇼핑 중이었다.

   = _____

12 Jack saw his friend. Jack은 그의 친구를 보았다.

   + He was walking down the street. 그는 거리를 걸어가는 중이었다.

   = _____

13 They walked into the restaurant. 그들은 그 식당으로 걸어 들어갔다.

   + It was busy in there. 그 식당은 분주했다.

   = _____

Step 2 보기와 같이 제시된 두 문장을 영작하고, While을 사용하여 한 문장으로 만드세요.

> **보기** 그 선생님이 그 교실로 들어 오셨다. → The teacher walked into the classroom.
> + 그 어린이들은 큰 소리로 떠들고 있는 중이었다. → The children were yelling.
> → The teacher walked into the classroom while the children were yelling.

1 나는 창 밖을 바라봤다.   → _____

   + 비가 오는 중이었다.   → _____

   = _____

2 Joe는 그 라디오를 켰다. → _____

　+ 그의 가족은 자는 중이었다. → _____

　= _____

3 Jill은 깨어 일어났다. → _____

　+ 그녀의 친구들은 수영 중이었다. → _____

　= _____

4 거기에는 많은 차들이 있었다. → _____

　+ 그들은 그 도로(street)를 건넜다. → _____

　= _____

5 그의 남동생은 음악을 듣는 중이었다. → _____

　+ Dan은 그 방에 들어갔다. → _____

　= _____

6 Sam은 전화 한 통을 받았다. → _____

　+ 그는 편지를 쓰는 중이었다. → _____

　= _____

7 나는 내 책들을 떨어뜨렸다. → _____

　+ 나는 복도(hallway)를 뛰어가는 중이었다. → _____

　= _____

8 그들은 그 좋은 소식(good news)을 들었다. → _____

　+ 나는 여행 중이었다. → _____

　= _____

9 그는 책 한 권을 구입했다. → _____

　+ 나는 그 가게(store) 밖에서 기다리는 중이었다.

　→ _____

　= _____

10 그녀는 그 컵을 깼다. → _____

　+ 그녀는 설거지를 하는 중이었다. → _____

　= _____

11 누군가가 그 문을 두드렸다.   → _____

　　+ 그 가족은 저녁을 먹는 중이었다.   → _____

　　= _____

12 그 어린이들은 밖에서 노는 중이었다.   → _____

　　+ 눈이 내리기 시작했다.   → _____

　　= _____

13 그 학생들은 그 연극 리허설(rehearsing)을 하고 있는 중이었다.

　　→ _____

　　+ 그 불량배(bully)가 그 의자를 부수었다.   → _____

　　= _____

14 전기(power)가 끊어졌다.   → _____

　　+ 나는 컴퓨터에서 리포트를 쓰는 중이었다.   → _____

　　= _____

Step 3 다음에 제시된 우리말을 영작하세요.

1 Susan이 그녀의 햄버거를 주문하는 동안 그녀의 동생은 기다려야만 했다.

　　→ _____

2 Ginger는 집 고양이의 이름이고, Rover는 집 개의 이름이다.

　　→ _____

3 나는 청바지를 샀지만, 내 남동생은 게임 카드를 샀다.

　　→ _____

4 너의 부모님들이 학교 투어를 하는 동안에 너는 강당(auditorium)에 있어야 할 필요가 있다.

　　→ _____

5 Ginny는 그녀의 손톱을 노란색으로 칠했지만, Jenny는 검정색으로 칠했다.

　　→ _____

6 그의 어린 사촌이 극도로 사납게 신경질(extremely wild and noisy)을 낼 때에 Ryan은 침착하려고 노력했다.

　　→ _____

7 그녀의 아빠가 그녀의 할머니는 방문하는 동안에 Ellen은 대기실(waiting room)에서 기다려야만 한다.

→ _____

8 쌍둥이 중 막내(the younger twin)가 어른처럼 행동하는 반면 쌍둥이 중 맏이(The older of the twins)는

미숙(immature)하다.

→ _____

9 Ben은 10년 동안 바이올린을 연주했지만, Brian은 4년 동안 했다.

→ _____

10 그 MP3 플레이어는 89달러지만, CD 플레이어는 단지 45달러다.

→ _____

이럴땐 이렇게

as many as：…만큼이나 많은

as many as는 특정 숫자와 관련된 표현에서만 사용이 가능하다. 반면 as much as를 특정 숫자(무게, 거리 또는 돈) 앞에서 사용하는 것은 틀린
표현이 된다.

예를 들면, as much as ten pounds, as much as two miles 또는 as much as twenty dollars에서 말이다.

	as many as	숫자	
I should have	as many as	two hundred	letters.

(틀린 표현) I expect as much as 100 people to come.

(맞는 표현) I expect as many as 100 people to come.

→ He has as many books.

유용한 표현: "Take as many as you like, son!" "먹고 싶은 만큼 먹어라. 아이들아!"
저자가 가장 좋아하는, 어린이가 주인공인 영화 "Millions"의 한 장면이다.
주인공 데미안과 그의 형이 쿠키가 먹고 싶어 집 주인에게 말하는 대목에서 등장한다.
데미안이 집 주인에게 말한다. Our mam's dead. 우리 엄마께서는 돌아가셨어요.
집 주인인 남자는 잠시 생각하더니 접시에 쿠키를 보여 주면서 아이들에게 말한다.
Here, go on. Help yourself! Take as many as you like, son!
여기 있다. 먹고 싶은 만큼 먹어라. 아이들아!
잠시 후, 쿠키를 듬뿍 들고 나와 집 밖에서 먹으면서, 형이 말한다.
Result! 통할 줄 알았어! @.@

보너스 영작 교실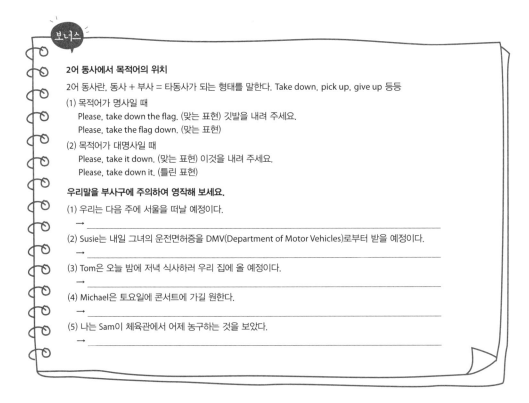

☑ 부사가 두 개 이상 나올 때 그 순서

1 [장소 + 방법 + 시간]의 순서

My friend drove a car to downtown Los Angeles quickly this morning.
    　　　　　　　　　　장소　　　　　　　　　방법　　　시간

오늘 아침에 내 친구는 Los Angeles 시내까지 차를 급하게 운전했다.

2 [작은 단위 + 큰 단위]의 순서

Many people usually live in apartments in Seoul in Korea.
    　　　　　　　　　　작은 단위　　　큰 단위　큰 단위

많은 사람들이 한국의 서울에 있는 아파트에서 대개 산다.

보너스

2어 동사에서 목적어의 위치

2어 동사란, 동사 + 부사 = 타동사가 되는 형태를 말한다. Take down, pick up, give up 등등

(1) 목적어가 명사일 때
　　Please, take down the flag. (맞는 표현) 깃발을 내려 주세요.
　　Please, take the flag down. (맞는 표현)

(2) 목적어가 대명사일 때
　　Please, take it down. (맞는 표현) 이것을 내려 주세요.
　　Please, take down it. (틀린 표현)

우리말을 부사구에 주의하여 영작해 보세요.

(1) 우리는 다음 주에 서울을 떠날 예정이다.
　　→ _____

(2) Susie는 내일 그녀의 운전면허증을 DMV(Department of Motor Vehicles)로부터 받을 예정이다.
　　→ _____

(3) Tom은 오늘 밤에 저녁 식사하러 우리 집에 올 예정이다.
　　→ _____

(4) Michael은 토요일에 콘서트에 가길 원한다.
　　→ _____

(5) 나는 Sam이 체육관에서 어제 농구하는 것을 보았다.
　　→ _____

 Level up! 고급 영작 교실

우리말을 참고해서, 사진의 내용을 영작해 보세요.

〈1단계: 한 문장씩 영작해 보기〉

1   다소 뚱뚱한 남자가 / 야구 모자를 쓴 / 서 있어요 / 앞에 / 작은 커피숍 (현재진행)

→ _____

  – 다소 뚱뚱한 남자: rather heavy man 처음 나왔으니까 부정관사(a)를 붙여 주는 것을 잊지 말길.
  – 모자를 쓰다: with a baseball cap 모자를 손에 쥐고 다닐 리 없기 때문에 with만으로도 '쓰다'의 의미가 된다. 굳이 쓰고 있는
    것을 말하려면, wearing을 쓰는 것도 좋다.

2   거기에는 두 사람이 이미 앉아 있어요 / 테이블에 / 그 남자 옆 (There + 수동태)

→ _____

  – ~옆에: next to + 명사

3   메뉴들이 달려 있군요 / 천정으로부터 / 커피숍의 (수동태)

→ _____

  – ~으로부터 달려 있다: hang from

〈2단계: 통째로 다시 써 보기〉

1 다소 뚱뚱해 보이는 야구 모자를 쓴 남자가 작은 커피숍 앞에 서 있어요. 거기에는 두 사람이 그 남자 옆 테이블에 이미 앉아 있어요. 메뉴들이 커피숍의 천정으로부터 달려 있군요.

→ _____

_____

_____

[정답 확인하기]

Step 1
1) My brother walked in while I was playing the piano. 2) I called Julie while she was eating lunch. 3) I heard a scream while (I was) sleeping. 4) The students fell asleep while the teacher was giving a lecture. 5) She got a headache while (she was) walking home. 6) My mom got angry while we couldn't stop laughing. 7) I broke my leg while (I was) running. 8) She yelled while (she was) watching a scary movie. 9) The boy fell while (he was) chasing his friend. 10) The baby began to cry while the mom was cooking. 11) Susie got hungry while (she was) shopping. 12) Jack saw his friend while (he was) walking down the street. 13) They walked into the restaurant while it was busy.

Step 2
1) I looked outside the window. It was raining. I looked outside the window while it was raining. 2) Joe turned on the radio. His family was sleeping. Joe turned on the radio while his family was sleeping. 3) Jill woke up. Her friends were swimming. Jill woke up while her friends were swimming. 4) There were a lot of cars. They crossed the street. While there were a lot of cars, they crossed the street. 5) His brother was listening to music. Dan entered the room. While his brother was listening to music, Dan entered the room. 6) Sam received a phone call. He was writing a letter. Sam received a phone call while (he was) writing a letter. 7) I dropped my books. I was running down the hallway. I dropped my books while (I was) running down the hallway. 8) They heard the good news. I was on a trip. They heard the good news while I was on a trip. 9) He bought a book. I was waiting outside the store. He bought a book while I was waiting outside the store. 10) She broke the cup. She was washing the dishes. She broke the cup while (she was) washing the dishes. 11) Someone knocked on the door. The family was eating dinner. Someone knocked on the door while the family was eating dinner. 12) The children were playing outside. It started to snow. While the children were playing outside, it started to snow. 13) The students were rehearsing the play. The bully broke the chair. While the students were rehearsing the play, the bully broke the chair. 14) The power was out. I was writing a report on the computer. The power was out while I was writing a report on the computer.

Step 3
1) Her sister had to wait while Susan was ordering her hamburger. 2) Ginger is the name of the family cat while Rover is the name of the family dog. 3) I bought a new pair of jeans while my brother bought some playing cards. 4) You need to stay in the auditorium while your parents are on the tour of the school. 5) Ginny painted her nails yellow while Jenny painted hers black. 6) Ryan tried to calm down while his younger cousin was extremely wild and noisy. 7) Ellen must stay in the waiting room while her dad visits her grandmother. 8) The older of the twins is immature while the younger twin acts grown—up. 9) Ben has played the violin for 10 years while Brian has played it for 4 years. 10) That MP3 player costs 89 dollars while the CD player costs only 45 dollars.

보너스 퀴즈
1) We are planning to leave Seoul next week. 2) Susie is going to get her license from the DMV tomorrow. 3) Tom is going to come over for dinner at my house tonight. 4) Michael wants (to) go to the concert on Saturday. 5) I watched Sam play basketball in the gym yesterday.

Level up!
1) A rather heavy man with a baseball cap is standing in front of a small coffee shop. 2) There are two people already seated at tables next to him. 3) Menus are hanging from the ceiling of the coffee shop.

While의 3가지 용법

(1) 동시 작용: 하는 사이에, …하고 있는 동안에, …과 동시에, …하는 한 (as long as)

형태: 주어 + 동사 + while + 주어 + 동사

(2) 반전: 그런데 한편, …인데, 그런데 (whereas), …이라 하나 (although)

형태: While + 주어 + 동사 + 주어 + 동사

(3) 계속적 용법(주로, 구어체에서): 그리고 (and)

형태: 주어 + 동사 + while + 주어 + 동사

기억할 문장

· She heard a loud noise while she was studying. 그녀가 공부하는 동안에 그녀는 어떤 큰 소음을 들었다.

· Make hay while the sun shines. 햇볕이 났을 때 건초를 만들어라.

· While they don't agree, they continue to be friends.
그들은 의견이 서로 다르기는 하나 변함없이 친하게 지낸다.

· He fell asleep while (he was) watching the video. 그는 그 비디오를 보다가 잠들어 버렸다.

· Her mother is a singer while she is a pianist. 그녀의 어머니는 가수이고 그녀는 피아니스트이다.

수동태의
진실

수동태와 능동태

(능동태) People call New York City the Big Apple.

(수동태) → New York City is called the Big Apple by people.

(by people: 생략도 가능) → New York City is called the Big Apple.

VITAMINS

매일 먹으면 몸에 좋은 비타민처럼 매일 복습으로 영어 실력 튼튼~

언젠가 자꾸 써 보는 것이 실제 써먹는 것과 같다고 말씀을 드린 기억이 난다. 몇 과인지 알려주는 분에게 빵 사 주겠다. ^,.^ jungminkoh@yahoo.com 웬 메일 주소를 알려 주냐고? 공부하시다가 잘 이해가 안 가는 것이 있으면, 용기(!)를 내서서 제게 메일을 날려주시길 바란다. 그러면, 하는 데까지 해서 답장을 드리겠다. 그대신 하라는 대로, 지겹고, 또 쉬워 보이고, 또 이해가 되었다고 해서, 안 쓰고 대강 넘어가지 마시길 바란다. 그냥 계속 쓰길 바란다.

다음에 제시된 우리말을 영작해 보세요. 만일 배운 것인데, 처음 보는 것처럼 느껴지는 분이 있다면, 어떻게 해야 될지 알쥐! @.@

Susan이 그녀의 햄버거를 주문하는 동안 그녀의 동생은 기다려야만 했다.

_____

Ginger는 집 고양이의 이름이고, Rover는 집 개의 이름이다.

_____

나는 청바지를 샀지만, 내 남동생은 게임 카드를 샀다.

_____

너의 부모님들이 학교 투어를 하는 동안에 너는 강당(auditorium)에 있어야 할 필요가 있다.

_____

Ginny는 그녀의 손톱을 노란색으로 칠했지만, Jenny는 검정색으로 칠했다.

_____

그의 어린 사촌이 극도로 사납게 신경질(extremely wild and noisy)을 낼 때에 Ryan은 침착하려고 노력했다.

_____

그녀의 아빠가 그녀의 할머니는 방문하는 동안에 Ellen은 대기실(waiting room)에서 기다려야만 한다.

_____

쌍둥이 중 막내(the younger twin)가 어른처럼 행동하는 반면, 쌍둥이 중의 맏이(The older of the twins)는 미숙(immature)하다.

_____

Ben은 10년 동안 바이올린을 연주했지만, Brian은 4년 동안 했다.

_____

그 MP3 플레이어는 89달러지만, CD 플레이어는 단지 45달러다.

_____

TODAY'S 영작교실

수동태를 잡기 전에 먼저 동태(=명태)에 대해 알아야만 한다. 동태는 명태를 겨울에 잡아 얼리거나 영하 40℃ 이하에서 급속 냉동시킨 것으로, 한국에서는 1930년대부터 시판되기 시작한 것으로 알려져 있는데(^^;) 중요한 것은 능동은 주어가 동작을 직접 하는 것이고, 수동은 주어가 어떤 동작을 당하는 것이다. 이런 형식을 '태'라고 한다. 오늘은 능동태의 문장을 수동태로 바꾸는 방법을 끝장내면 된다. 영어에서는 수동태 문장이 더 많으므로 수동태 동사의 형태를 잘 알아야 한다.

수동태는 언제 쓰이나?
영어에서 어떤 동작을 한 것이 누구인지, 또는 무엇인지가 중요하지 않을 때는, 능동태보다 수동태를 더 많이 쓴다. (~되어지다. ~하여지다.)

영작에서 가장 먼저 고려할 것은 주어와 동사를 잘 잡는 것이다. 또한 동사에서 중요한 것은 능동태와 수동태다. 능동태와 수동태의 정의는 다음과 같다.

능동태: 주어가 동사의 동작을 행함
수동태: 주어가 동사의 동작을 당함

능동태: 나는 DVD를 시청한다.   I watch the DVD.
수동태: DVD는 나에 의해 시청된다.   The DVD is watched by me.

능동태 문장을 보면 주어인 '나'는 '시청한다'라는 동작을 하고 있다. 반면에, 수동태 문장을 보면 주어인 'DVD'는 '시청한다'라는 동사를 당하여 '시청되고' 있다.

영어표현에서 어떤 동작의 대상이란 목적어를 의미하며 목적어는 3형식 이상의 문형에서만 가능하다. 그러므로 수동태란 3, 4, 5형식의 문장에서 만들 수 있는 문장이다.

목적어가 1개인 문장의 수동태
목적어를 하나만 갖는 타동사를 수동태로 만들면, 이 유일한 목적어가 수동태 문장의 주어가 되기 때문에 더 이상 뒤에 목적어를 필요하지 않는다.
Dan will make the coffee. 댄이 커피를 만들 거야. 능동태-목적어를 갖는다.
The coffee will be made by Dan. 커피는 댄에 의해서 만들어질 거야. 수동태-목적어를 갖지 않는다.
왜냐하면 커피가 주어가 되었기 때문이다. 사물은 주어의 자리에 올 수 없고 사람만이 주어의 자리에 올 수 있다. 따라서 의인화하여 사용하든지, 아니면 수동태의 형식을 빌려서 잠깐 주어의 자리에 사물이 올 수 있다.

현재/과거 시제를 수동태로 만들기

형식: 주어 + 동사 + 목적어 → 주어(목적어) + 동사(be + 과거분사) + 전치사구(by + 목적격:행위자)

의미: 주어가 ~한다 → 주어가 ~되었다

Step 1 능동태의 목적어(동작의 대상)를 수동태의 주어(주격)로.

Step 2 능동태의 동사를 be 과거분사로 주어의 수, 인칭에 일치시키고, 시제는 능동태와 일치시킨다.

Step 3 능동태의 주어를 by행위자(목적격)으로 고친다.

The old man donates the money. 그 할아버지가 그 돈을 기부한다.
→The money is donated by the old man. 그 돈은 그 할아버지에 의해서 기부되었다.

Sally baked the cookies. Sally가 그 쿠키를 만들었다.

→ The cookies were baked by Sally. 그 쿠키는 Sally에 의해서 만들어졌다.

목적어가 2개인 문장의 수동태

능동태의 목적어를 수동태의 주어로 쓴다고 했는데, 그러면 간접목적어와 직접목적어를 가진 4형식문장은 주어가
2개짜리 수동태로 만들어야 할까? 궁금하실 것이다. 결론은 간접목적어와 직접목적어 둘 다 주어가 될 수 있다.
Our teacher showed me a storybook in the classroom.
　　　　　　　　 (간접목적어) (직접목적어)
우리 선생님이 교실에서 이야기책을 나에게 보여 주었어요.
[직접목적어가 주어] A storybook was shown to us by our teacher in the classroom.
[간접목적어가 주어] We were shown a storybook by our teacher in the classroom.

미래시제를 수동태로 만들기

> **형식: 주어 + will + 동사 + 목적어 → 주어(목적어) + 동사(will be + 과거**
> **분사) + 전치사구(by + 목적격: 행위자)**
>
> **의미: 주어가 ～할 것이다 → 주어가 ～될 것이다**

They will use the computer. 그들은 그 컴퓨터를 사용할 것이다.

→ The computer will be used by them. 그 컴퓨터는 그들에 의해서 사용될 것이다.

Mary will play the piano. 메리는 그 피아노를 연주할 것이다.

→ The piano will be played by Mary. 그 피아노는 메리에 의해서 연주될 것이다.

수동태의 부정

형식: 'be + not + 과거분사', '조동사 + not + 과거분사'
be동사와 과거분사 사이에 not, 조동사와 과거분사 사이에 not을 넣으면 된다.
The portrait was painted by the artist. → The portrait was not painted by the artist.
The other children will be teased by the bully. → The other children will not be teased by the bully.
Water has been splashed by the kids. → Water has not been splashed by the kids.

완료시제를 수동태로 만들기

> **형식:** 주어 + 동사(have/had + 과거분사) + 목적어 → 주어(목적어) + 동사
> (have/had + been + 과거분사) + 전치사구(by + 목적격: 행위자)
>
> **의미:** 주어가 ~해왔다 → 주어가 ~되었다

완료시제인 'have(had) + 과거분사' 사이에 been을 넣어 수동완료시제임을 표시한다. (be동사의 과거분사는 been이다.)

My friend has made this bracelet. 내 친구가 이 목걸이를 만들어왔다.

→ This bracelet has been made by my friend. 이 목걸이는 내 친구에 의해 만들어졌다.

The teacher had taught the lesson. 그 선생님은 그 수업을 가르쳐왔다.

→ The lesson had been taught by the teacher. 그 수업은 그 선생님에 의해 가르쳐졌다.

목적어와 보어가 모두 있는 문장의 수동태

1) 목적어와 목적격 보어를 가진 5형식 문장이 수동태가 되면 목적어가 주어가 되고 목적격 보어는 동사 뒤에 그대로 나온다. 전치사 없이 명사구가 바로 오는 것에 주의한다.
   People call New York City the Big Apple. → New York City is called the Big Apple (by people*).
   *행위의 주체가 일반적인 사람이거나 문맥으로 확실히 드러날 때, 또는 누구인지 전혀 알 수 없을 때 'by + 행위의 주체'는 생략이 가능하다.
2) 5형식 문장의 보어가 원형부정사일 때 수동태에서는 to부정사의 형태가 된다.
   She made me sing. → I was made to sing by her.

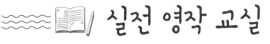 실전 영작 교실

Step 1　다음 주어진 문장을 보기와 같이 수동태로 바꾸세요.

> **보기**　The train has run over the dog. 개가 기차에 치였다.
> → The dog has been run over by the train. 그 개는 그 기차에 의해서 치였다.

1　The rain soaked my clothes. 내 옷이 비에 젖었다.

→ _____

2　The ball hit Jimmy. 지미가 공에 맞았다.

→ _____

3　My mom prepared the meal. 엄마가 음식을 준비했다.

→ _____

4　The photographer took the picture. 그 사진사가 사진을 찍었다.

→ _____

5　Sarah sang the song. 사라가 노래를 불렀다.

→ _____

6　She will sing the song to us. 그녀가 우리에게 노래를 불러 줄 것이다.

→ _____

7　He will buy the gifts. 그는 그 선물들을 구매할 것이다.

→ _____

8　My grandma will cook dinner. 내 할머니가 저녁식사를 만들 것이다.

→ _____

9　The professor will grade the reports. 그 교수가 그 보고서들을 채점할 것이다.

→ _____

10　The teacher will review the assignment. 그 선생님이 그 과제를 평가할 것이다.

→ _____

11　She has given me the letter. 그녀가 나에게 편지를 보내왔다.

→ _____

12 They have proposed a theory. 그들을 한 이론을 제안해 왔다.

→ _____

13 My mom has fed the dogs. 내 엄마는 그 개들에게 먹이를 먹여 왔다.

→ _____

14 Sam has bought the red car. 샘은 그 빨간색 차를 구매했다.

→ _____

15 The lawyer has settled the argument. 그 변호사는 그 변론을 작성해 왔다.

→ _____

Step 2 다음 제시된 우리말을 보기와 같이 수동태로 영작하세요.

> **보기** 그 이야기는 그 선생님에 의해 타이핑되었다.
> → The story is typed by the teacher.

1 그 꾸러미는 그 우편배달원에 의해 배달되었다.

→ _____

2 그 스웨터는 엄마께서 사 주신 것이다.

→ _____

3 그 발표는 Sandra에 의해 되었다.

→ _____

4 이 집은 부동산 대리인에 의해 팔렸다.

→ _____

5 그 가방들은 그 일꾼에 의해 꾸려졌다.

→ _____

6 그 설거지는 하녀에 의해 되었다.

→ _____

7 그 여행가방은 John에 의해 운반되었다.

→ _____

8 그 꽃들은 그 어린이들에 의해 꺾였다.

→ _____

9 그 그림들은 그 작은 소녀에 의해 칠해질 것이다.

   →

10 그 공은 주장에 의해 차일 것이다.

   →

11 그 소식은 비서에 의해 공고될 것이다.

   →

12 그 선물은 Cindy에 의해 공개될 것이다.

   →

13 그 카드들은 우리에 의해 장식될 것이다.

   →

14 그 문서들은 그 변호사에 의해 서명될 것이다.

   →

15 한 실험이 과학자들에 의해 만들어질 것이다.

   →

16 그 수확은 그 농부에 의해 만들어질 것이다.

   →

17 그 질병은 그 의사에 의해 치료될 것이다.

   →

18 내 친척들은 내 부모에 의해 불려질 것이다.

   →

19 그 편지들은 Jim에 의해 받게 되었다.

   →

20 그 시계는 Dave에 의해 부숴졌다.

   →

21 그 집은 나이 든 숙녀에 의해 청소되었다.

   →

22 그 쓰레기는 잡역부에 의해 치워졌다.

   →

23 그 모든 초콜릿은 Sue에 의해 팔리게 되었다.

→ _____

24 그 종이들은 Mark에 의해 찢어졌다.

→ _____

25 모든 봉투들은 그에 의해 닫혀졌다.

→ _____

26 그 씨앗들은 우리에 의해서 심겨졌다.

→ _____

27 그 선들은 그들에 의해서 측정되었다.

→ _____

28 하나의 상이 교장에 의해서 그녀에게 주어졌다.

→ _____

29 그 범죄자는 경관에 의해서 잡혔다.

→ _____

✧ ✧

이럴땐 이렇게

수동태에서 by 이외의 전치사 사용

수동태 문장에서 항상 by를 쓰든지 생략하던지 둘 중에 하나만 해야 되는 줄 알고 있는 분들이 꽤 많다. 하지만 뒤에 by 이외의 전치사 사용되는 구문이 있다.

구문	해석	구문	해석
Be based on	~에 기반하다	Be composed / comprised of	~로 구성되어 있다
Be crowded with	~로 붐비다	Be composed / comprised of	~에 실망하다
Be interested in	~에 관심을 가지다	Be known as	~로 알려져 있다
Be known for	~로 유명하다	Be known as	~에 기뻐하다
Be provided with	~를 공급 받다	Be satisfied with	~에 만족하다
Be surprised at	~에 놀라다	Be used for	~에 사용되다

She is interested in a TOEIC class. 그녀는 TOEIC 수업에 관심이 있다.

Miss Kim has been satisfied with her new English class. 미스 김은 그녀의 새 영어 클래스에 만족해 왔다.

The beach is composed of sand and water. 그 바닷가는 모래와 물로 구성되어 있다.

The money is used for one specific purpose at the camp. 그 돈은 캠프에서 특별한 목적으로 사용된다.

She was so surprised at the news from the TV. 그녀는 TV를 통해 그 뉴스를 알고 매우 놀랐다.

It is known as the most famous restaurant in Los Angeles. 이곳은 LA에서 가장 유명한 식당으로 알려져 있다.

This movie is based on the true story of Mr. Clinton. 이 영화는 Mr. Clinton의 실제 이야기에 근거하고 있다.

보너스 영작 교실

☑ **타동사만이 수동태가 될 수 있다.**

동사의 목적어가 수동태 문장의 주어가 되기 때문에 타동사만이 수동태가 될 수 있다.

My classmate handed out the assignments. 나의 급우는 그 과제물들을 나누어 주었다.

[맞는 표현] The assignments were handed out by my classmate.
　　　　　그 과제물들은 나의 급우에 의해서 나누어졌다.

　　　　　The computer system consists of a CPU and monitor.
　　　　　그 컴퓨터 시스템은 CPU와 모니터로 구성되어 있다.

[틀린 표현] The computer system is consisted of a CPU and monitor.

☑ **상태동사는 타동사라도 수동태로 쓰지 않는다.**

Jack has the bulletin. Jack은 공고문(회보)를 가지고 있다.

(X) The bulletin is had by Jack.

☑ **'조동사+동사원형'의 수동태는 '조동사 + be + 과거분사'이다.**

Joe should present the project. Joe는 그 프로젝트를 제시해야만 한다.

→ The project should be presented by Joe.

Level up! 고급 영작 교실

우리말을 참고해서, 사진의 내용을 영작해 보세요.

⟨1단계: 한 문장씩 영작해 보기⟩

1 한 작은 가족이 식사를 하고 있어요 / 함께 /식당에서 (현재진행)

→ _____

  – 작은 가족: small family 물론 이 가족은 처음 등장하는 표현이니 부정관사(a)를 하나 붙여 주자.
  – 식사하다: having a meal 의도적인 경우에 특히 '무엇을 먹다'의 표현으로 having을 자주 쓴다. 매번 eating만 쓰지 마시길. 물론 다음에는 먹고 있는 음식이 나와야 하고.
  – 식당: restaurant 식당도 처음 등장하는 표현이니 부정관사(a)를 하나 붙여 주자.

2 그 여자와 그 자녀들은 모두 바라보고 있어요 / 그 남자를 (현재진행)

→ _____

  – 모두 바라보다: all looking 현재진행 구문에서 강조하는 부사의 위치는? be동사 뒤이다.

3 그 두 소녀들은 같아 보여요 / 그들은 아마도 쌍둥이 (현재)

→ _____

  – ~같아 보이다: look like
  – 아마도 ~이지 않을까: might be ~

⟨2단계: 통째로 다시 써 보기⟩

1 한 작은 가족이 식당에서 함께 식사를 하고 있어요. 그 여자와 그 자녀들은 모두 그 남자를 바라보고 있어
   요. 그 두 소녀들은 아마도 쌍둥이처럼 보여요.

→ _____

_____

_____

꼭 기억하자

🔦 현재/과거 시제를 수동태로 만들기

형식: 주어 + 동사 + 목적어 → 주어(목적어) + 동사(be + 과거분사) + 전치사구(by + 목적격:행위자)

의미: 주어가 ~한다 → 주어가 ~되었다

Step 1: 능동태의 목적어(동작의 대상)를 수동태의 주어(주격)으로.

Step 2: 능동태의 동사를 be 과거분사로 주어의 수, 인칭에 일치시키고, 시제는 능동태와 일치시킨다.

Step 3: 능동태의 주어를 by행위자(목적격)으로 고친다.

🔦 미래시제를 수동태로 만들기

형식: 주어 + will + 동사 + 목적어 → 주어(목적어) + 동사(will be + 과거분사)

　　　 + 전치사구(by + 목적격: 행위자)

의미: 주어가 ~할 것이다 → 주어가 ~될 것이다

🔦 완료시제를 수동태로 만들기

형식: 주어 + 동사(have/ had + 과거분사) + 목적어

　　　 주어(목적어) + 동사(have/had + been+과거분사) + 전치사구(by + 목적격: 행위자)

의미: 주어가 ~해왔다 → 주어가 ~ 되었다

🔦 기억할 문장

· The package was delivered by the mailman. 그 꾸러미는 그 우편배달원에 의해 배달되었다.

· The sweater was bought by my mom. 그 스웨터는 엄마께서 사 주신 것이다.

· The announcement was made by Sandra. 그 발표는 Sandra에 의해 되었다.

· This house was sold by the real estate agent. 이 집은 부동산 대리인에 의해 팔렸다.

· The bags were packaged by the workers. 그 가방들은 그 일꾼에 의해 꾸려졌다.

DAY
15

문장 강조를 위한 공식
쏘댓과 써치댓

This meal is so delicious. 이 음식 정말 맛있다. (강조)

+ I want to eat more. 나 더 먹고 싶다. (행동)

= This meal is so delicious that I want to eat more.
(So ~that을 사용하여 합치기)

= This is such a delicious meal that I want to eat more.
(Such ~that을 사용하여 합치기)

VITAMINS

매일 먹으면 몸에 좋은 비타민처럼 매일 복습으로 영어 실력 튼튼~

어제 이메일 주소를 알려드렸더니, 많은 이메일을 받게 되었다. 공부하시다가 궁금하신 것 있으면, 연락을 주시길 바란다. 베이직 영작문, 플러스를 공부하신 분들 중 많은 분들이 실제로 이와 관련하여 이메일을 주셨는데, 정말 고개 숙여 그간의 관심에 감사를 드린다. 복습도 하루하루 착실하게 하시는 당신, 벌써 1부의 마지막이네요. 힘내세요. 파이팅!

다음에 제시된 우리말을 수동태 형식으로 영작하세요. 만일 배운 것인데, 처음 보는 것처럼 느껴지는 분이 있다면, 어떻게 해야 될지 알쥐! @.@

꾸러미는 그 우편배달원에 의해 배달되었다.

_____

스웨터는 엄마께서 사 주신 것이다.

_____

발표는 Sandra에 의해 되었다.

_____

이 집은 부동산 대리인에 의해 팔렸다.

_____

가방들은 그 일꾼에 의해 꾸려졌다.

_____

설거지는 하녀에 의해 되었다.

_____

여행가방은 John에 의해 운반되었다.

_____

꽃들은 그 어린이들에 의해 꺾였다.

_____

그림들은 그 작은 소녀에 의해 칠해질 것이다.

_____

공은 주장에 의해 차일 것이다.

_____

TODAY'S 영작교실

문장 강조를 위한 공식 so~that 과 such ~that

so를 발음해 보시라. 잘 되시는가? 대부분이 쉽게 '쏘' 정도로 하실 수 있는데, 그렇게 하지 말고, [sou] 즉 '쏘우'로 발음하시면 더 '미국적'이 되기 쉽다. ^^! 그나저나, 발음은 관두고, 이미 베이직 영작문, 플러스에서 조금 공부해 보신 분이라면, 이 과는 좀 쉽겠다. 다만, 또 마지막에 꺼내 둔 것은 그만큼 이러한 문형이 영어에서 자주 사용되기 때문이다. 오늘은 이러한 강조 공식이 어떻게 만들어졌는가와 그 사용법을 배워 본다.

'매우 ~해서 ~하다' 즉 말하고자 하는 내용을 강조하는 대표적인 표현으로 so~ that~과 such~ that~이 있다.

(1) 쏘우댓 용법

> 긍정 형식: so + 형용사/부사 + that
>
> 의미: 너무 ~해서 ~하다
>
> 부정 형식: so + 형용사/부사 + that + can't = too ~ to

'이 셔츠는 너무 작다'를 영작하면, 'This shirt is so small' 정도가 된다.

여기서 '너무'라는 단어 so를 사용했다. 주의할 것은 so 다음에 small과 같은 형용사나 부사를 사용해야 한다는 것이다. 그런데 '너무 작아서 어쨌다'는 것이 없기 때문에 말이 통하지 않는다. 따라서 더 하고 싶은 말을 that을 사용하여 더 늘어 놓아야만 한다.

This flower is so beautiful + that I have to buy it = This flower is so beautiful that I have to buy it. 이 꽃은 너무 아름다워서 내가 구입할 수밖에 없었다.

This shirt is so small + that I can't wear it = This shirt is so small that I can't wear it. 그 셔츠는 너무 작아서 내가 입을 수 없다.

The movie was so scary + that I couldn't see it = The movie was so scary that I couldn't see it. 그 영화는 너무 무서워서 내가 볼 수 없었다.

(2) 써치댓 용법

> **형식: such + 명사 + that**
>
> **의미: 너무 ~해서 ~하다**

'이것은 너무 재미있는 DVD 영화다'를 영작하면, 'This is such an interesting DVD' 정도가 된다. 여기서 '너무'라는 단어를 such를 사용했다. 주의할 것은 such 다음에 an interesting DVD movie와 같은 명사만을 사용해야 한다는 것이다. 그런데 너무 재미있는 영화가 어쨌다는 것인지에 관한 설명이 없기 때문에 말이 통하지 않는다. 따라서 더 하고 싶은 말을 that을 사용하여 더 늘어 놓아야만 한다. 그래야 말이 되니까. ^^!

This is such an interesting DVD. + That I want to see it. = This is such an interesting DVD that I want to see it. 이같이 너무 재미있는 DVD 영화를 나는 보길 원한다.

They are such cute puppies. + That I want to buy. = They are such cute puppies that I want to buy. 그것과 같이 너무 귀여운 강아지들을 나는 사고 싶다.

(3) 쏘우댓과 써치댓의 비교

쏘우댓과 써치댓을 혼용하여 문장을 바꾸어 써 볼 수 있다. 다만, 강조하는 내용이 형용사/부사인지, 또 명사인지를 분명히 해야 한다.

> 강조하는 내용이 형용사와 부사라면? 쏘우댓
>
> 강조하는 내용이 명사라면? 써치댓

This room is dirty. + It took three people to clean it. 이 방은 더럽다. 3명이 이 방을 청소해야 한다.

= This room is so dirty that it took three people to clean it.
이 방은 너무 더러워서 3명이 청소를 해야 한다.

= This is such a dirty room that it took three people to clean it.
이같이 너무 더러운 방은 3명이 청소를 해야 한다.

She was ill. + We had to send for a doctor. 그녀는 아프다. 우리는 의사를 불러야만 했다.

= She was so ill that we had to send for a doctor. 그녀가 너무 아파서 우리는 의사를 불러야 했다.

= She had such an illness that we had to send for a doctor.
그녀가 너무 심한 병에 걸려서 우리는 의사를 불러야 했다.

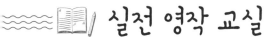 실전 영작 교실

Step 1 다음을 보기와 같이 영작하고, so ~ that 구문을 이용하여 한 문장으로 만드세요.

> 보기 이 방학은 너무 짧아요. → <u>This vacation is so short</u>.
> + 나는 여행조차 갈 수 없는 걸요. → <u>I can't even go on a trip</u>.
> = <u>This vacation is so short that I can't even go on a trip</u>.

1 이 책은 너무 길다.   → _____

   + 나는 끝을 낼 수 없다.   → _____

   = _____

2 이 음식은 너무 맛있다.   → _____

   + 나는 더 먹고 싶다.   → _____

   = _____

3 이 여행은 너무 길다.   → _____

   + 나는 집에 돌아가고 싶다.   → _____

   = _____

4 이 의자는 너무 무겁다.   → _____

   + 나는 이것을 들 수가 없다.   → _____

   = _____

5 이 담장은 너무 높다.   → _____

   + 나는 이것을 점프해서 넘을 수 없다. → _____

   = _____

6 이 틈(opening)은 너무 좁다.   → _____

   + 나는 이것을 통과할 수 없다.   → _____

   = _____

7 이 스웨터는 너무 작다.   → _____

   + 이것은 나에게 맞지 않는다.   → _____

   = _____

8   이 강의는 너무 지루하다.   → _____

    + 나는 깨어 있을 수 없다. (졸리다 ^^!)   → _____

    = _____

9   이 편지는 아무 의미가 없다.   → _____

    + 나는 답장을 하고 싶지 않다.   → _____

    = _____

Step 2   다음을 보기와 같이 영작하고, such ~ that 구문을 이용하여, 한 문장으로 만드세요.

> **보기**   Sandy의 목소리는 너무 조용해. → <u>Sandy's voice is so quiet.</u>
> + 나 조차도 거의 듣기 힘들어. → <u>I could barely hear it.</u>
> = <u>Sandy has such a quiet voice that I could barely hear it.</u>

1   이 강아지는 너무 귀엽다.   → _____

    + 나는 이것을 집에 가지고 가고 싶다.   → _____

    = _____

2   이 노트패드는 너무 작다.   → _____

    + 나는 이것을 쉽게 잃어 버린다.   → _____

    = _____

3   그 콘서트는 너무 재미있었다.   → _____

    + 나는 다시 가고 싶다.   → _____

    = _____

4   Sally는 좋은 소녀이다.   → _____

    + 나는 그녀와 있는 것을 좋아한다.   → _____

    = _____

5   이 영화는 너무 무섭다.   → _____

    + 나는 다시 이것을 보고 싶지 않다.   → _____

    = _____

6 이 밤은 너무 춥다.　　　　　　　→ _____

+ 우리는 우리의 자켓을 입어야만 한다.　→ _____

= _____

7 그 가수는 대단히 유명하다.　　　　→ _____

+ 모두 다 그녀를 알아본다.　　　　→ _____

= _____

8 이 차는 너무 비싸다.　　　　　　→ _____

+ 나는 이것을 살 수 없다.　　　　→ _____

= _____

9 이 고양이는 너무 작다.　　　　　→ _____

+ 그녀는 이것을 찾기가 너무 힘들다.　→ _____

= _____

Step 3　다음에 제시된 두 문장을, so(형용사/부사) that 구문을 이용하여 한 문장으로 만들고, such(명사) that 구문으로 바꾸어 써 보세요.

> **보기**　This opera is so boring. + I want to leave. 이 오페라는 너무 지루해. 나는 가고 싶어.
> → This opera is so boring that I want to leave. 이 오페라는 너무 지루해서 나는 가고 싶어.
> → This is such a boring opera that I want to leave.

1 Linda's eyes are so pretty. Linda의 눈은 너무 예쁘다.

+ Everyone is envious of her. 모두가 그녀를 부러워한다.

→ _____

→ _____

2 This swimming pool is so deep. 그 수영장은 너무 깊다.

+ Only professional swimmers can swim in it. 오직 수영선수들만이 이 안에서 수영할 수 있다.

→ _____

→ _____

3   This group is so noisy. 이 그룹은 정말 시끄럽다.

    + No one can be heard. 아무도 들을 수 없다.

    → _____

    → _____

4   Joyce is so healthy. Joyce는 정말 건강하다.

    + She never gets sick. 그녀는 결코 아프지 않는다.

    → _____

    → _____

5   This hamburger is so big. 이 햄버거는 너무 크다.

    + I can't finish it by myself. 나 혼자서는 다 먹을 수 없다.

    → _____

    → _____

6   This doorbell is so loud. 이 초인종은 너무 소리가 크다.

    + I can hear it from anywhere in the house. 나는 집 안 어디에서라도 이 소릴 들을 수 있다.

    → _____

    → _____

7   The trip is so long. 그 여행은 너무 길다.

    + We must go by plane. 우리는 비행기를 타고 가야만 한다.

    → _____

    → _____

8   This color is so bright. 이 색상은 너무 밝다.

    + It stands out the most. 이것이 가장 눈에 띈다.

    → _____

    → _____

9   John is so tall. 존은 키가 정말 크다.

    + He is easy to spot. 그는 분간하기 쉽다.

    → _____

    → _____

이럴땐 이렇게

불필요한 구(redundancy-unnecessary phrases)

사족이라는 말이 있다. 뱀의 다리를 말하는데, 뱀엔 다리가 없다. 뱀을 잘 그리려고 하다가 그만 다리까지 그려 넣어 낭패를 당했다는 얘기가 입에서 입으로 전해 내려온다. 영어에서도 이런 경우를 발견하게 된다. 어떤 것이 필요한지 불필요한지를 따져 보라. 쓸데 없는 말을 자꾸 하지 말라는 말이다. ^,.^!

Lee	learned	English	quickly
S	V	C	M(Adjectives/Adverbs)

특히, in character(어울려) 또는 in nature(사실상) 등과 같은 구(句)와 형용사를 같이 쓰면 안 된다.

[틀린 표현] In a quick manner
[맞는 표현] Quickly 빨리
[틀린 문장] The disease was very serious in the nature of it.
[맞는 문장] The disease was very serious. 그 병은 매우 심각했다.
[틀린 문장] Mrs. Kim had always behaved in a responsible manner.
[맞는 문장] Mrs. Kim had always behaved responsibly. Mrs. Kim은 언제나 책임감 있게 행동한다.
[틀린 문장] She is nothing like her mother in character.
[맞는 문장] She is nothing like her mother. 그녀는 전혀 그녀의 어머니 같지가 않다.

보너스 영작 교실 📖

☑ 조건을 나타내는 in case와 if의 차이

1 **if**

진짜 벌어질 경우에만

형식: 주어 + 동사 + if + 주어 + 동사

의미: 어떠한 상황이 발생할 경우에만 ~한다

Let's prepare some other beds if the patients come. 환자들이 올 경우에만, 침대들을 더 준비하자.

I will have an easier time with the test tomorrow if I study hard tonight.
내가 오늘 밤 공부를 열심히 할 경우에, 나는 내일 시험을 쉽게 볼 것이다.

2 **in case**

상황이 벌어지든 안 벌어지든지

형식: 주어 + 동사 + in case + 주어 + 동사

의미: 어떠한 상황이 발생할 경우를 대비하여 ~한다

Let's prepare some other beds in case the patients come. 환자들이 올 수 있으니, 침대들을 더 준비하자.

In case you should need any help, here's my number. 만일 당신이 도움이 필요하면 여기 내 전화번호 있어요.

☑ 다음의 우리말을 주어진 단어를 사용해서 영작해 보세요.

1 (in case) 내 명함을 줄게요. 당신이 질문이 더 있을 경우를 대비해서 말이에요.

→ _____

2 (in case) 추울 걸 대비해서 여벌의 점퍼를 가져가세요.

→ _____

3 (if) John이 지금 즉시 늦을 경우엔 그는 그 회의를 놓치게 될 것이다.

→ _____

4 (if) 그가 TOEIC 수업에 잘 경우엔 그는 곤경에 빠지게 될 것이다.

→ _____

5 (if) 내가 오늘 월급을 받을 경우엔 나는 새로운 자켓을 사겠다.

→ _____

 Level up! 고급 영작 교실

우리말을 참고해서, 사진의 내용을 영작해 보세요.

〈1단계: 한 문장씩 영작해 보기〉

1 많은 여러 종류의 빵이 있어요 / 카운터 위에 (현재 + be)

→ _____

– 여러 종류의: different kinds of + 명사

2 어떤 롤빵(rolls)은 있어요 / 바구니 안에 (현재 + be)

→ _____

– 롤빵: rolls 식사대용으로 먹는 작은 빵을 말한다.

3 작게 포장된 버터가 있고 / 파란 꽃병 앞에 / 그 안에는 담겨 있네요 / 꽃들이 (There 구문 + that)

→ _____

– 작게 포장된 버터: small packs of butter 버터는 셀 수 없기 때문에 개수나 양을 나타내려면 수량을 나타내는 수식어를 원하는
  명사 앞에 써 주어야 한다.
– ~의 앞에: in front of + 명사
– 담겨 있다: hold를 써서 표현하면 어떨까? 꽃병이 꽃을 가지고 있다고 의인화해서 써도 무방하다.

⟨2단계: 통째로 다시 써 보기⟩

1 많은 여러 종류의 빵이 카운터 위에 있어요. 어떤 롤빵은 바구니 안에 있어요. 작게 포장된 버터가 파란 꽃병 앞에 있고, 그 안에는 꽃들이 담겨 있네요.

→ _____

_____

_____

_____

꼭 기억하자

☀ 쏘우댓 용법
형식: **so + 형용사/부사 + that**

의미: **너무 ~해서 ~하다**

부정: **so + 형용사/부사 + that + can't = too ~ to**

☀ 써치댓 용법
형식: **such + 명사 + that**

의미: **너무 ~해서 ~하다**

☀ 기억할 문장

· This shirt is so small that I can't wear it. 그 셔츠는 너무 작아서 내가 입을 수 없다.

· The movie was so scary that I couldn't see it. 그 영화는 너무 무서워서 내가 볼 수 없었다.

· This is such an interesting DVD that I want to see it.
이같이 너무 재미있는 DVD 영화를 나는 보길 원한다.

· They are such cute puppies that I want to buy. 그것과 같이 너무 귀여운 강아지들을 나는 사고 싶다.

· Let's prepare some other beds if the patients come. 환자들이 올 경우에만, 침대들을 더 준비하자.

2

PART

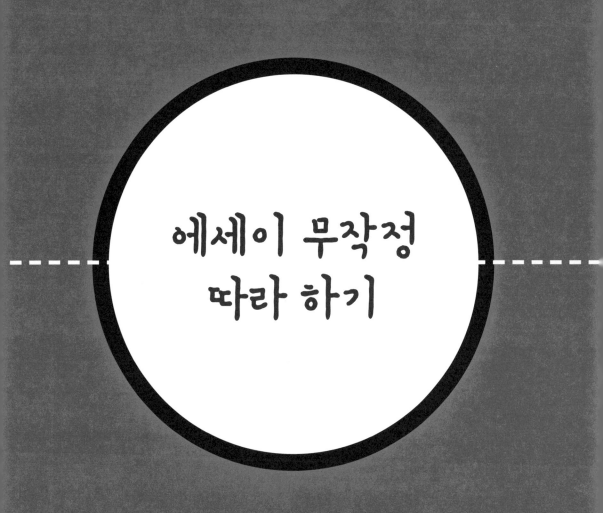

에세이 무작정
따라 하기

Favorite anniversary

Do you have a favorite holiday in your country?

당신의 나라에서 좋아하는 기념일이 있다면 말해 보세요.

VITAMINS

매일 먹으면 몸에 좋은 비타민처럼 매일 복습으로 영어 실력 튼튼~

오늘부터 '에세이 무작정 따라하기'가 시작된다. 영작의 목적은, 글을 잘 쓰는 것이지만, 아이디어도 중요하고, 그것보다도 표현력에 있어서의 문법도 중요하다. 앞서 15과를 통해서 문법이 얼마나 중요한지를 다시 느끼셨을 거라고 믿는다.

다음에 제시된 두 문장을, so ~ that 구문을 이용하여 한 문장으로 만들고, such ~ that 구문으로 바꾸어 써 보세요. 만일 배운 것인데, 처음 보는 것처럼 느껴지는 분이 있다면, 어떻게 해야 될지 알쥐! @.@

Linda's eyes are so pretty. + Everyone is envious of her.

→ _____

→ _____

This swimming pool is so deep. + Only professional swimmers can swim in it.

→ _____

→ _____

This group is so noisy. + No one can be heard.

→ _____

→ _____

Joyce is so healthy. + She never gets sick.

→ _____

→ _____

This hamburger is so big. + I can't finish it by myself.

→ _____

→ _____

This doorbell is so loud. + I can hear it from anywhere in the house.

→ _____

→ _____

The trip is so long. + We must go by plane.

→ _____

→ _____

This color is so bright. + It stands out the most.

→ _____

→ _____

John is so tall. + He is easy to spot.

→ _____

→ _____

TODAY'S 영작교실

사다리 영작 방법은 저자가 물론 지어낸 방법은 아니다. 올바른 영작 방법을 제안하기 위해서 이 책 저 책 뒤적이다가, 꽤 유명한 학원에서 사용된 교재에서 힌트를 얻어서, 초보 중에서도 조금 나은 초보를 위하여 이 방법을 나름대로 제시하는 것이다. 많은 양의 쓰기가 제시되고, 반복을 요구할 것이다. 잔소리 말고, 불평 말고, 그리고 이해하려 들지 말고 외워질 때까지 쓰고, 또 쓰는 것만이 그대를 영작의 고수로 만들어 드릴 것이다. ^^! 최근의 TOEFL Speaking Test와 TOEIC Speaking Test 등에서 자주 등장하는 주제를 가지고 영작하는 연습을 해 보겠다.

오늘의 영작 주제

Do you have a favorite anniversary from your country?

당신의 나라에서 좋아하는 기념일이 있다면 말해 보세요.

Step 1 Of course, I do have a favorite anniversary. It is an anniversary celebrated in Korea on the 14th of April, called Black Day. Black Day is celebrated by people who spent Valentine's Day alone. Singles get together to have black bean noodles, while holding grudges against couples.

핵심단어 정리 be celebrated by: 축하되다, 기념되다 / Get together: 하나가 되게, 함께 합쳐져서 / Grudge~: ~에 대한 나쁜 감정, 악의, 앙심, 유감(against)

아래의 우리말을 Step1에서 찾아 적어 보세요. Level이 높아질수록 여러분은 어떻게 문장이 구성되는지 알고 그 근본을 따라 문장을 만들어 볼 수 있어요.

Level 1 물론이에요,

→ _____

Level 2 물론이에요, 나는 가지고 있죠.

→ _____

Level 3 물론이에요, 나는 좋아하는 기념일이 있어요.

→ _____

Level 4 물론이에요, 나는 좋아하는 기념일이 있어요. 이것은 기념일이에요.

→ _____

Level 5 물론이에요, 나는 좋아하는 기념일이 있어요. 이것은 기념일인데, 한국에서 4월 14일에 열려요.

→ _____

Level 6 물론이에요, 나는 좋아하는 기념일이 있어요. 이것은 블랙데이라는 기념일인데, 한국에서 4월 14일에 열려요.

→ _____

_____

Level 7 물론이에요, 나는 좋아하는 기념일이 있어요. 이것은 블랙데이라는 기념일인데, 한국에서 4월 14일에 열려요. 블랙데이는 자축되어요.

→ _____

_____

Level 8 물론이에요, 나는 좋아하는 기념일이 있어요. 이것은 블랙데이라는 기념일인데, 한국에서 4월 14일에 열려요. 블랙데이는 발렌타인데이를 혼자서 보낸 사람들에 의해서 자축되죠.

→ _____

_____

Level 9 물론이에요, 나는 좋아하는 기념일이 있어요. 이것은 블랙데이라는 기념일인데, 한국에서 4월 14일에 열려요. 블랙데이는 발렌타인데이를 혼자서 보낸 사람들에 의해서 자축되죠. 솔로인 사람들이 함께 모여요.

→ _____

_____

_____

Level 10 물론이에요, 나는 좋아하는 기념일이 있어요. 이것은 블랙데이라는 기념일인데, 한국에서 4월 14일에 열려요. 블랙데이는 발렌타인데이를 혼자서 보낸 사람들에 의해서 자축되죠. 솔로인 사람들이 함께 모여 짜장면을 먹어요.

→ _____

_____

_____

Level 11 물론이에요, 나는 좋아하는 기념일이 있어요. 이것은 블랙데이라는 기념일인데, 한국에서 4월 14일에 열려요. 블랙데이는 발렌타인데이를 혼자서 보낸 사람들에 의해서 자축되죠. 커플들을 시기하는 의미로 솔로인 사람들이 함께 모여 짜장면을 먹어요.

→ _____

_____

_____

Step 2 I have one reason why I like this anniversary is because it allows the so-called lonely singles to get together to toast their status. Another reason I like this anniversary is its originality of purpose.

핵심단어 정리 Allow ~: ~을 허락하다, ~하도록 내버려 두다 / To toast: '축배를 들려고' 정도로 해석하면 된다. 한마디로, '즐기려고'의 의미 / Their status: 그의 상태, 사정 / Its originality: 이것의 독창성, 창의; 독창력, 창조력

Level 1   나는 한 가지 이유가 있어요.

→ _____

'예를 들면'이라는 표현 여러 개를 알아두자.
I have one reason은 '이유가 하나 있어요'인데, 이것을 사용하지 않고,
For example, I have one illustration, To illustrate, For instance 등을 사용해도 된다.

Level 2   내가 이 날을 좋아하는 한 가지 이유가 있어요.

→ _____

Level 3   내가 이 날을 좋아하는 한 가지 이유는 왜냐하면,

→ _____

Level 4   내가 이 날을 좋아하는 한 가지 이유는, 이것이 허락해 주기 때문인데

→ _____

Level 5   내가 이 날을 좋아하는 한 가지 이유는, 이것이 허락해 주기 때문인데, 외로운 싱글들이라고 불리는 사람들이 함께 모여

→ _____

_____

Level 6 내가 이 날을 좋아하는 한 가지 이유는 이것이 허락해 주기 때문인데, 외로운 싱글들이라고 불리는 사람들이 함께 모여 자신의 처지를 위해 축배를 들 수 있기 때문이에요.

→ _____

_____

Level 7 내가 이 날을 좋아하는 한 가지 이유는 이것이 허락해 주기 때문인데, 외로운 싱글들이라고 불리는 사람들이 함께 모여 자신의 처지를 위해 축배를 들 수 있기 때문이에요. 내가 이 기념일을 좋아하는 다른 이유는

→ _____

_____

_____

보너스

"Another reason I like"에서 "Another reason why I like" 즉 why가 빠진 것은 아닌가요?

물론 why를 한 번 더 넣어 줘도 되지만, 앞의 문장에서 이미 사용했기 때문에 생략할 수 있다. ^^! 영어는 자꾸 반복하는 것을 정말 싫어하는 경향이 있다.

Level 8 내가 이 날을 좋아하는 한 가지 이유는 이것이 허락해 주기 때문인데, 외로운 싱글들이라고 불리는 사람들이 함께 모여 자신의 처지를 위해 축배를 들 수 있기 때문이에요. 내가 이 기념일을 좋아하는 다른 이유는 목적의 독창성 때문이에요.

→ _____

_____

_____

The idea of such an anniversary adds color, laughs, and a little twist to our lives. This is why I choose Black Day as my favorite anniversary from my country Korea.

핵심단어 정리 a little twist: 작게 꼬인 것은 무엇을 말할까? 하나의 선이 있는데, 그것을 꼬면? 모양이 달라지고, 선의 방향도 달라진다. 따라서 여기에서는 어떤 작은 변화 정도로 해석하면 된다.

Level 1 이런 기념일에 대한 아이디어가

→ _____

Level 2   이런 기념일에 대한 아이디어가 더해줘요.

→ _____

Level 3 이런 기념일에 대한 아이디어가 생기와 웃음과 작은 변화를 더해줘요.

→ _____

Level 4 이런 기념일에 대한 아이디어가 우리의 생활에 생기와 웃음과 작은 변화를 더해줘요.

→ _____

_____

Level 5 이런 기념일에 대한 아이디어가 우리의 생활에 생기와 웃음과 작은 변화를 더해줘요. 이것이 왜 내가 골랐는지

→ _____

_____

Level 6 이런 기념일에 대한 아이디어가 우리의 생활에 생기와 웃음과 작은 변화를 더해줘요. 이것이 왜 내가 블랙데이를 골랐는지

→ _____

_____

Level 7   이런 기념일에 대한 아이디어가 우리의 생활에 생기와 웃음과 작은 변화를 더해줘요. 이것이 왜 내

가 나의 좋아하는 기념일로 블랙데이를 골랐는지

→ _____

_____

Level 8   이런 기념일에 대한 아이디어가 우리의 생활에 생기와 웃음과 작은 변화를 더해줘요. 이것이 왜 내

가 나의 좋아하는 기념일로 블랙데이를 우리나라에서 고른 이유에요.

→ _____

_____

이럴땐 이렇게

Like와 alike의 차이

분명한 것은 like와 alike의 의미상으로 차이가 없다는 것이다. 하지만 like는 두 개의 명사들을 비교할 경우(이것이 이것과 같다)에 사용하고,
alike는 두 개의 명사들이 등장하거나 복수형 뒤에만 사용이 가능하다.

명사	동사	like	명사
This box	is	like	that one

명사	접속사	명사	동사	alike
This box	and	that one	are	alike

명사(복수)	동사	alike
There boxes	are	alike

보너스

as를 like와 같은 의미로 사용해서는 안 된다. 또한, 두 개의 명사를 비교하는 뒤에 **like**를 써도 안 된다.

(틀린 문장) These coats are like.

(맞는 문장) This coat is like that coat. / These coats are alike.

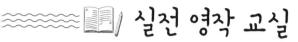

실전 영작 교실

Step 1 다음에 제시된 우리말을 영작해 보세요.

물론, 좋아하는 휴일이 있다. 이것은 대한민국에서 블랙데이라고 불리는 4월 14일이다. 이 날은 발렌타인데이를 혼자 보낸 사람들이 자축하는 날이다. 커플들을 시기하는 의미로 솔로인 사람들이 함께 모여 짜장면을 먹는다. 내가 이 날을 좋아하는 한 가지 이유는 이것이 허락해 주기 때문인데, 외로운 싱글들이라고 불리는 사람들이 함께 모여 자신의 처지를 위해 축배를 들 수 있기 때문이다. 내가 이 기념일을 좋아하는 다른 이유는, 목적의 독창성 때문이다. 이런 기념일에 대한 아이디어가 우리의 생활에 생기와 웃음과 작은 변화를 더해준다. 이것이 내가 우리나라에서 가장 좋아하는 휴일로 블랙데이를 택한 이유이다.

Level up! 고급 영작 교실

우리말을 참고해서, 사진의 내용을 영작해 보세요.

⟨1단계: 한 문장씩 영작해 보기⟩

1 한 남자가 서 있어요 / 서점 밖에 (현재진행)

→ _____

– 한 남자: one man? a man이라고 하는 것이 좋겠다. 처음 등장한 사람이든 물건이든, 부정관사를 붙여 사용하자고 계속 말해
  왔다. 두 번째 등장하면? 당연히 the man이 돼야 한다.

2 많은 책들이 진열되어 있어요 / 나무로 만들어진 책꽂이들에 (There 수동태 구문)

→ _____

– 나무로 만들어진 책꽂이들: wooden shelves

3 남자의 오른쪽으로, 광고판이 하나 있네요. 이것은 새 책을 광고하고 있는데 "도둑"이라고 부르는 것이군
  요. (There + which + 현재진행)

→ _____

– 남자의 오른쪽: man's right
– 광고판: sign 이것도 처음 등장하니, 부정관사(a)를 붙여 줄 것
– 도둑: Thief 책이름, 신문이름 등은 반드시 대문자로 시작할 것

〈2단계: 통째로 다시 써 보기〉

1   한 남자가 서점 밖에 서 있어요. 많은 책들이 나무로 만들어진 책꽂이들에 진열되어 있어요. 남자의 오른
    쪽으로, 광고판이 하나 있네요. 이것은 새 책을 광고하고 있는데 "도둑"이라고 부르는 것이군요.

    → _____

    _____

    _____

    _____

Memorable
event

에세이 시리즈

Is there a memorable event from your country?

당신의 나라에서 기억할 만한 축제가 있다면 말해 보세요.

VITAMINS

매일 먹으면 몸에 좋은 비타민처럼 매일 복습으로 영어 실력 튼튼~

어제 배운 내용을 다시 영작해 보시라. 술술 되시는가? 만일 안 된다면, 복습을 통하여 다시 한 번 써 보고 새로운 과를 시작하시길 바란다. 좋은 말할 때 ^^!

> 물론, 좋아하는 휴일이 있다. 이것은 대한민국에서 블랙데이라고 불리는 4월 14일이다. 이 날은 발렌타인데이를 혼자 보낸 사람들이 자축하는 날이다. 커플들을 시기하는 의미로 솔로인 사람들이 함께 모여 짜장면을 먹는다. 내가 이 날을 좋아하는 한 가지 이유는 이것이 허락해 주기 때문인데, 외로운 싱글들이라고 불리는 사람들이 함께 모여 자신의 처지를 위해 축배를 들 수 있기 때문이다. 내가 이 기념일을 좋아하는 다른 이유는, 목적의 독창성 때문이다. 이런 기념일에 대한 아이디어가 우리의 생활에 생기와 웃음과 작은 변화를 더해준다. 이것이 내가 우리나라에서 가장 좋아하는 휴일로 블랙데이를 택한 이유이다.

TODAY'S 영작교실

어제는 무척이나, 평소에 손에 볼펜 쥐기 힘들어 하던 분들께서 ^^! 라이팅 연습을 많이 하셨을 것이다. 이게 시작이다. 남들이 영작을 잘하는 것을 부러워만 하지 마시고, 그들도 많은 양의 글을 써 보았던 사람들이라는 것을 기억하시길 바란다. 오늘도 많은 양의 쓰기가 제시되고, 반복을 요구할 것이다. 잔소리 말고, 불평 말고, 그리고 이해하려 들지 말고 외워질 때까지 쓰고, 또 쓰는 것만이 그대를 영작의 고수로 만들어 드릴 것이다.^*

오늘의 영작 주제

Is there a memorable event from your country?

당신의 나라에서 기억할 만한 축제가 있다면 말해 보세요.

Step 1 The most memorable event from my country was the 2002 Korea/Japan World Cup. I picked this event without a doubt, because it had brought the whole country together as one.

핵심단어 정리 Memorable event: (…로) 기억할 만한 축제, 잊혀지지 않는 축제 / Pick~: ~을 (신중하게) 고르다 (choose) / Without a doubt: (…에 대한) 의심, 의혹, 의구심 없이 doubt의 발음에 주의한다. '답트'가 아니다, '다우트' 정도로 발음하자. / Had brought~: ~을 가져왔다 과거완료 시제로, 어느 시점부터 과거의 또 어느 시점까지의 벌어진 일을 말한다.

아래의 우리말을 Step1에서 찾아 적어 보세요. Level이 높아질수록 여러분은 어떻게 문장이 구성되는지 알고 그 근본을 따라 문장을 만들어 볼 수 있어요.

Level 1 가장 기억할 만한 축제

→ _____

Level 2 우리나라에서 가장 기억할 만한 축제

→ _____

Level 3 우리나라에서 가장 기억할 만한 축제는 2002 Korea/Japan World Cup이다.

→ _____

Level 4 우리나라에서 가장 기억할 만한 축제는 2002 Korea/Japan World Cup이다. 나는 이 축제를 골랐다.

→ _____

Level 5 우리나라에서 가장 기억할 만한 축제는 2002 Korea/Japan World Cup이다. 나는 의심의 여지없이
이 축제를 골랐다.

→ _____

Level 6 우리나라에서 가장 기억할 만한 축제는 2002 Korea/Japan World Cup이다. 나는 의심의 여지없이
이 축제를 골랐다. 왜냐하면 이것은 되도록 했기 때문이다.

→ _____

_____

Level 7 우리나라에서 가장 기억할 만한 축제는 2002 Korea/Japan World Cup이다. 나는 의심의 여지없이
이 축제를 골랐다. 왜냐하면 이것은 우리나라 전체가 하나가 되도록 했기 때문이다.

→ _____

_____

Step 2 Firstly, Korea not only made headlines for the players' scores and
possibilities at the World Cup, but also they made headlines for the unity
of the country. Secondly, Korea was able to prove to the other nations
that we were not as weak and deprived as we were estimated to be.

핵심단어 정리   Headlines: 방송이나, 뉴스프로그램 앞뒤에 읽는 주요 뉴스 또는 제목을 말함 / Unity: 단합, 결속성; 단일[통일]체, 일치 / Prove~: …임을 보여주다, 입증하다; [역량이 있음]을 보여주다 / Deprived: 빈곤한, 풍족하지 못한 / Estimated to be~: 어림 잡아, 추측[예상]되었던, 평가되었던

Level 1   첫째로, 한국은 기사를 만드는 것뿐만 아니라

→ _____

보너스

'첫째' vs. '첫째로'의 차이가 궁금해요.

이유와 예를 나열할 때에, 첫째로, 둘째로 하면서, 나열하는 것이 원칙이다. 하지만 이것에도 원칙은 있다. 예를 들면, First라고 시작했다면, 다음에는 반드시, Second가 나와야 한다. 이 경우에, secondly라고 하면, 어색해진 다. 또 First of all로 시작했다면, In addition이라고 하는 것이 더 보기 좋다. Second나 Secondly라고 하면 안 된다. 또 Firstly로 시작한 경우는 반드시, Secondly를 사용하여 연결하는 것이 좋다.

Level 2   첫째로, 한국은 선수들의 득점과 가능성들을 기사를 만드는 것뿐만 아니라

→ _____

Level 3   첫째로, 한국은 선수들의 월드컵에서의 득점과 가능성들을 기사를 만드는 것뿐만 아니라

→ _____

Level 4   첫째로, 한국은 선수들의 월드컵에서의 득점과 가능성들을 기사를 만드는 것뿐만 아니라, 그들은 또 한 기사를 만들었다.

→ _____

Level 5   첫째로, 한국은 선수들의 월드컵에서의 득점과 가능성들을 기사를 만드는 것뿐만 아니라, 그들은 또 한 한국의 단합에 대해서도 기사를 만들었다.

→ _____

_____

Level 6 첫째로, 한국은 선수들의 월드컵에서의 득점과 가능성들을 기사를 만드는 것뿐만 아니라, 그들은 또한 한국의 단합에 대해서도 기사를 만들었다. 둘째로, 한국은 증명했다.

→ _____

_____

Level 7 첫째로, 한국은 선수들의 월드컵에서의 득점과 가능성들을 기사를 만드는 것뿐만 아니라, 그들은 또한 한국의 단합에 대해서도 기사를 만들었다. 둘째로, 한국은 다른 나라들에게 증명했다.

→ _____

_____

_____

Level 8 첫째로, 한국은 선수들의 월드컵에서의 득점과 가능성들을 기사를 만드는 것뿐만 아니라, 그들은 또한 한국의 단합에 대해서도 기사를 만들었다. 둘째로, 한국은 다른 나라들에게 약하고 빈곤하지 않다는 것을 증명했다.

→ _____

_____

_____

Level 9 첫째로, 한국은 선수들의 월드컵에서의 득점과 가능성들을 기사를 만드는 것뿐만 아니라, 그들은 또한 한국의 단합에 대해서도 기사를 만들었다. 둘째로, 한국은 다른 나라들에게 우리가 평가당했던 것만큼, 약하고 빈곤하지 않다는 것을 증명했다.

→ _____

_____

_____

Step 3 I believe that through this event, Korea was able to come together and
pull off the biggest challenge and make history for all Korean citizens.
These are the reasons why the 2002 Korea/Japan World Cup was the most
memorable event from my country.

핵심단어 정리 Through: ~을 지나서, 통과하여(past) / Come together: 함께 가다, 함께 이루어내다 / Pull off: 사전적인 의미는 '무엇을 잡아 뽑은 것'이지만, 여기서는 도전을 뽑아 내어 버렸기 때문에, 그 도전을 이겨 낸 것으로 해석하자. / Challenge 어떠한 과제, 도전, 난제 / Make history: 역사를 만들다

Level 1 나는 믿는다.

→ _____

Level 2 나는 이 축제를 통해 믿는다.

→ _____

Level 3 나는 이 축제를 통해 한국은 하나가 될 수 있었다고 믿는다.

→ _____

Level 4 나는 이 축제를 통해 한국은 하나가 될 수 있었고, 큰 도전을 이겨냈다고 믿는다.

→ _____

Level 5 나는 이 축제를 통해 한국은 하나가 될 수 있었고, 큰 도전을 이겨냈고, 역사를 만들어 냈다고 믿는다.

→ _____

_____

Level 6 나는 이 축제를 통해 한국은 하나가 될 수 있었고, 큰 도전을 이겨냈고, 모든 한국 사람들이 역사를 만들어 냈다고 믿는다.

→ _____

_____

Level 7 나는 이 축제를 통해 한국은 하나가 될 수 있었고, 큰 도전을 이겨냈고, 모든 한국 사람들이 역사를 만들어 냈다고 믿는다. 이런 것들이 이유들이다.

→ _____

_____

Level 8 나는 이 축제를 통해 한국은 하나가 될 수 있었고, 큰 도전을 이겨냈고, 모든 한국 사람들이 역사를 만들어 냈다고 믿는다. 이런 것들이 2002 Korea/Japan World Cup이 가장 기억에 남는 축제인 이유들이다.

→ _____

_____

_____

Level 9 나는 이 축제를 통해 한국은 하나가 될 수 있었고, 큰 도전을 이겨냈고, 모든 한국 사람들이 역사를 만들어 냈다고 믿는다. 이런 것들이 2002 Korea/Japan World Cup이 우리나라에서의 가장 기억에 남는 축제인 이유들이다.

→ _____

_____

_____

이럴땐 이렇게

상관접속사에서 동사의 사용

상관접속사는 두 개 이상의 단어가 짝을 이루어 한 문장 안의 다른 어구들을 연결한다.

1) 항상 복수동사를 사용해야 하는 것

Both A and B(A와 B 둘 다)

Both ice cream and cake are my favorites. 아이스크림과 케이크 둘 다 내가 좋아하는 것이다.

2) 뒤에 나오는 B에 해당하는 동사의 수 일치를 해야 하는 것

not A but B(A가 아닌 B)

It is not price but quality that sells our pianos. 우리의 피아노는 가격이 아닌 품질이다.

either A or B(A 또는 B)

Either writing or phoning is useful to order a copy of the certification. 증명서를 주문할 때에 서면 또는 전화는 유용하게 쓰인다.

neither A nor B(A도 B도 아니다)

Neither the television nor the Internet works properly. 텔레비전도 인터넷도 적절하게 작동하는 것이 아니다.

not only A but also B(A뿐만 아니라 B 역시)

Not only does she speak English, but also she knows how to type with a word processor.

그녀는 영어를 말하는 것뿐만 아니라, 워드 프로세서 사용법도 알고 있다.

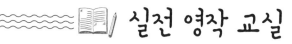 실전 영작 교실

다음에 제시된 우리말을 영작해 보세요.

우리나라의 가장 기억할 만한 축제는 2002 한일 월드컵이었다. 나는 이것을 의심의 여지없이 선택했는데, 왜냐하면 이것이 우리나라가 하나가 되도록 했기 때문이다. 첫째로, 한국은 선수들의 월드컵에서의 득점과 가능성으로 기사를 만드는 것뿐만 아니라, 한국의 단합에 대해서도 기사를 만들었다. 둘째로, 한국은 다른 나라들에게, 우리가 평가당했던 것만큼, 약하고 빈곤하지 않다는 것을 증명했다. 나는 이 축제를 통해 한국이 하나가 될 수 있었고, 큰 도전을 이겨냈고, 모든 한국 사람들이 역사를 만들어 냈다고 믿는다. 이런 것들이 우리나라에서의 가장 기억에 남는 축제가 2002 한일 월드컵인 이유들이다.

 # Level up! 고급 영작 교실

우리말을 참고해서, 사진의 내용을 영작해 보세요.

⟨1단계: 한 문장씩 영작해 보기⟩

1 많은 사람들이 앉아 있어요 / 작은 테이블들 주위에 / 한 넓게 열린 지역에서 / 천장이 높은 (수동태 + at
+ in + with: 전치사 주의)

→ _____

– 많은 사람들: many people
– 천장: ceiling

2 많은 사람들은 즐겨요 / 마시는 것을 / 청량음료를 (현재진행)

→ _____

– 많은 사람들: many of the people 많은 사람들이란 표현이 두 번째로 등장하기 때문에 정관사 the를 붙여 주자. The many
people이라고는 쓰지 않는다. ^^!
– 음료: sodas 흔히 콜라, 사이다 등과 같은 것을 말한다. 물은? 그야 water다.

3 화분들이 좀 있어요 / 사람들 주위에 (There 구문)

→ _____

– 화분: potted tree

〈2단계: 통째로 다시 써 보기〉

1 많은 사람들이 천장이 높은 한 넓게 열린 지역에서 작은 테이블들 주위에 앉아 있어요. 많은 사람들은 청량음료를 마시는 것을 즐겨요. 사람들 주위에는 화분들이 좀 있어요.

→ _____

_____

_____

_____

[정답 확인하기]

Step 1 1) The most memorable event 2) The most memorable event from my country 3) The most memorable event from my country was the 2002 Korea/Japan World Cup. 4) The most memorable event from my country was the 2002 Korea/Japan World Cup. I picked this event 5) The most memorable event from my country was the 2002 Korea/Japan World Cup. I picked this event without a doubt, 6) The most memorable event from my country was the 2002 Korea/Japan World Cup. I picked this event without a doubt, because it had brought 7) The most memorable event from my country was the 2002 Korea/Japan World Cup. I picked this event without a doubt, because it had brought the whole country together as one.

Step 2 1) Firstly, Korea not only made headlines 2) Firstly, Korea not only made headlines for the players' scores and possibilities 3) Firstly, Korea not only made headlines for the players' scores and possibilities at the World Cup, 4) Firstly, Korea not only made headlines for the players' scores and possibilities at the World Cup, but also they made headlines 5) Firstly, Korea not only made headlines for the players' scores and possibilities at the World Cup, but also they made headlines for the unity of the country. 6) Firstly, Korea not only made headlines for the players' scores and possibilities at the World Cup, but also they made headlines for the unity of the country. Secondly, Korea was able to prove 7) Firstly, Korea not only made headlines for the players' scores and possibilities at the World Cup, but also they made headlines for the unity of the country. Secondly, Korea was able to prove to the other nations 8) Firstly, Korea not only made headlines for the players' scores and possibilities at the World Cup, but also they made headlines for the unity of the country. Secondly, Korea was able to prove to the other nations that we were not as weak and deprived 9) Firstly, Korea not only made headlines for the players' scores and possibilities at the World Cup, but also they made headlines for the unity of the country. Secondly, Korea was able to prove to the other nations that we were not as weak and deprived as we were estimated to be.

Step 3 1) I believe 2) I believe that through this event, 3) I believe that through this event, Korea was able to come together 4) I believe that through this event, Korea was able to come together and pull off the biggest challenge 5) I believe that through this event, Korea was able to come together and pull off the biggest challenge and make history 6) I believe that through this event, Korea was able to come together and pull off the biggest challenge and make history for all Korean citizens. 7) I believe that through this event, Korea was able to come together and pull off the biggest challenge and make history for all Korean citizens. These are the reasons 8) I believe that through this event, Korea was able to come together and pull off the biggest challenge and make history for all Korean citizens. These are the reasons why the 2002 Korea/Japan World Cup was the most memorable event 9) I believe that through this event, Korea was able to come together and pull off the biggest challenge and make history for all Korean citizens. These are the reasons why the 2002 Korea/Japan World Cup was the most memorable event from my country.

실전 영작 교실 The most memorable event from my country was the 2002 Korea/Japan World Cup. I picked this event without a doubt because it had brought the whole country together as one. Firstly, Korea not only made headlines for the players' goals and possibilities at the World Cup, but also they made headlines for uniting the country. Secondly, Korea was able to prove to the other nations that we were not as weak and deprived as we were believed to be. I believe that through this event, Korea was able to come together and pull off the biggest challenge and make history for all Korean citizens. These are the reasons why the 2002 Korea/Japan World Cup was the most memorable event from my country.

Level up! 1) Many people are seated at small tables in a large, open area with a very high ceiling. 2) Many of the people are enjoying sodas. 3) There are some potted trees near the people.

The most
influence

Who has influenced your life the most?

너의 인생에서 누가 가장 영향을 미쳤는가?

VITAMINS

매일 먹으면 몸에 좋은 비타민처럼 매일 복습으로 영어 실력 튼튼~

어제 배운 내용을 다시 영작해 보시라. 술술 되시는가? 만일 안 된다면, 복습을 통하여 다시 한 번 써 보고 새로운 과를 시작하시길 바란다. 좋은 말할 때 ^^!

우리나라의 가장 기억할 만한 축제는 2002 한일 월드컵이었다. 나는 이것을 의심의 여지없이 선택했는데, 왜냐하면 이것이 우리나라가 하나가 되도록 했기 때문이다.

첫째로, 한국은 선수들의 월드컵에서의 득점과 가능성으로 기사를 만드는 것뿐만 아니라, 한국의 단합에 대해서도 기사를 만들었다. 둘째로, 한국은 다른 나라들에게, 우리가 평가당했던 것만큼, 약하고 빈곤하지 않다는 것을 증명했다. 나는 이 축제를 통해 한국이 하나가 될 수 있었고, 큰 도전에서 이겨냈고, 모든 한국 사람들이 역사를 만들어 냈다고 믿는다. 이런 것들이 우리나라에서의 가장 기억에 남는 축제가 2002 한일 월드컵인 이유들이다.

TODAY'S 영작교실

작심삼일이라는 말. 그리 듣기 좋은 소리는 아니다. 하지만 제발 작심삼일만이라도 하시길 바란다. 왜냐하면 3일 공부하고, 하루 포기해 놓고, 또 3일 공부하고... 와우! 일주일에 6일을 공부할 수 있네요. ^^! 오늘도 많은 양의 쓰기가 제시되고, 반복을 요구할 것이다. 잔소리 말고, 불평 말고, 그리고 이해하려 들지 말고 외워질 때까지 쓰고, 또 쓰는 것만이 그대를 영작의 고수로 만들어 드릴 것이다. ^^

오늘의 영작 주제

Who has made the most influence in your life?

너의 인생에서 누가 가장 영향을 미쳤는가?

Step 1 The one person that has made the biggest influence in my life was my portfolio professor from college. Being the carefree, open-minded person my professor was, he always encouraged me to let go of expectations and obligations and to challenge myself with my own desires and interests.

핵심단어 정리 the biggest influence: 가장 큰 영향(력), 감화(력), (…을 좌우하는) 힘 / Carefree: 근심[걱정]이 없는, 태평한 등의 뜻을 갖고, 구어체에서 종종 경멸적인 표현으로 '무책임한'이라는 의미를 갖기도 한다. / Encourage: …에게 용기를 북돋워 주다, 기운을 내게 하다, …을 격려하다, …에게 자신을 갖게 하다 / Expectation: (종종 ~s) 예상, 예기, 기대 / Obligation: …에 대한 책무, 의무

아래의 우리말을 Step1에서 찾아 적어 보세요. Level이 높아질수록 여러분은 어떻게 문장이 구성되는지 알고 그 근본을 따라 문장을 만들어 볼 수 있어요.

Level 1 가장 큰 영향을 미친 한 사람은

→ _____

Level 2 내 인생에서 가장 큰 영향을 미친 한 사람은

→ _____

Level 3 내 인생에서 가장 큰 영향을 미친 한 사람은 나의 portfolio 교수였다.

→ _____

Level 4 내 인생에서 가장 큰 영향을 미친 한 사람은 대학의 내 portfolio 교수였다.

→ _____

Level 5 내 인생에서 가장 큰 영향을 미친 한 사람은 대학의 내 portfolio 교수였다. 근심이 없고

→ _____

Level 6 내 인생에서 가장 큰 영향을 미친 한 사람은 대학의 내 portfolio 교수였다. 근심이 없고, 열린 마음이었던 그 교수는,

→ _____

_____

Level 7 내 인생에서 가장 큰 영향을 미친 한 사람은 대학의 내 portfolio 교수였다. 근심이 없고, 열린 마음이었던 그 교수는, 항상 격려해 주었다.

→ _____

_____

Level 8 내 인생에서 가장 큰 영향을 미친 한 사람은 대학의 내 portfolio 교수였다. 근심이 없고, 열린 마음이었던 그 교수는, 내가 기대와 의무를 놓고 항상 격려해 주었다.

→ _____

_____

Level 9 내 인생에서 가장 큰 영향을 미친 한 사람은 대학의 내 portfolio 교수였다. 근심이 없고, 열린 마음

이었던 그 교수는, 내가 기대와 의무를 놓고 나의 욕구와 흥미에 도전하기를 항상 격려해 주었다.

→ _____

_____

_____

Step 2 Through him, I was able to learn that it is okay to make mistakes and to take life one–step at a time. It is not the amount of time that it takes for you to achieve your goals, but the efforts, motives, and the experiences.

핵심단어 정리   Amount: 돈 · 분량 · 무게 따위의 총계, 총액을 말하며, 반드시 정관사 the를 붙여 준다. / To achieve: ～을 이루다, 성취하다, 달성하다(accomplish), 획득하다 / Effort: 노력, 수고 / Motive: 흔히 '모티브'라고 말하는 단어가 바로 이 단어다. 어떤 행동의 동기 또는 목적을 말한다.

Level 1 그를 통하여

→ _____

Level 2 그를 통하여, 나는 배울 수 있었다.

→ _____

Level 3 그를 통하여, 나는 실수하는 것이 괜찮다는 것을 배울 수 있었다.

→ _____

Level 4 그를 통해 나는 실수하는 것이 괜찮고, 인생은 한 번에 한 발자국씩 나아가는 것이라는 것을 배울 수 있었다.

→ _____

_____

Level 5 그를 통해 나는 실수하는 것이 괜찮고, 인생은 한 번에 한 발자국씩 나아가는 것이라는 것을 배울 수 있었다. 이것은 시간의 양이 아니다.

→ _____

_____

Level 6　그를 통해 나는 실수하는 것이 괜찮고, 인생은 한 번에 한 발자국씩 나아가는 것이라는 것을 배울 수 있었다. 당신의 목표들을 성취하기 위해 드는 것은 시간의 양이 아니다.

→ _____

_____

Level 7　그를 통해 나는 실수하는 것이 괜찮고, 인생은 한 번에 한 발자국씩 나아가는 것이라는 것을 배울 수 있었다. 당신의 목표들을 성취하기 위해 드는 것은 시간의 양이 아니라, 노력이고,

→ _____

_____

_____

Level 8　그를 통해 나는 실수하는 것이 괜찮고, 인생은 한 번에 한 발자국씩 나아가는 것이라는 것을 배울 수 있었다. 당신의 목표들을 성취하기 위해 드는 것은 시간의 양이 아니라, 노력이고, 동기고, 경험 이라는 것이다.

→ _____

_____

_____

Step 3　**Because my professor has brought me to this realization, I can say that he has been the biggest influence in my life.**

핵심단어 정리　Realization: 실현시킨 것, 달성된 것, 결국 어떤 생각, 일을 현실로 만든 것을 말한다.

Level 1　나의 교수님 때문에

→ _____

Level 2　나의 교수님께서 나에게 주셨기 때문에

→ _____

Level 3 나의 교수님께서 이런 깨달음을 나에게 주셨기 때문에

→ _____

Level 4 나의 교수님께서 이런 깨달음을 나에게 주셨기 때문에, 나는 말할 수 있다.

→ _____

Level 5 나의 교수님께서 이런 깨달음을 나에게 주셨기 때문에, 나는 그가 가장 영향을 미쳤다고 말할 수 있다.

→ _____

_____

Level 6 나의 교수님께서 이런 깨달음을 나에게 주셨기 때문에, 나는 그가 나의 인생에서 가장 영향을 미쳤다고 말할 수 있다.

→ _____

_____

이럴땐 이렇게

부사처럼 보이는 형용사

명사 + ly = 형용사이고, 형용사 + ly는 부사인 것을 주의해야 한다. 왜냐하면 다음과 같이 뒤가 ly로 끝나는 형용사를 부사로 혼동하지 않도록 해야 한다.

Daily(weekly, monthly, quarterly) 매일의(매주의, 매달의, 1년에 4회의)
Friendly 친절한
Likely(unlikely) ~할 것 같은(~할 것 같지 않은)
Lively 기운찬, 활발한
Lovely 사랑스러운, 아름다운
Timely 시기 적절한

The computer system is inspected three times a day. (daily) 이 컴퓨터 시스템은 하루 세 번씩 점검된다.
This is a very friend helpful place. (friendly) 이곳은 매우 유익한 장소이다.
It is like to rain in the mountain. (likely) 산에 비가 올 것 같다.
Tom is a live, fun-loving boy. (lively) 탐은 생기 있고 장난을 좋아하는 소년이다.
This hotel has a love view. (lovely) 이 호텔은 아름다운 전망을 가지고 있다.
He handled the problem in a time manner. (timely) 그 문제를 다루는 시기 적절한 방법이었다.

 실전 영작 교실

Step 1 다음에 제시된 우리말을 영작해 보세요.

내 인생에서 가장 큰 영향을 미친 한 사람은 대학의 내 portfolio 교수였다. 근심이 없고, 열린 마음이었던 그 교수는, 내가 기대와 의무를 놓고 나의 욕구와 흥미에 도전하기를 항상 격려해 주었다. 그를 통해 나는 실수하는 것이 괜찮고, 인생은 한 번에 한 발자국씩 나아가는 것이라는 것을 배울 수 있었다. 당신의 목표들을 성취하기 위해 드는 것은 시간의 양이 아니라, 노력이요, 동기요, 경험이라는 것이다. 나의 교수님께서 이런 깨달음을 나에게 주셨기 때문에 그가 나의 인생에서 가장 영향을 미쳤다고 말할 수 있다.

_____

_____

_____

_____

_____

Level up! 고급 영작 교실

우리말을 참고해서, 사진의 내용을 영작해 보세요.

〈1단계: 한 문장씩 영작해 보기〉

1 한 그룹의 비즈니스맨들이 걸어 가고 있어요 / 통로를 따라 (현재진행)

→ _____

 – 통로: walkway 물론, Hallway(복도)를 써도 되겠지만, 일반적인 통로의 의미로 walkway를 쓰는 것이 좋다.
 – 한 그룹: A group of 몰려 다니는 사람을 한마디로 그룹이라고 하는데, 이 경우에는 동격 구문을 이용하여 A of B의 형태로 쓰면 된다.

2 그들 각자는 입고 있어요 / 정장을 / 그리고 / 한 명은 메고 있네요 / 가방을 (현재진행 + and + 현재진행)

→ _____

 – 정장: suit 여러 사람이 입고 있으니까 suits로 바꾸어 사용하자.
 – 한 명: one 이 경우에 one man이라고 해도 되지만, 영어에서는 중복을 싫어하기 때문에 man은 빼고 one만 써도 된다. A man 이나 another man이라고만은 쓰지 말자.

3 상점들이 보여요 / 그들 오른쪽으로 (There 구문)

→ _____

 – 상점: shop store를 쓰면 안 될까 하고 꼭 궁금하신 분들, store와 shop의 차이가 뭘까? [상점] ((美)) a store; ((英)) a shop; [시장의 매점] a booth; [노점 따위] a stall; a stand; a booth; 이정도!

4 그들은 걸어 가고 있어요 / 천연색의 카펫 위로 (현재진행)

→ _____

– 천연색: colorful 천연이라는 말은 자연이라는 의미기 때문에 natural color를 쓰는 것도 좋은데, 자연에는 수많은 색이 있으니까, 형용사로 해서 colorful을 사용했다. 일종의 의역이다. A natural color carpet이라고 하면 말이 너무 길어진다.

〈2단계: 통째로 다시 써 보기〉

1 한 그룹의 비즈니스맨들이 통로를 걸어 가고 있어요. 그들 각자는 정장을 입고 있고, 한 명은 가방을 메고 있네요. 그들 오른쪽으로 상점들이 보여요. 그들은 천연색의 카펫 위로 걸어 가고 있어요.

→ _____

_____

_____

_____

[정답 확인하기]

Step 1   1) The one person that has made the biggest influence 2) The one person that has made the biggest influence in my life was 3) The one person that has made the biggest influence in my life was my portfolio professor 4) The one person that has made the biggest influence in my life was my portfolio professor from college. 5) The one person that has made the biggest influence in my life was my portfolio professor from college. Being the carefree. 6) The one person that has made the biggest influence in my life was my portfolio professor from college. Being the carefree, open-minded person my professor was, 7) The one person that has made the biggest influence in my life was my portfolio professor from college. Being the carefree, open-minded person my professor was, he always encouraged me 8) The one person that has made the biggest influence in my life was my portfolio professor from college. Being the carefree, open-minded person my professor was, he always encouraged me to let go of expectations and obligations 9) The one person that has made the biggest influence in my life was my portfolio professor from college. Being the carefree, open-minded person my professor was, he always encouraged me to let go of expectations and obligations and to challenge myself with my own desires and interests.

Step 2   1) Through him, 2) Through him, I was able to learn 3) Through him, I was able to learn that it is okay to make mistakes 4) Through him, I was able to learn that it is okay to make mistakes and to take life one-step at a time. 5) Through him, I was able to learn that it is okay to make mistakes and to take life one-step at a time. It is not the amount of time 6) Through him, I was able to learn that it is okay to make mistakes and to take life one-step at a time. It is not the amount of time that it takes for you to achieve your goals, 7) Through him, I was able to learn that it is okay to make mistakes and to take life one-step at a time. It is not the amount of time that it takes for you to achieve your goals, but the efforts, 8) Through him, I was able to learn that it is okay to make mistakes and to take life one-step at a time. It is not the amount of time that it takes for you to achieve your goals, but the efforts, motives, and the experiences.

Step 3   1) Because my professor 2) Because my professor has brought me 3) Because my professor has brought me to this realization, 4) Because my professor has brought me to this realization, I can say 5) Because my professor has brought me to this realization, I can say that he has been the biggest influence 6) Because my professor has brought me to this realization, I can say that he has been the biggest influence in my life.

실전 영작 교실   The one person that has made the biggest influence in my life was my portfolio professor from college. Being the carefree, open-minded person my professor was, he always encouraged me to let go of my expectations and obligations and to challenge myself with my own desires and interests. Through him, I was able to learn that it is okay to make mistakes and to take life one step at a time. It is not the amount of time that it takes for you to achieve your goals but the efforts, motives, and the experiences. Because my professor brought me to this realization, I can say that he has been the biggest influence in my life.

Level up!   1) A group of businessmen are walking down a walkway. 2) Each of them is wearing suits, and one is carrying a bag. 3) There are shops on their right. 4) They are walking across a colorful carpet.

DAY
19

Favorite
public place

Do you have a favorite park or other public place you like to visit?

당신은 방문하고 싶은 공원이나, 다른 공공 장소가 있나?

VITAMINS

매일 먹으면 몸에 좋은 비타민처럼 매일 복습으로 영어 실력 튼튼~

어제 배운 내용을 다시 영작해 보시라. 술술 되시는가? 만일 안 된다면, 복습을 통하여 다시 한 번 써 보고 새로운 과를 시작하시길 바란다. 좋은 말할 때 ^^!

내 인생에서 가장 큰 영향을 미친 한 사람은 대학의 내 portfolio 교수였다. 근심이 없고, 열린 마음이었던 그 교수는, 내가 기대와 의무를 놓고 나의 욕구와 흥미에 도전하기를 항상 격려해주었다. 그를 통해 나는 실수하는 것이 괜찮고, 인생은 한 번에 한 발자국씩 나아가는 것이라는 것을 배울 수 있었다. 당신의 목표들을 성취하기 위해 드는 것은 시간의 양이 아니라, 노력이요, 동기요, 경험이라는 것이다.
나의 교수님께서 이런 깨달음을 나에게 주셨기 때문에 그가 나의 인생에서 가장 영향을 미쳤다고 말할 수 있다.

_____

_____

_____

_____

_____

_____

_____

TODAY'S 영작교실

오늘이 벌써 네 번째 시간이 되었다. 평소 안 쓰다가 쓰기 시작하니, 손가락에 굳은 살 박힐까 걱정하는 분들의 한숨 소리가 여기 미국까지 들려오는 듯하다. ^^! 이렇게 써 볼 기회가 앞으로 또 얼마나 있겠는가! 힘내시라. 잔소리 말고, 불평 말고, 그리고 이해하려 들지 말고 외워질 때까지 쓰고, 또 쓰는 것만이 그대를 영작의 고수로 만들어 드릴 것이다. ^*

오늘의 영작 주제

Do you have a favorite park or other public places you like to visit?

당신이 가기 좋아하는 공공 장소가 있나?

Step 1 Yes, I do have a favorite park or other public places that I like to visit. I enjoy visiting the beach in Santa Monica. I cannot describe in words the feeling, which I get when I go to the beach.

핵심단어 정리 Enjoy + ~ing(동명사): ~(동명사)을 즐기다 / Describe ~: ~의 특징을 말하다, 상황을 설명하다 / Get: 이 단어의 잘 알려진 뜻은 '무엇인가를 갖다'라는 것인데, 여기에서는 '어떤 상태가 되다'의 의미로 쓰였다.

아래의 우리말을 Step1에서 찾아 적어 보세요. Level이 높아질수록 여러분은 어떻게 문장이 구성되는지 알고 그 근본을 따라 문장을 만들어 볼 수 있어요.

Level 1 예, 나는 있어요

→ _____

Level 2 예, 나는 좋아하는 공원이 있어요.

→ _____

Level 3 예, 나는 좋아하는 공원 또는 다른 공공 장소가 있어요.

→ _____

보너스

"other public places that I like to visit"에서 that 대신에, which를 써도 되나요?

물론입니다. 관계대명사 that은 선행사가 사람인 경우만을 제외하고 사용이 가능하고, 또 선행사가 사물인 경우에는 that보다는, which를 쓰는 것이 더 문법(!)적입니다.

Level 4 예, 나는 방문하고 싶은 좋아하는 공원 또는 다른 공공 장소가 있어요.

→ _____

Level 5 예, 나는 방문하고 싶은 좋아하는 공원 또는 다른 공공 장소가 있어요. 나는 방문하는 것을 즐겨요.

→ _____

Level 6 예, 나는 방문하고 싶은 좋아하는 공원 또는 다른 공공 장소가 있어요. 나는 Santa Monica에 있는 해변을 방문하는 것을 즐겨요.

→ _____

_____

Level 7 예, 나는 방문하고 싶은 좋아하는 공원 또는 다른 공공 장소가 있어요. 나는 Santa Monica에 있는 해변을 방문하는 것을 즐겨요. 나는 설명할 수 없어요.

→ _____

_____

Level 8 예, 나는 방문하고 싶은 좋아하는 공원 또는 다른 공공 장소가 있어요. 나는 Santa Monica에 있는 해변을 방문하는 것을 즐겨요. 나는 말로는 설명할 수 없어요.

→ _____

_____

Level 9 예, 나는 방문하고 싶은 좋아하는 공원 또는 다른 공공 장소가 있어요. 나는 Santa Monica에 있는 해변을 방문하는 것을 즐겨요. 나는 그 기분을 말로는 설명할 수 없어요.

→ _____

_____

Level 10 예, 나는 방문하고 싶은 좋아하는 공원 또는 다른 공공 장소가 있어요. 나는 Santa Monica에 있는 해변을 방문하는 것을 즐겨요. 나는 내가 받는 그 기분을 말로는 설명할 수 없어요.

→ _____

_____

Level 11 예, 나는 방문하고 싶은 좋아하는 공원 또는 다른 공공 장소가 있어요. 나는 Santa Monica에 있는 해변을 방문하는 것을 즐겨요. 나는 내가 해변을 방문했을 때 받는 그 기분을 말로는 설명할 수 없어요.

→ _____

_____

Step 2 Standing under the warm sun with wide spread sand and endless ocean, it feels as if I have won over the world. My heart opens up, all my worries disappear, and everything seems to be possible. It almost seems to be my very own fantasyland.

핵심단어 정리 Endless: 끝없는, 무한한, 영원한 알다시피, 이 단어는 형용사고 여기 뒤에 ness를 붙이면, 명사가 된다. Endlessness 끝없음, 무한, 영원 / Win over: 설득하다, 자기편으로 끌어들이다 / Disappear: 보이지 않게 되다, (시야에서) 사라지다, 모습을 감추다 / Fantasyland 꿈나라, 동화의 나라의 의미이고, 구어체에서 익살맞은 표현으로 잠(dreamland)을 말하기도 한다.

Level 1 따뜻한 태양 아래 서 있는 것

→ _____

Level 2 넓게 펼쳐진 모래와 따뜻한 태양 아래 서 있는 것

→ _____

Level 3 넓게 펼쳐진 모래와 끝없는 바다와 따뜻한 태양 아래 서 있는 것

→ _____

Level 4 넓게 펼쳐진 모래와 끝없는 바다와 따뜻한 태양 아래 서 있는 것, 이 느낌은

→ _____

_____

Level 5 넓게 펼쳐진 모래와 끝없는 바다와 따뜻한 태양 아래 서 있는 것, 이 느낌은 마치 세상을 다 가진 듯 해요.

→ _____

_____

Level 6 넓게 펼쳐진 모래와 끝없는 바다와 따뜻한 태양 아래 서 있는 것, 이 느낌은 마치 세상을 다 가진 듯 해요. 내 가슴이 열리고,

→ _____

_____

Level 7 넓게 펼쳐진 모래와 끝없는 바다와 따뜻한 태양 아래 서 있는 것, 이 느낌은 마치 세상을 다 가진 듯 해요. 내 가슴이 열리고, 나의 모든 걱정이 사라지고,

→ _____

_____

Level 8 넓게 펼쳐진 모래와 끝없는 바다와 따뜻한 태양 아래 서 있는 것, 이 느낌은 마치 세상을 다 가진 듯 해요. 내 가슴이 열리고, 나의 모든 걱정이 사라지고, 그리고 모든 것들이 같아 보여요.

→ _____

_____

Level 9 넓게 펼쳐진 모래와 끝없는 바다와 따뜻한 태양 아래 서 있는 것, 이 느낌은 마치 세상을 다 가진 듯

해요. 내 가슴이 열리고, 나의 모든 걱정이 사라지고, 그리고 모든 것들이 가능할 것 같아 보여요.

→ _____ __ _____

_____

_____

Level 10 넓게 펼쳐진 모래와 끝없는 바다와 따뜻한 태양 아래 서 있는 것, 이 느낌은 마치 세상을 다 가진

듯해요. 내 가슴이 열리고, 나의 모든 걱정이 사라지고, 그리고 모든 것들이 가능할 것 같아 보여요.

그것은 마치 같아요.

→ _____

_____

_____

Level 11 넓게 펼쳐진 모래와 끝없는 바다와 따뜻한 태양 아래 서 있는 것, 이 느낌은 마치 세상을 다 가진

듯해요. 내 가슴이 열리고, 나의 모든 걱정이 사라지고, 그리고 모든 것들이 가능할 것 같아 보여요.

그것은 마치 나만의 환상의 섬에 있는 것 같아요.

→ _____

_____

_____

Step 3 It allows me to put everything aside and believe that there is no other

chaotic, stress filled life outside of the beach. I love the freedom, which

it gives me, and that is why the beach is my favorite public place I like to

visit.

핵심단어 정리   Allow ～ to do: ～을 허가하다, 허락하다 / Aside: 의도 · 목적 · 문제 따위에서 떠나서, 벗어나 / Chaotic: 대혼란의, 무질서한,
혼돈된

Level 1 이것은 나를 하게 해줘요.

→ _____

Level 2 이것은 나를 모든 것으로부터 벗어 나게 해줘요.

→ _____

Level 3 이것은 나를 모든 것으로부터 벗어 나게 해줘요. 그리고 믿게 해줘요.

→ _____

Level 4 이것은 나를 모든 것으로부터 벗어 나게 해줘요. 그리고 거기에는 다른 혼돈이 없을 것이라고 믿게
해줘요.

→ _____

_____

Level 5 이것은 나를 모든 것으로부터 벗어 나게 해줘요. 그리고 거기에는 다른 혼돈과 스트레스로 가득 찬
삶이 없을 것이라고 믿게 해줘요.

→ _____

_____

Level 6 이것은 나를 모든 것으로부터 벗어 나게 해줘요. 그리고 거기에는 해변 밖의 다른 혼돈과 스트레스
로 가득 찬 삶이 없을 것이라고 믿게 해줘요.

→ _____

_____

Level 7 이것은 나를 모든 것으로부터 벗어 나게 해줘요. 그리고 거기에는 해변 밖의 다른 혼돈과 스트레스
로 가득 찬 삶이 없을 것이라고 믿게 해줘요. 나는 자유를 좋아해요.

→ _____

_____

Level 8   이것은 나를 모든 것으로부터 벗어 나게 해줘요. 그리고 거기에는 해변 밖의 다른 혼돈과 스트레스
로 가득 찬 삶이 없을 것이라고 믿게 해줘요. 나는 그것이 주는 자유를 좋아해요.

→ _____

_____

Level 9   이것은 나를 모든 것으로부터 벗어 나게 해줘요. 그리고 거기에는 해변 밖의 다른 혼돈과 스트레스
로 가득 찬 삶이 없을 것이라고 믿게 해줘요. 나는 그것이 주는 자유를 좋아해요. 그리고 그것이 왜
해변이

→ _____

_____

_____

Level 10   이것은 나를 모든 것으로부터 벗어 나게 해줘요. 그리고 거기에는 해변 밖의 다른 혼돈과 스트레스
로 가득 찬 삶이 없을 것이라고 믿게 해줘요. 나는 그것이 주는 자유를 좋아해요. 그리고 그것이 왜
해변이 내가 좋아하는 공공장소인

→ _____

_____

_____

Level 11   이것은 나를 모든 것으로부터 벗어 나게 해줘요. 그리고 거기에는 해변 밖의 다른 혼돈과 스트레
스로 가득 찬 삶이 없을 것이라고 믿게 해줘요. 나는 그것이 주는 자유를 좋아해요. 그리고 그것이
해변이 내가 방문하고 싶은 좋아하는 공공장소인 이유예요.

→ _____

_____

_____

By 와 Until의 정확한 사용법

By는 특정 시간까지 동작이 완료되는 것을, until은 동작, 상태가 계속되는 것을 의미한다.

1) By (늦어도 ~까지)

어느 때(특정시간)까지 늦어도 그런 동작이 완료되는 것을 말할 때 사용한다. no later than과 바꾸어 쓸 수 있다.

We will need to leave by 8:30 PM. 우리는 늦어도 저녁 8시 30분까지는 떠날 필요가 있을 것이다.

We should get there by eight o'clock. 우리는 늦어도 8시끼지는 거기에 가야만 한다.

You have to finish your homework by two o'clock this afternoon.
너는 늦어도 오늘 오후 2시까지는 너의 과제를 마쳐야만 한다.

2) until (~까지)

동작 또는 상황이 어느 시점까지 계속되는 것을 강조할 때 사용한다.

They are waiting until all their identities have been confirmed.
모든 그들의 신분들이 확인될 때까지 그들은 기다리는 중이다.

The school is closed until Monday. 학교는 월요일까지 문을 닫는다.

The Sav—On store is open until midnight. Sav—On 매장은 자정까지 문을 연다.

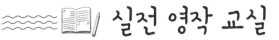 실전 영작 교실

Step 1 다음에 제시된 우리말을 영작해 보세요.

예. 나는 방문하고 싶은 좋아하는 공원 또는 다른 공공 장소가 있다. 나는 Santa Monica 해변가를 가는 것을 좋아한다. 나는 내가 해변가에 갔을 때 갖은 느낌을 말로 표현할 수 없다. 넓게 펼쳐진 모래와 끝없는 바다와 따뜻한 태양 아래 서 있는 것, 이 느낌은 마치 세상을 다 가진 듯하다.

내 가슴이 열리고, 나의 모든 걱정이 사라지고, 그리고 모든 것들이 가능할 것 같아 보인다. 그것은 마치 나만의 환상의 섬에 있는 것 같다. 이것은 나를 모든 것으로부터 벗어 나게 해준다.

그리고 거기에는 해변 밖의 다른 혼돈과 스트레스로 가득 찬 삶이 없을 것이라고 믿게 해준다. 나는 그것이 주는 자유를 좋아하고, 그리고 그것이 해변이 내가 방문하고 싶은 좋아하는 공공 장소인 이유다.

Level up! 고급 영작 교실

우리말을 참고해서, 사진의 내용을 영작해 보세요.

〈1단계: 한 문장씩 영작해 보기〉

1 많은 검은 상자들 / 와인 잔들을 포함하는 / 쌓여 있네요 / 이 테이블들 위에 (현재진행 + 수동태)

→ _____

 – 포함하는: containing
 – 쌓여 있다: be stacked up 신의 물방울인지 뭔지 모르지만, 포도주 병은 자기 자신이 쌓을 수 없죠? 그래서 수동태를 써야 한다.
  참고로, stack은 같은 종류의 물건을 가지런히 어떤 형태로 쌓아 놓은 것을 말하고, pile은 거의 비슷한 물건을 차곡차곡 쌓아 올린 것이다. 좀 어려운 단어로, heap도 쓰는데, 이것은 아무렇게나 쌓아 올려진 무더기를 말한다.

2 그것들 뒤로 / 많은 와인 병들이 / 진열되어 있어요 / 유리 선반들 위에 (There 구문 + that + 수동태)

→ _____

 – 와인 병들: bottles of wine
 – 유리 선반들: glass shelves
 – 진열되다: be arranged on *as previously arranged 미리 계획한 대로

3 멀리 보면 / 더 많은 와인 병들이 뉘어져 있네요 / 그쪽에 (There 구문 + 현재진행)

→ _____

 – 멀리 보면: farther away
 – 그쪽으로(그것들 쪽으로): their sides

〈2단계: 통째로 다시 써 보기〉

1 많은 검은 상자들, 와인 잔들을 포함하는, 이 테이블들 위에 쌓여 있네요. 그것들 뒤로 많은 와인 병들이 유리 선반들 위에 진열되어 있어요. 멀리 보면, 더 많은 와인 병들이 그 쪽에 누워져 있네요.

→ _____

_____

_____

[정답 확인하기]

Step 1 1) Yes, I do have 2) Yes, I do have a favorite park 3) Yes, I do have a favorite park or other public places 4) Yes, I do have a favorite park or other public places that I like to visit. 5) Yes, I do have a favorite park or other public places that I like to visit. I enjoy visiting 6) Yes, I do have a favorite park or other public places that I like to visit. I enjoy visiting the beach in Santa Monica. 7) Yes, I do have a favorite park or other public places that I like to visit. I enjoy visiting the beach in Santa Monica. I cannot describe 8) Yes, I do have a favorite park or other public places that I like to visit. I enjoy visiting the beach in Santa Monica. I cannot describe in words 9) Yes, I do have a favorite park or other public places that I like to visit. I enjoy visiting the beach in Santa Monica. I cannot describe in words the feeling, 10) Yes, I do have a favorite park or other public places that I like to visit. I enjoy visiting the beach in Santa Monica. I cannot describe in words the feeling, which I get 11) Yes, I do have a favorite park or other public places that I like to visit. I enjoy visiting the beach in Santa Monica. I cannot describe in words the feeling, which I get when I go to the beach.

Step 2 1) Standing under the warm sun 2) Standing under the warm sun with wide spread sand 3) Standing under the warm sun with wide spread sand and endless ocean, 4) Standing under the warm sun with wide spread sand and endless ocean, it feels 5) Standing under the warm sun with wide spread sand and endless ocean, it feels as if I have won over the world. 6) Standing under the warm sun with wide spread sand and endless ocean, it feels as if I have won over the world. My heart opens up, 7) Standing under the warm sun with wide spread sand and endless ocean, it feels as if I have won over the world. My heart opens up, all my worries disappear, 8) Standing under the warm sun with wide spread sand and endless ocean, it feels as if I have won over the world. My heart opens up, all my worries disappear, and everything seems 9) Standing under the warm sun with wide spread sand and endless ocean, it feels as if I have won over the world. My heart opens up, all my worries disappear, and everything seems to be possible. 10) Standing under the warm sun with wide spread sand and endless ocean, it feels as if I have won over the world. My heart opens up, all my worries disappear, and everything seems to be possible. It almost seems 11) Standing under the warm sun with wide spread sand and endless ocean, it feels as if I have won over the world. My heart opens up, all my worries disappear, and everything seems to be possible. It almost seems to be my very own fantasyland.

Step 3 1) It allows me 2) It allows me to put everything aside 3) It allows me to put everything aside and believe 4) It allows me to put everything aside and believe that there is no other chaotic, 5) It allows me to put everything aside and believe that there is no other chaotic, stress filled life 6) It allows me to put everything aside and believe that there is no other chaotic, stress filled life outside of the beach. 7) It allows me to put everything aside and believe that there is no other chaotic, stress filled life outside of the beach. I love the freedom, 8) It allows me to put everything aside and believe that there is no other chaotic, stress filled life outside of the beach. I love the freedom, which it gives me, 9) It allows me to put everything aside and believe that there is no other chaotic, stress filled life outside of the beach. I love the freedom, which it gives me, and that is why the beach is 10) It allows me to put everything aside and believe that there is no other chaotic, stress filled life outside of the beach. I love the freedom, which it gives me, and that is why the beach is my favorite public place 11) It allows me to put everything aside and believe that there is no other chaotic, stress filled life outside of the beach. I love the freedom, which it gives me, and that is why the beach is my favorite public place I like to visit.

실전 영작 교실 Yes, I do have a favorite park or other public place that I like to visit. I enjoy visiting the beach in Santa Monica. I cannot describe in words the feeling which I get when I go to the beach. Standing under the warm sun with the wide, spread-out sand and the endless ocean, it feels as if I have won over the world. My heart opens, all my worries disappear, and everything seems to be possible. It almost seems to be my very own fantasyland. It allows me to put everything aside and believe that there is no chaotic, stress-filled life outside of the beach. I love the freedom which it gives me, and that is why the beach is my favorite public place I like to visit.

Level up! 1) Many black boxes, which contain wine glasses, are stacked up on tables. 2) Behind them are many bottles of wine that are arranged on glass shelves. 3) Farther away, there are more wine bottles lying on their sides.

Taking music
and art classes

에세이 시리즈

What is your opinion on taking music and art classes in school?

학교에서 음악과 미술 수업을 듣는 것에 대한 너의 의견은 무엇인가?

VITAMINS

매일 먹으면 몸에 좋은 비타민처럼 매일 복습으로 영어 실력 튼튼~

어제 배운 내용을 다시 영작해 보시라. 술술 되시는가? 만일 안 된다면, 복습을 통하여 다시 한 번 써 보고 새로운 과를 시작하시길 바란다. 좋은 말할 때 ^^!

예, 나는 방문하고 싶은 좋아하는 공원 또는 다른 공공 장소가 있다. 나는 Santa Monica 해변가를 가는 것을 좋아한다. 나는 내가 해변가에 갔을 때 갖은 느낌을 말로 표현할 수 없다. 넓게 펼쳐진 모래와 끝없는 바다와 따뜻한 태양 아래 서 있는 것, 이 느낌은 마치 세상을 다 가진 듯하다.

내 가슴이 열리고, 나의 모든 걱정이 사라지고, 그리고 모든 것들이 가능할 것 같아 보인다. 그것은 마치 나만의 환상의 섬에 있는 것 같다. 이것은 나를 모든 것으로부터 벗어 나게 해준다.

그리고 거기에는 해변 밖의 다른 혼돈과 스트레스로 가득 찬 삶이 없을 것이라고 믿게 해준다. 나는 그것이 주는 자유를 좋아하고, 그리고 그것이 해변이 내가 방문하고 싶은 좋아하는 공공 장소인 이유다.

TODAY'S 영작교실

저자가 미국 LA에서 수년간 무료로, 일요일이면 교포들을 대상으로 해서 베이직 영작문 강의를 하고 있다. 놀라운 것은 "LA에선 남자분들에게는 영어가 필요 없는데, 여자분들에게는 영어가 필요한가 보다"라는 생각이 든단 것이다. 왜냐하면, 현재의 수강생 30명 중에서 남자가 딱 두 명이라는 것이 그 증거다. 그리고 나이도 30대 초부터 60대 초까지 다양하다. 그렇다면 미국에서는 여성이 더 남성보다 영어가 더 필요하냐고? 그게 아니라, 여성들이 그만큼 삶에 대해서 더 진지하고 애착이 많다는 느낌이다. 오늘도 잔소리 말고, 불평 말고, 그리고 이해하려 들지 말고 외워질 때까지 쓰고, 또 쓰는 것만이 그대를 영작의 고수로 만들어 드릴 것이다. **

오늘의 영작 주제

What is your opinion on taking music and art classes in school?

학교에서 음악과 미술 수업을 듣는 것에 대한 너의 의견은 무엇인가?

Step 1 My personal opinion on taking music and art classes in school is positive, but only because I am very interested in and fond of music and art. But looking at it from a general perspective, I do not think it should be required or necessary.

핵심단어 정리　　Positive: 명백한, 명확한, 분명한, 의문의 여지 없는 / But only: 단지(강조: 그것에만 한정하고 그 이상은 없음을 강조하는 말) / But only because I like his movie: 단지 내가 그의 영화를 좋아하기 때문에 / But only if it's made: 단지 이것이 된다면 / General perspective: 일반적인 시각, 바라보는 관점

아래의 우리말을 Step1에서 찾아 적어 보세요. Level이 높아질수록 여러분은 어떻게 문장이 구성되는지 알고 그 근본을 따라 문장을 만들어 볼 수 있어요.

Level 1　나의 의견

→ _____

Level 2　음악과 미술 수업을 듣는 것에 대한 나의 의견

→ _____

Level 3　학교에서 음악과 미술 수업을 듣는 것에 대한 나의 의견

→ _____

Level 4　학교에서 음악과 미술 수업을 듣는 것에 대한 나의 의견은 긍정적이에요.

→ _____

Level 5　학교에서 음악과 미술 수업을 듣는 것에 대한 나의 의견은 긍정적이지만, 단지 내가 매우 흥미가 있고,

→ _____

_____

Level 6　학교에서 음악과 미술 수업을 듣는 것에 대한 나의 의견은 긍정적이지만, 단지 내가 매우 흥미가 있고, 그리고 음악과 미술을 좋아하기 때문이에요.

→ _____

_____

Level 7　학교에서 음악과 미술 수업을 듣는 것에 대한 나의 의견은 긍정적이지만, 단지 내가 매우 흥미가 있고, 그리고 음악과 미술을 좋아하기 때문이에요. 하지만 이것을 바라보면

→ _____

_____

Level 8 학교에서 음악과 미술 수업을 듣는 것에 대한 나의 의견은 긍정적이지만, 단지 내가 매우 흥미가 있고, 그리고 음악과 미술을 좋아하기 때문이에요. 하지만 이것을 일반적인 관점에서 바라보면

→ _____

_____

Level 9 학교에서 음악과 미술 수업을 듣는 것에 대한 나의 의견은 긍정적이지만, 단지 내가 매우 흥미가 있고, 그리고 음악과 미술을 좋아하기 때문이에요. 하지만 이것을 일반적인 관점에서 바라보면, 나는 생각하지 않아요.

→ _____

_____

_____

Level 10 학교에서 음악과 미술 수업을 듣는 것에 대한 나의 의견은 긍정적이지만, 단지 내가 매우 흥미가 있고, 그리고 음악과 미술을 좋아하기 때문이에요. 하지만 이것을 일반적인 관점에서 바라보면, 나는 이것이 꼭 필요하거나, 요구된다고 생각하지 않아요.

→ _____

_____

_____

Step 2 However, it should be available for those students who are willing to take music and art classes. It does require students to have special interest and talent to enjoy and to do well in these classes. So it may be recommended to be taken as an elective.

핵심단어 정리 Be willing to~: ~할 의향이 있는, 기꺼이 …하는, …하기를 꺼리지[마다하지] 않는 / Talent: 타고난 재능, 재주, 소질, 재간 / Elective: 대학의 선택과목 / Require + 사람 + to do: 사람에게 ~할 것을 요구하다, 요청하다, 명하다

Level 1 그렇지만

→ _____

Level 2 그렇지만, 이것은 가능해야 해요.

→ _____

Level 3 그렇지만, 이것은 그런 학생들에게는 가능해야 해요.

→ _____

Level 4 그렇지만, 이것은 희망하는 그런 학생들에게는 가능해야 해요.

→ _____

Level 5 그렇지만, 이것은 음악과 미술 수업을 듣길 희망하는 그런 학생들에게는 가능해야 해요.

→ _____

Level 6 그렇지만, 이것은 음악과 미술 수업을 듣길 희망하는 그런 학생들에게는 가능해야 해요. 이것은 필요해요.

→ _____

Level 7 그렇지만, 이것은 음악과 미술 수업을 듣길 희망하는 그런 학생들에게는 가능해야 해요. 이것은 학생들에게 필요해요.

→ _____

_____

Level 8 그렇지만, 이것은 음악과 미술 수업을 듣길 희망하는 그런 학생들에게는 가능해야 해요. 이것은 특별한 흥미와 재능이 있는 학생들에게 필요해요.

→ _____

_____

Level 9 그렇지만, 이것은 음악과 미술 수업을 듣길 희망하는 그런 학생들에게는 가능해야 해요. 이것은 즐기면서 잘하는 특별한 흥미와 재능이 있는 학생들에게 필요해요.

→ _____

_____

Level 10 그렇지만, 이것은 음악과 미술 수업을 듣길 희망하는 그런 학생들에게는 가능해야 해요. 이것은 이런 수업들에서 즐기면서 잘하는 특별한 흥미와 재능이 있는 학생들에게 필요해요.

→ _____

_____

_____

Level 11 그렇지만, 이것은 음악과 미술 수업을 듣길 희망하는 그런 학생들에게는 가능해야 해요. 이것은 이런 수업들에서 즐기면서 잘하는 특별한 흥미와 재능이 있는 학생들에게 필요해요. 따라서, 이것은 추천될 수 있어요.

→ _____

_____

_____

Level 12 그렇지만, 이것은 음악과 미술 수업을 듣길 희망하는 그런 학생들에게는 가능해야 해요. 이것은 이런 수업들에서 즐기면서 잘하는 특별한 흥미와 재능이 있는 학생들에게 필요해요. 따라서, 이것은 선택과목으로 수강되도록 추천될 수 있어요.

→ _____

_____

_____

Step 3 I do not believe that music and art classes should be required in school, but I do feel (that) the availability of the classes that can help some students.

핵심단어 정리 be required in~ : ~에서 필수인, 요구되어지는 / Availability : 이용도, 유효성, 이용될 가능성

Level 1 난 믿지는 않아요

→ _____

Level 2 난 음악과 미술 수업들을 믿지는 않아요.

→ _____ _____

Level 3 난 음악과 미술 수업들이 꼭 요구된다고 믿지는 않아요.

→ _____

Level 4 난 음악과 미술 수업들이 학교에서 꼭 요구된다고 믿지는 않아요.

→ _____

Level 5 난 음악과 미술 수업들이 학교에서 꼭 요구된다고 믿지는 않아요, 하지만 생각(feel)해요.

→ _____

_____

Level 6 난 음악과 미술 수업들이 학교에서 꼭 요구된다고 믿지는 않아요, 하지만 그 가능성을 생각해요.

→ _____

_____

Level 7 난 음악과 미술 수업들이 학교에서 꼭 요구된다고 믿지는 않아요, 하지만 학교 수업들의 그 가능성을 생각해요.

→ _____

_____

Level 8 난 음악과 미술 수업들이 학교에서 꼭 요구된다고 믿지는 않아요, 하지만 어떤 학생들을 도울 수 있을 거라는 학교 수업들의 그 가능성을 생각해요.

→ _____

_____

관사의 생략

1) 식사, 운동, 계절, 교통/통신 수단, 학문명에서는 관사를 생략한다.

Buddha's Belly is open for the lunch and the dinner. (lunch, dinner) Buddha's Belly는 점심 식사와 저녁 식사 때에 문을 연다.

Mr. Ronaldo is playing the soccer. (soccer) Mr. Ronaldo가 축구를 하고 있다.

보너스

한 게임이라고 할 때에는 부정관사 a를 붙인다. A baseball game

By bus/taxi/train/plane/phone/e-mail/ 버스로/택시로/기차로/비행기로/전화로/이메일로

Most of the students majored in the economics. (economics) 대부분의 학생들이 경제학을 선택한다.

2) 관사를 사용하지 않는 표현

Mr. Park made an the error in the programming (an error ~이 틀린) Mr. Park이 프로그래밍상에서 실수를 했다.

Come in the time for lunch. 점심 식사에 늦지 않게 오너라. (in time 때맞춰)

He is waiting for the bus in the order to go to his company.

(in order to ~하기 위해) 그는 출근하기 위해서 버스를 기다리는 중이다.

Please, take the advantage of this good chance.

이 좋은 기회를 이용하세요. (take advantage of ~을 이용하다, 활용하다)

The postman placed the mail in the front of me. 그 우체부는 내 앞에 편지를 놓았다 (in front of ~ 앞에)

She is in the great haste. (in haste ~ 급히, 서둘러) 나는 아주 급하다.

There are no managers on the duty. (on duty 근무 중에) 근무 중인 매니저가 없음

The taxi driver got lost on the purpose. (on purpose 고의적으로) 택시 운전사가 고의적으로 길을 잃었다.

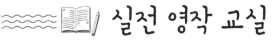 실전 영작 교실

Step 1 다음에 제시된 우리말을 영작해 보세요.

학교에서 음악과 미술 수업을 듣는 것에 대한 나의 의견은 긍정적이지만, 단지 내가 매우 흥미가 있고 그리고 음악과 미술을 좋아하기 때문이다. 하지만 이것을 일반적인 관점에서 바라보면, 나는 이것이 꼭 필요하거나, 요구된다고 생각하지 않는다. 그렇지만, 이것은 음악과 미술 수업을 듣길 희망하는 그런 학생들에게는 가능해야 한다. 이것은 이런 수업들에서 즐기면서 잘하는 특별한 흥미와 재능이 있는 학생들에게 필요하다. 그래서 이것은 선택과목으로써 수강하도록 추천될 수도 있다. 난 음악과 미술 수업들이 학교에서 꼭 요구된다고 믿지는 않지만, 어떤 학생들을 도울 수 있을 거라는 학교 수업들의 그 가능성을 생각한다.

Level up! 고급 영작 교실

우리말을 참고해서, 사진의 내용을 영작해 보세요.

〈1단계: 한 문장씩 영작해 보기〉

1 한 나이 든 커플이 멈추었어요 / 걷다가 / 들여다 보려고. / 의자를 / 한 가게 안의 (현재완료 + ing + to + R)

→ _____

– 걷다가: walking 그러면 뛰다가는? Running 울다가는? Crying 그렇게 만들면 된다.
– 보려고: to look at 전치사 다음에는 응시할 물건의 이름을 넣어주면 된다.

2 그 여자는 다른 가게의 백을 가지고 있고, 그 남자는 그의 뒤로 보이는 여행용 가방을 끌고 있어요. (현재
진행 + while + 현재진행)

→ _____

– 백을 가지고 있다: carrying a bag
– 다른 가게: another shop을 the other shop(다른 가게 하나)라고 하면 곤란하다. 어떤 가게의 백인지를 그림만 보고 어떻게 알
수 있을까? 따라서, 여러 개의 가게 중의 하나라는 뜻으로 another를 쓴 것이다.
– 여행용 가방: suitcase, luggage 흔히 비행기 안에 들고 탈 수 있는 가방 정도를 말한다. 이것보다 더 큰 여행용 가방(비행기 화
물 칸에 넣는 가방)은 배기쥐(baggage)라고 한다.

〈2단계: 통째로 다시 써 보기〉

1 한 나이 든 커플이 한 가게 안의 의자를 들여다 보려고 걷다가 멈추었어요. 그 여자는 다른 가게의 백을 가지고 있고, 그 남자는 그의 뒤로 보이는 여행용 가방을 끌고 있어요.

→ _____

_____

_____

[정답 확인하기]

Step 1　1) My personal opinion 2) My personal opinion on taking music and art classes 3) My personal opinion on taking music and art classes in school 4) My personal opinion on taking music and art classes in school is positive. 5) My personal opinion on taking music and art classes in school is positive, but only because I am very interested in 6) My personal opinion on taking music and art classes in school is positive, but only because I am very interested in and fond of music and art. 7) My personal opinion on taking music and art classes in school is positive, but only because I am very interested in and fond of music and art. But looking at it 8) My personal opinion on taking music and art classes in school is positive, but only because I am very interested in and fond of music and art. But looking at it from a general perspective. 9) My personal opinion on taking music and art classes in school is positive, but only because I am very interested in and fond of music and art. But looking at it from a general perspective, I do not think 10) My personal opinion on taking music and art classes in school is positive, but only because I am very interested in and fond of music and art. But looking at it from a general perspective, I do not think it should be required or necessary.

Step 2　1) However, 2) However, it should be available 3) However, it should be available for those students 4) However, it should be available for those students who are willing 5) However, it should be available for those students who are willing to take music and art classes. 6) However, it should be available for those students who are willing to take music and art classes. It does require 7) However, it should be available for those students who are willing to take music and art classes. It does require students 8) However, it should be available for those students who are willing to take music and art classes. It does require students to have special interest and talent 9) However, it should be available for those students who are willing to take music and art classes. It does require students to have special interest and talent to enjoy and to do well 10) However, it should be available for those students who are willing to take music and art classes. It does require students to have special interest and talent to enjoy and to do well in these classes. 11) However, it should be available for those students who are willing to take music and art classes. It does require students to have special interest and talent to enjoy and to do well in these classes. So it may be recommended 12) However, it should be available for those students who are willing to take music and art classes. It does require students to have special interest and talent to enjoy and to do well in these classes. So it may be recommended to be taken as an elective.

Step 3　1) I do not believe 2) I do not believe that music and art classes 3) I do not believe that music and art classes should be required 4) I do not believe that music and art classes should be required in school. 5) I do not believe that music and art classes should be required in school, but I do feel 6) I do not believe that music and art classes should be required in school, but I do feel that the availability 7) I do not believe that music and art classes should be required in school, but I do feel that the availability of the classes 8) I do not believe that music and art classes should be required in school, but I do feel that the availability of the classes that can help some students.

실전 영작 교실　My personal opinion on taking music and art classes in school is positive but only because I am very interested in and fond of music and art. But looking at them from a general perspective, I do not think they should be required or necessary. However, they should be available for those students who are willing to take music and art classes. They do require students to have special interest and talent to enjoy and to do well in these classes. So they may be recommended to be taken as electives. I do not believe that music and art classes should be required in school, but I do feel that the availability of the classes can help some students.

Level up!　1) An older couple has stopped walking to look at a chair inside of a shop. 2) The woman is carrying a bag from another shop while the man is pulling his suitcase behind him.

Invention influenced
our lives

에세이 시리즈

Which invention do you think has influenced our lives greatly?

우리의 삶에 큰 영향을 미친 발명품이 뭐라고 생각하는가?

VITAMINS

매일 먹으면 몸에 좋은 비타민처럼 매일 복습으로 영어 실력 튼튼~

어제 배운 내용을 다시 영작해 보시라. 술술 되시는가? 만일 안 된다면, 복습을 통하여 다시 한 번 써 보고 새로운 과를 시작하시길 바란다. 좋은 말할 때 ^^!

학교에서 음악과 미술 수업을 듣는 것에 대한 나의 의견은 긍정적이지만, 단지 내가 매우 흥미가 있고 그리고 음악과 미술을 좋아하기 때문이다. 하지만 이것을 일반적인 관점에서 바라보면, 나는 이것이 꼭 필요하거나, 요구된다고 생각하지 않는다. 그렇지만, 이것은 음악과 미술 수업을 듣길 희망하는 그런 학생들에게는 가능해야 한다. 이것은 이런 수업들에서 즐기면서 잘하는 특별한 흥미와 재능이 있는 학생들에게 필요하다. 그래서 이것은 선택과목으로써 수강하도록 추천될 수도 있다. 난 음악과 미술 수업들이 학교에서 꼭 요구된다고 믿지는 않지만, 어떤 학생들을 도울 수 있을 거라는 학교 수업들의 그 가능성을 생각한다.

TODAY'S 영작교실

오늘은 이 말을 먼저 따라 말해 보고 시작하시라. Never give up! (X10) 10번씩 해보라는 소리다. "포기하지 말자!" 참, 좋은 말이다. 저자도 이 책을 지금 2년째 쓰고 있는 중이다. ^^! 허거덕... 이 쉬운 책을? 포기하고 싶지만, 독자들이 보내오는 "다음 책은 뭐예요?"라는 질문과 인터파크 등에 실린 독자들의 후기를 보고 용기를 얻게 된다. 자! 자! 오늘도 잔소리 말고, 불평 말고, 그리고 이해하려 들지 말고 외워질 때까지 쓰고, 또 쓰는 것만이 그대를 영작의 고수로 만들어 드릴 것이다. **.

오늘의 영작 주제

Which invention do you think have influenced our lives greatly?

우리의 삶에 큰 영향을 미친 발명품이 뭐라고 생각하는가?

Step 1 The invention of the automobile, telephone, television, computer, and even the credit card has influenced our lives in a great measure. But of all the marvelous inventions, the invention of the computer, including the use of the Internet, would have to top the list.

핵심단어 정리 Invention: 발명품, 고안물 / Had influenced: …에 영향[감화]을 주어 왔다(현재완료) / Marvelous: 놀라운, 경탄할 만한 / Top the list: 목록에서 최고, 가장 최고

telephone이나, television, computer 앞에 왜 the를 안 붙였죠? 앞의 the automobile은 붙였는데요.

보통 the를 붙이게 되면, 전혀 다른 의미로 바뀌는 것 중에 telephone, television 그리고 computer가 있습니다. 여기서 the telephone 하게 되면, 제도 • 조직으로서의 전화 즉 전화망, 회선 정도가 되기 때문에, The를 붙이지 않아야 우리가 말하는 전화기 정도가 됩니다.

Mr. Lee is on the telephone in his office. Mr. Lee는 그의 사무실에서 통화 중이다.

아래의 우리말을 Step1에서 찾아 적어 보세요. Level이 높아질수록 여러분은 어떻게 문장이 구성되는지 알고 그 근본을 따라 문장을 만들어 볼 수 있어요.

Level 1 자동차의 발명

→ _____

Level 2 자동차, 전화기의 발명

→ _____

Level 3 자동차, 전화기, 텔레비전의 발명

→ _____

Level 4 자동차, 전화기, 텔레비전, 컴퓨터의 발명

→ _____

Level 5 자동차, 전화기, 텔레비전, 컴퓨터, 그리고 심지어 신용카드의 발명도

→ _____

_____

Level 6 자동차, 전화기, 텔레비전, 컴퓨터, 그리고 심지어 신용카드의 발명도 영향을 주어 왔다.

→ _____

_____

Level 7 자동차, 전화기, 텔레비전, 컴퓨터, 그리고 심지어 신용카드의 발명도 우리의 삶에 영향을 주어 왔다.

→ _____

_____

Level 8 자동차, 전화기, 텔레비전, 컴퓨터, 그리고 심지어 신용카드의 발명도 우리의 삶에 상당히 영향을 주어 왔다.

→ _____

_____

Level 9 자동차, 전화기, 텔레비전, 컴퓨터, 그리고 심지어 신용카드의 발명도 우리의 삶에 상당히 영향을 주어 왔다. 하지만 이러한 대단한 발명 중에

→ _____

_____

Level 10 자동차, 전화기, 텔레비전, 컴퓨터, 그리고 심지어 신용카드의 발명도 우리의 삶에 상당히 영향을 주어 왔다. 하지만 이러한 대단한 발명 중에 컴퓨터의 발명이

→ _____

_____

Level 11 자동차, 전화기, 텔레비전, 컴퓨터, 그리고 심지어 신용카드의 발명도 우리의 삶에 상당히 영향을 주어 왔다. 하지만, 이러한 대단한 발명 중에 컴퓨터의 발명이 인터넷의 사용을 포함해서

→ _____

_____

_____

Level 12 자동차, 전화기, 텔레비전, 컴퓨터, 그리고 심지어 신용카드의 발명도 우리의 삶에 상당히 영향을 주어 왔다. 하지만, 이러한 대단한 발명 중에 컴퓨터의 발명이 인터넷의 사용을 포함해서 가장 최고라고 본다.

→ _____

_____

_____

Step 2 The computer has definitely made many, if not all, of our lives a lot more convenient. With the computer, not only can we deal with work and school related functions, but also we can (also) search the Internet for anything we can imagine, send and receive messages, and even shop!

핵심단어 정리 If not all: 전부는 아니라도 / Definitely: 명확히, 구어체에서 분명히, 확실히 등으로 쓰이고, 부정문에서 결코, 절대로 등의 뜻을 갖는다. / More convenient: 더 편리한, 알맞은

"not only can we deal with"는 틀린 표현 아닌가요? 왜 can이 we 앞에 가 있죠?

예, 좀 공부를 하는 분으로 보입니다만, 문장 앞에 not, no, none 등의 부정 표현이 나오면 도치를 하게 되어 있죠. 따라서, can이 주어 we 앞에 오게 되었습니다.

Level 1 컴퓨터는 가져요.

→ _____

Level 2 컴퓨터는 분명히 많은 것을 만들어 왔어요.

→ _____

Level 3 컴퓨터는 분명히, 전부는 아니라도, 많은 것을 만들어 왔어요.

→ _____

Level 4 컴퓨터는 분명히, 전부는 아니라도, 우리 삶에 많은 것을 만들어 왔어요.

→ _____

Level 5 컴퓨터는 분명히, 전부는 아니라도, 우리 삶에 많은 편안함을 만들어 왔어요.

→ _____

Level 6 컴퓨터는 분명히, 전부는 아니라도, 우리 삶에 많은 편안함을 만들어 왔어요. 컴퓨터로는

→ _____

_____

Level 7   컴퓨터는 분명히, 전부는 아니라도, 우리 삶에 많은 편안함을 만들어 왔어요. 컴퓨터로는 우리가 일
　　　　　과 관련된 것을 할 수 있는 것뿐만 아니라,

　　　　　→ _____

　　　　　　_____

Level 8   컴퓨터는 분명히, 전부는 아니라도, 우리 삶에 많은 편안함을 만들어 왔어요. 컴퓨터로는 우리가 일
　　　　　과 관련된 것과 학교와 관련된 기능들을 할 수 있는 것뿐만 아니라,

　　　　　→ _____

　　　　　　_____

Level 9   컴퓨터는 분명히, 전부는 아니라도, 우리 삶에 많은 편안함을 만들어 왔어요. 컴퓨터로는 우리가 일
　　　　　과 관련된 것과 학교와 관련된 기능들을 할 수 있는 것뿐만 아니라, 우리는 어떠한 것도 인터넷에서
　　　　　찾을 수 있고

　　　　　→ _____

　　　　　　_____

　　　　　　_____

Level 10   컴퓨터는 분명히, 전부는 아니라도, 우리 삶에 많은 편안함을 만들어 왔어요. 컴퓨터로는 우리가 일
　　　　　과 관련된 것과 학교와 관련된 기능들을 할 수 있는 것뿐만 아니라, 우리는 우리가 상상할 수 있는
　　　　　어떠한 것도 인터넷에서 찾을 수 있고,

　　　　　→ _____

　　　　　　_____

　　　　　　_____

Level 11   컴퓨터는 분명히, 전부는 아니라도, 우리 삶에 많은 편안함을 만들어 왔어요. 컴퓨터로는 우리가 일
　　　　　과 관련된 것과 학교와 관련된 기능들을 할 수 있는 것뿐만 아니라, 우리는 우리가 상상할 수 있는
　　　　　어떠한 것도 인터넷에서 찾을 수 있고, 메시지를 보내고 받을 수 있고,

　　　　　→ _____

　　　　　　_____

　　　　　　_____

Level 12 컴퓨터는 분명히, 전부는 아니라도, 우리 삶에 많은 편안함을 만들어 왔어요. 컴퓨터로는 우리가 일과 관련된 것과 학교와 관련된 기능들을 할 수 있는 것뿐만 아니라, 우리는 우리가 상상할 수 있는 어떠한 것도 인터넷에서 찾을 수 있고, 메시지를 보내고 받을 수 있고, 심지어 쇼핑도 할 수 있어요.

→ _____

_____

_____

_____

Step 3 I guess you can call it the one—stop for anything and everything. I do not think anyone would disagree about the great influence of the invention of computers in our lives.

핵심단어 정리 Guess: 짐작[추측]하다. 'guess what?' 하면 '뭐게?' 정도가 된다. / One—stop: 한군데에 모든 것이 구비된; 한곳[창구]에서 모든 일을 처리하는

보너스

"**I do not think anyone**"에서 think 다음에 쉼표나 접속사를 넣어 주어야, 동사와 동사 사이에는 항상 접속사가 존재한다는 문법원리에 맞지 않을까요?

여기서는 what이라는 접속사가 생략되었기 때문에, 쉼표(콤마)를 넣어 줄 필요가 없습니다. 만일 that을 쓸 경우에는 앞의 문장이 문장의 성분을 모두 가져야 하기 때문에, 문장의 성분이 하나라도 부족한 경우에는 what을 써야 합니다.

Level 1 내 추측에

→ _____

Level 2 내 추측에 당신은 부를 수 있어요.

→ _____

Level 3 내 추측에 당신은 이것을 부를 수 있어요.

→ _____

Level 4 내 추측에 당신은 이것을 모든 것과 어느 것이든 한번에 부를 수 있어요.

→ _____

Level 5 내 추측에 당신은 이것을 모든 것과 어느 것이든 한번에 부를 수 있어요. 나는 생각하지 않죠.

→ _____

_____

Level 6 내 추측에 당신은 이것을 모든 것과 어느 것이든 한번에 부를 수 있어요. 나는 동의하지 않을 사람이 아무도 없을 거라고 생각하지 않죠.

→ _____

_____

Level 7 내 추측에 당신은 이것을 모든 것과 어느 것이든 한번에 부를 수 있어요. 나는 그 큰 영향에 관해서 동의하지 않을 사람이 아무도 없을 거라고 생각하지 않죠.

→ _____

_____

Level 8 내 추측에 당신은 이것을 모든 것과 어느 것이든 한번에 부를 수 있어요. 나는 컴퓨터의 발명이 가진 그 큰 영향에 관해서 동의하지 않을 사람이 아무도 없을 거라고 생각하지 않죠.

→ _____

_____

Level 9 내 추측에 당신은 이것을 모든 것과 어느 것이든 한번에 부를 수 있어요. 나는 우리 삶에서 컴퓨터의 발명이 가진 그 큰 영향에 관해서 동의하지 않을 사람이 아무도 없을 거라고 생각하지 않죠.

→ _____

_____

감정을 나타내는 현재분사와 과거분사의 차이를 알자!

감정을 나타내는 동사의 분사들은 그 주체가 사람이거나 수식받는 명사가 사람일 경우 과거분사를 사용하고, 주체가 사물이거나 수식받는 명사가 사물이면 현재분사를 사용한다.

현재분사	과거분사
Confusing 혼란스러운	Confused 혼돈된
Disappointing 실망스러운	Disappointed 실망한
Embarrassing 당황스러운	Embarrassed 당황한
Exciting 흥분되는	Excited 흥분한
Frightening 놀라운	Frightened 놀란
Interesting 흥미로운	Interested 흥미가 있는

Our president is speaking a most confused (confusing) speech.
우리 사장님은 대단히 혼란스러운 연설을 하고 있다. (주체가 연설이기 때문에 현재분사를 사용한다.)

I was also interesting (→ interested) in the references to Westerners working in Seoul.
나는 또한 서울의 Westerners에서의 일에 관한 참조 사항들에 관심이 있었다. (주체가 사람이기 때문에 과거분사를 사용한다.)

The result of the final exam was disappointing. 학기 말 시험 결과가 실망스러웠다.

John is in an embarrassing situation at Union Station. John은 Union역에서 당혹스런 처지에 있다.

My teacher is telling an exciting story in the classroom. 내 선생님께서는 교실에서 신나는 이야기를 말해주고 계신다.

All the passengers on the plane were frightened by the thunderstorm. 비행기 안의 모든 승객들은 벼락 폭우를 두려워했다.

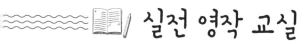 실전 영작 교실

Step 1 다음에 제시된 우리말을 영작해 보세요.

자동차, 전화기, 텔레비전, 컴퓨터, 그리고 심지어 신용카드의 발명도 우리의 삶에 상당히 영향을 주어 왔다. 하지만, 이러한 대단한 발명 중에, 컴퓨터의 발명이, 인터넷의 사용을 포함해서, 가장 최고라고 본다. 컴퓨터는 분명히, 전부는 아니라도, 우리 삶에 많은 편안함을 만들어 왔다. 컴퓨터로는, 우리가 일과 관련된 것과 학교와 관련된 기능들을 할 수 있는 것뿐만 아니라, 우리는 우리가 상상할 수 있는 어떠한 것도 인터넷에서 찾을 수 있고, 메시지를 보내고 받을 수 있고, 심지어 쇼핑도 할 수 있다. 내 추측에 당신은 이것을 모든 것과 어느 것이든 한번에 부를 수 있다. (한 번 만에 모든 일을 처리할 수 있다는 뜻) 나는 우리 삶에서 컴퓨터의 발명이 가진 그 큰 영향에 관해서 동의하지 않을 사람이 아무도 없을 거라고 생각하지 않는다.

 Level up! 고급 영작 교실

우리말을 참고해서, 사진의 내용을 영작해 보세요.

〈1단계: 한 문장씩 영작해 보기〉

1 한 쌍의 남자가 걸어가고 있네요 / 지나쳐 / 한 옷 가게를 (현재진행)

   → _____

   – 한 쌍의 남자: A pair of men 이 내용이 주어가 되면 동사는 단수일까? 복수일까? 얼른 남자들이라는 men만 보고서 복수라고
     생각하면 틀리게 된다. 맨 앞의 부정관사 A를 사용하였으니, 하나의 개념으로 보아서 단수를 써야 한다.
   – 지나쳐 걷다: walk past

2 많은 고객들이 있어요 / 그 가게에는 (There 구문)

   → _____

   – 많은 고객들: many customers 여기서 강조하고 싶다면, so 정도를 앞에 넣어 줘도 좋다.

3 그들은 / 아마도 / 사고 있는 중인데 / 물건들을 / 때문이에요 / 50% 할인 세일 (현재진행)

   → _____

   – 아마도: probably
   – 물건들: things
   – ~때문에: because of~ 다음에 명사를 넣어 주면 된다.

〈2단계: 통째로 다시 써 보기〉

1 한 쌍의 남자가 한 옷 가게를 지나쳐 걸어가고 있네요. 그 가게에는 많은 고객들이 있어요. 그들은 아마도 물건들을 사고 있는 중인데, 50% 할인 세일 때문이에요.

→ _____

_____

_____

[정답 확인하기]

Step 1 1) The invention of the automobile. 2) The invention of the automobile, telephone. 3) The invention of the automobile, telephone, television. 4) The invention of the automobile, telephone, television, computer. 5) The invention of the automobile, telephone, television, computer, and even the credit card 6) The invention of the automobile, telephone, television, computer, and even the credit card has influenced 7) The invention of the automobile, telephone, television, computer, and even the credit card has influenced our lives 8) The invention of the automobile, telephone, television, computer, and even the credit card has influenced our lives in a great measure. 9) The invention of the automobile, telephone, television, computer, and even the credit card has influenced our lives in a great measure. But of all the marvelous inventions, 10) The invention of the automobile, telephone, television, computer, and even the credit card has influenced our lives in a great measure. But of all the marvelous inventions, the invention of the computer, 11) The invention of the automobile, telephone, television, computer, and even the credit card has influenced our lives in a great measure. But of all the marvelous inventions, the invention of the computer, including the use of the Internet, 12) The invention of the automobile, telephone, television, computer, and even the credit card has influenced our lives in a great measure. But of all the marvelous inventions, the invention of the computer, including the use of the Internet, would have to top the list.

Step 2 1) The computer has 2) The computer has definitely made many, 3) The computer has definitely made many, if not all, 4) The computer has definitely made many, if not all, of our lives 5) The computer has definitely made many, if not all, of our lives a lot more convenient. 6) The computer has definitely made many, if not all, of our lives a lot more convenient. With the computer, 7) The computer has definitely made many, if not all, of our lives a lot more convenient. With the computer, not only can we deal with work 8) The computer has definitely made many, if not all, of our lives a lot more convenient. With the computer, not only can we deal with work and school related functions, 9) The computer has definitely made many, if not all, of our lives a lot more convenient. With the computer, not only can we deal with work and school related functions, but also we can (also) search the Internet for anything 10) The computer has definitely made many, if not all, of our lives a lot more convenient. With the computer, not only can we deal with work and school related functions, but also we can search the Internet for anything we can imagine. 11) The computer has definitely made many, if not all, of our lives a lot more convenient. With the computer, not only can we deal with work and school related functions, but also we can search the Internet for anything we can imagine, send and receive messages 12) The computer has definitely made many, if not all, of our lives a lot more convenient. With the computer, not only can we deal with work and school related functions, but also we can search the Internet for anything we can imagine, send and receive messages, and even shop!

Step 3 1) I guess 2) I guess you can call 3) I guess you can call it the one—stop 4) I guess you can call it the one—stop for anything and everything. 5) I guess you can call it the one—stop for anything and everything. I do not think 6) I guess you can call it the one—stop for anything and everything. I do not think anyone would disagree 7) I guess you can call it the one—stop for anything and everything. I do not think anyone would disagree about the great influence 8) I guess you can call it the one—stop for anything and everything. I do not think anyone would disagree about the great influence of the invention of computers 9) I guess you can call it the one—stop for anything and everything. I do not think anyone would disagree about the great influence of the invention of computers in our lives.

실전 영작 교실 The inventions of the automobile, telephone, television, computer, and even the credit card have influenced our lives in a great measure. But of all the marvelous inventions, the invention of the computer, including the Internet, would have to top the list. The computer has definitely made many, if not all, of our lives a lot more convenient. With the computer, not only can we deal with work and school—related functions, but also we can (also) search the Internet for anything we can imagine, send and receive messages, and even shop! I guess you can call it the one—stop place for anything and everything. I do not think anyone would disagree about the great influence of the invention of computers on our lives.

Level up! 1) A pair of men is walking past a clothing store. 2) There are many customers in the store. 3) They are probably buying things because of the 50%—off sale.

Transportation you most prefer

에세이 시리즈

Which method of transportation do you most prefer?

네가 가장 선호하는 교통수단은 무엇인가?

VITAMINS

매일 먹으면 몸에 좋은 비타민처럼 매일 복습으로 영어 실력 튼튼~

어제 배운 내용을 다시 영작해 보시라. 술술 되시는가? 만일 안 된다면, 복습을 통하여 다시 한 번 써 보고 새로운 과를 시작하시길 바란다. 좋은 말할 때 ^^!

자동차, 전화기, 텔레비전, 컴퓨터, 그리고 심지어 신용카드의 발명도 우리의 삶에 상당히 영향을 주어 왔다. 하지만, 이러한 대단한 발명 중에, 컴퓨터의 발명이, 인터넷의 사용을 포함해서, 가장 최고라고 본다. 컴퓨터는 분명히, 전부는 아니라도, 우리 삶에 많은 편안함을 만들어 왔다. 컴퓨터로는, 우리가 일과 관련된 것과 학교와 관련된 기능들을 할 수 있는 것뿐만 아니라, 우리는 우리가 상상할 수 있는 어떠한 것도 인터넷에서 찾을 수 있고, 메시지를 보내고 받을 수 있고, 심지어 쇼핑도 할 수 있다. 내 추측에 당신은 이 것을 모든 것과 어느 것이든 한번에 부를 수 있다. (한 번 만에 모든 일을 처리할 수 있다는 뜻) 나는 우리 삶에서 컴퓨터의 발명이 가진 그 큰 영향에 관해서 동의하지 않을 사람이 아무도 없을 거라고 생각하지 않는다.

_____

_____

_____

_____

_____

_____

TODAY'S 영작교실

벌써 글쓰기가 시작된 지, 22일이 되었다. 그동안에 공부하기 싫었던 기억들이 많이 있으셨을 것이다. 하지만, 그래도 멈추지 않고 계속하셨기 때문에, 오늘 22일째에 서 있는 거다. 이제 얼마 남지 않았다. 힘들 내시라! ^^! 오늘도 잔소리 말고, 불평 말고, 그리고 이해하려 들지 말고 외워질 때까지 쓰고, 또 쓰는 것만이 그대를 영작의 고수로 만들어 드릴 것이다.

오늘의 영작 주제

Which transportation do you most prefer?

네가 가장 선호하는 교통수단은 무엇인가?

Step 1 Automobiles are the transportation which I prefer. When using public transportation, such as the bus, you don't have much choice but to revolve your daily responsibilities around the bus schedule.

핵심단어 정리 Not (have much choice) but (to ~) ; not A but B: A가 아니라 B다. 많은 선택을 갖는 것이 아니라, to에 따라야 한다는 구문. / Revolve: 어떠한 것을 축으로 해서, 벗어나지 못하고 맴돌거나, 회전하는 것을 말한다.

아래의 우리말을 Step1에서 찾아 적어 보세요. Level이 높아질수록 여러분은 어떻게 문장이 구성되는지 알고 그 근본을 따라 문장을 만들어 볼 수 있어요.

Level 1 교통수단은 자동차이다.

→ _____

Level 2 내가 선호하는 교통수단은 자동차이다.

→ _____

Level 3 내가 선호하는 교통수단은 자동차이다. 내가 이용했을 때,

→ _____

Level 4 내가 선호하는 교통수단은 자동차이다. 내가 대중 교통수단을 이용했을 때,

→ _____

Level 5 내가 선호하는 교통수단은 자동차이다. 내가 대중 교통수단을 이용했을 때, 가령 버스와 같은 것,

→ _____

_____

Level 6 내가 선호하는 교통수단은 자동차이다. 내가 대중 교통수단을 이용했을 때, 가령 버스와 같은 것, 당신은 가지지 못한다.

→ _____

_____

Level 7 내가 선호하는 교통수단은 자동차이다. 내가 대중 교통수단을 이용했을 때, 가령 버스와 같은 것, 당신은 많은 선택을 가지지 못한다.

→ _____

_____

Level 8 내가 선호하는 교통수단은 자동차이다. 내가 대중 교통수단을 이용했을 때, 가령 버스와 같은 것, 당신은 많은 선택을 가지지 못한다.

→ _____

_____

Level 9 내가 선호하는 교통수단은 자동차이다. 내가 대중 교통수단을 이용했을 때, 가령 버스와 같은 것, 당신은 많은 선택을 가지지 못하며 당신의 하루 계획이 버스 스케줄 주위를 맴돌아야 한다(=맞추

어야 한다).

→ _____

_____

Step 2 This will create frustration and inconvenience if anything happens and you are running late, whereas if you are driving your own personal automobile, you will have the freedom of getting to where you want to go without changing your schedule.

핵심단어 정리 Frustration: 계획·바람 따위의 좌절(상태), 실패, 실망, 낙담, 장애물, 방해되는 것 / Inconvenience: 불편, 부자유, 형편이 나쁨 / Run late: 늦게 움직일 경우 / Get to~: ~에 이르다(도착하다, 도달하다(arrive)) / Go without~: ~이 없이도 가다

Level 1 이것은 초래할 것이다.

→ _____

Level 2 이것은 방해와 불편함을 초래할 것이다.

→ _____

Level 3 이것은 무슨 일이 생겼을 때 방해와 불편함을 초래할 것이다.

→ _____

Level 4 이것은 무슨 일이 생겼을 때와 당신이 늦었을 때 방해와 불편함을 초래할 것이다.

→ _____

Level 5 이것은 무슨 일이 생겼을 때와 당신이 늦었을 때 방해와 불편함을 초래할 것이다. 만일 당신이 운전한다면,

→ _____

_____

Level 6 이것은 무슨 일이 생겼을 때와 당신이 늦었을 때 방해와 불편함을 초래할 것이다. 만일 당신이 자신의 차를 운전한다면,

→ _____

_____

Level 7 이것은 무슨 일이 생겼을 때와 당신이 늦었을 때 방해와 불편함을 초래할 것이다. 만일 당신이 자신의 차를 운전한다면, 당신은 자유를 가질 것이다.

→ _____

_____

Level 8 이것은 무슨 일이 생겼을 때와 당신이 늦었을 때 방해와 불편함을 초래할 것이다. 만일 당신이 자신의 차를 운전한다면, 당신은 당신이 가고 싶은 어디든 갈 수 있는 자유를 가질 것이다.

→ _____

_____

Level 9 이것은 무슨 일이 생겼을 때와 당신이 늦었을 때 방해와 불편함을 초래할 것이다. 만일 당신이 자신의 차를 운전한다면, 당신은 계획을 변경하지 않고도 당신이 가고 싶은 어디든 갈 수 있는 자유를 가질 것이다.

→ _____

_____

_____

Step 3 You can also estimate and set your driving distances and work around it. Living in this crazy, hectic society, I have no choice but to prefer automobiles as the best transportation method.

핵심단어 정리 Estimate: ～을 어림하다, 견적하다, 평가하다 / Hectic: 구어체에서 몹시 바쁜, 야단법석의, 격양된 등의 뜻을 갖는다.

Level 1 당신은 또한 예측할 수 있다.

→ _____

Level 2   당신은 또한 예측할 수 있고, 운전 거리를 정할 수 있다.

→ _____ _____

Level 3   당신은 또한 예측할 수 있고, 운전 거리를 정할 수 있고, 그 주위에서 일할 수 있다.

→ _____

Level 4   당신은 또한 예측할 수 있고, 운전 거리를 정할 수 있고, 그 주위에서 일할 수 있다. 이러한 바쁨 속에 살기 때문에,

→ _____

Level 5   당신은 또한 예측할 수 있고, 운전 거리를 정할 수 있고, 그 주위에서 일할 수 있다. 이러한 바쁘고, 격앙된 사회 속에 살기 때문에,

→ _____

_____

Level 6   당신은 또한 예측할 수 있고, 운전 거리를 정할 수 있고, 그 주위에서 일할 수 있다. 이러한 바쁘고, 격앙된 사회 속에 살기 때문에, 난 다른 선택이 없다.

→ _____

_____

Level 7   당신은 또한 예측할 수 있고, 운전 거리를 정할 수 있고, 그 주위에서 일할 수 있다. 이러한 바쁘고, 격앙된 사회 속에 살기 때문에, 선호하는 것으로서 자동차 외에 난 다른 선택이 없다.

→ _____

_____

Level 8   당신은 또한 예측할 수 있고, 운전 거리를 정할 수 있고, 그 주위에서 일할 수 있다. 이러한 바쁘고, 격앙된 사회 속에 살기 때문에, 선호하는 것으로서 자동차가 가장 좋은 교통수단의 방법이라는 것 외에 난 다른 선택이 없다.

→ _____

_____

_____

이럴땐 이렇게

중요한 비인칭(Impersonal) 표현들

특정한 대상을 지칭하는 것이 아닌 경우를 비인칭이라고 말한다.

essential, imperative, important, necessary: (행동·사정 따위가) 피할 수 없는, 부득이한, 필수적인, 긴급한, 중요한, 이러한 단어를 사용할 경우에는 it ~ to부정사 구문이나, it ~that + 주어 + 동사원형 구문을 사용한다.

It is	형용사	부정사			
It is	important	to verify	the data		

It is	형용사	that	주어	동사원형	
It is	important	that	the data	be	verified

(틀린 문장) It is necessary that you are on time.

(맞는 문장) It is necessary to be on time. / It is necessary that you be on time.
　　　　　정확한 시간에 오는 것은 절대로 필요하다.

It was essential that I speak to Mr. Park. 내가 Mr. Park에게 말을 해야 하는 것은 정말 중요했다.

It is imperative that you rest for 2 weeks in the hospital. 당신은 2주일 동안 절대 안정이 필요하다.

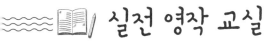 실전 영작 교실

다음에 제시된 우리말을 영작해 보세요.

내가 선호하는 교통수단은 자동차이다. 내가 대중 교통수단을 이용했을 때, 가령 버스와 같은 것, 당신은 많은 선택을 가지지 못하며 당신의 하루 계획이 버스 스케줄 주위를 맴돌아야 한다.

이것은 무슨 일이 생겼을 때와 당신이 늦었을 때 방해와 불편함을 초래할 것이다. 만일 당신이 자신의 차를 운전한다면, 당신은 계획을 변경하지 않고도 당신이 가고 싶은 어디든 갈 수 있는 자유를 가질 것이다. 당신은 또한 예측할 수 있고, 운전 거리를 정할 수 있고, 그 주위에서 일할 수 있다. 이러한 바쁘고, 격앙된 사회 속에 살기 때문에, 선호하는 것으로서 자동차가 가장 좋은 교통수단의 방법이라는 것 외에 난 다른 선택이 없다.

_____

_____

_____

_____

_____

_____

_____

Level up! 고급 영작 교실

우리말을 참고해서, 사진의 내용을 영작해 보세요.

〈1단계: 한 문장씩 영작해 보기〉

1 한 남자 / 쓰고 있는 / 야구 모자를 / 전화 중이에요 / 휴대폰으로 (현재진행 + 현재진행)

→ _____

– ~을 쓰고 있는: be wearing ~
– 휴대폰은 cell phone인데, 처음 등장하니, 부정관사(a)를 붙여주자. 참고로, 미국에서는 휴대폰(mobile phone)이라고 하지 않고, 셀룰라 폰(Cellular phone) 또는 줄여서 셀 폰(cell phone)이라고 한다.

2 그 남자 뒤로 / 두 남자가 있는데 / 그들은 대화를 하고 있군요 / 서로 (that + 현재진행)

→ _____

– 두 남자: two men 여기에서 2라는 숫자를 'two'로 썼는데, 숫자를 표기하는 원칙이 하나 있다. 1부터 12까지는 풀어서 one, two, three…처럼 쓰고, 13부터는 13이라고 쓰면 된다.
– 서로: each other

3 그들은 걸어가는 중이에요 / 위로 / 화려한 카펫 (현재진행)

→ _____

– 화려한 카펫: colorful carpet 물론 이것도 처음 등장하니 부정관사(a)를 붙여 주자.

〈2단계: 통째로 다시 써 보기〉

1 한 남자, 야구 모자를 쓰고 있는, 휴대폰으로 전화 중이에요. 그 남자 뒤로 두 남자가 있는데 그들은 서로 대화를 하고 있군요. 그들은 화려한 카펫 위로 걸어가는 중이에요.

→ _____

_____

Sport, Hobby, or Game

Is there a sport. hobby. or game in your country that you enjoy?

당신의 나라에서 즐기는 스포츠나 취미 또는 게임이 있나?

VITAMINS

매일 먹으면 몸에 좋은 비타민처럼 매일 복습으로 영어 실력 튼튼~

어제 배운 내용을 다시 영작해 보시라. 술술 되시는가? 만일 안 된다면, 복습을 통하여 다시 한 번 써 보고 새로운 과를 시작하시길 바란다. 좋은 말할 때 ^^!

내가 선호하는 교통수단은 자동차이다. 내가 대중 교통수단을 이용했을 때, 가령 버스와 같은 것, 당신은 많은 선택을 가지지 못하며 당신의 하루 계획이 버스 스케줄 주위를 맴돌아야 한다.

이것은 무슨 일이 생겼을 때와 당신이 늦었을 때 방해와 불편함을 초래할 것이다. 만일 당신이 자신의 차를 운전한다면, 당신은 계획을 변경하지 않고도 당신이 가고 싶은 어디든 갈 수 있는 자유를 가질 것이다. 당신은 또한 예측할 수 있고, 운전 거리를 정할 수 있고, 그 주위에서 일할 수 있다. 이러한 바쁘고, 격앙된 사회 속에 살기 때문에, 선호하는 것으로서 자동차가 가장 좋은 교통수단의 방법이라는 것 외에 난 다른 선택이 없다.

TODAY'S 영작교실

사실 아무리 몸에 좋은 것도, 가령 비타민과 같은 건강식품도 하루하루 챙겨 먹기가 보통 쉽지 않다. 대한민국 어느 집에 가도, 다 먹지 못한 비타민 한 병쯤은 보유(?)하고 있는 것이 사실이다. 그런데, 여러분께서는 벌써 23일째 영양가가 풍부한 영작 연습을 하고 계신 것이다. 스스로 자랑스럽게 생각하시고 힘내시라. 드림 컴 츄루!

오늘도 잔소리 말고, 불평 말고, 그리고 이해하려 들지 말고 외워질 때까지 쓰고, 또 쓰는 것만이 그대를 영작의 고수로 만들어 드릴 것이다. *.*

오늘의 영작 주제

Is there a sport, hobby, or game that you enjoy in your country?

당신의 나라에서 즐기는 스포츠나 취미 또는 게임이 있나?

Step 1 The sport that I enjoy is skiing, because it allows me to experience something outside of my ordinary life. Living in California, I have no chance at seeing snow or even feel that winter is actually here.

핵심단어 정리 Experience: 경험으로 얻은 지식, 능력, 기술, 이력 등을 총칭하는데, 흔히 경험을 뜻한다. / Ordinary life: 보통의 삶, 평범한 삶 / I have no chance at~: ~할 기회가 없다

아래의 우리말을 Step1에서 찾아 적어 보세요. Level이 높아질수록 여러분은 어떻게 문장이 구성되는지 알고 그 근본을 따라 문장을 만들어 볼 수 있어요.

Level 1 스포츠

→ _____

Level 2 내가 좋아하는 스포츠

→ _____

Level 3 내가 좋아하는 스포츠는 스키예요.

→ _____

Level 4 내가 좋아하는 스포츠는 스키예요, 왜냐하면

→ _____

Level 5 내가 좋아하는 스포츠는 스키예요, 왜냐하면 이것은 내가 하게 해줘요.

→ _____

Level 6 내가 좋아하는 스포츠는 스키예요, 왜냐하면 이것은 내가 다른 면을 경험하게 해줘요.

→ _____

Level 7 내가 좋아하는 스포츠는 스키예요, 왜냐하면 이것은 내가 나의 일상적인 생활의 다른 면을 경험하게 해줘요.

→ _____

_____

Level 8 내가 좋아하는 스포츠는 스키예요, 왜냐하면 이것은 내가 나의 일상적인 생활의 다른 면을 경험하게 해줘요. 캘리포니아에 살면서,

→ _____

_____

Level 9 내가 좋아하는 스포츠는 스키예요, 왜냐하면 이것은 내가 나의 일상적인 생활의 다른 면을 경험하게 해줘요. 캘리포니아에 살면서, 나는 기회가 없어요.

→ _____

_____

Level 10 내가 좋아하는 스포츠는 스키예요, 왜냐하면 이것은 내가 나의 일상적인 생활의 다른 면을 경험하게 해줘요. 캘리포니아에 살면서, 나는 눈을 볼 수 있는 기회가 없어요.

→ _____

_____

Level 11 내가 좋아하는 스포츠는 스키예요, 왜냐하면 이것은 내가 나의 일상적인 생활의 다른 면을 경험하게 해줘요. 캘리포니아에 살면서, 나는 눈을 볼 수 있거나 또는 느끼는 기회가 없어요.

→ _____

_____

_____

Level 12 내가 좋아하는 스포츠는 스키예요, 왜냐하면 이것은 내가 나의 일상적인 생활의 다른 면을 경험하게 해줘요. 캘리포니아에 살면서, 나는 눈을 볼 수 있거나 또는 겨울이 정말 왔다고 느끼는 기회가 없어요.

→ _____

_____

_____

Step 2 But skiing allows me to jump into a new world outside of my old. In addition, skiing gives me an adrenaline rush, the reason why many people get hooked on sports.

핵심단어 정리 Adrenaline: 생화학이나 약학의 용어 아드레날린에서 나온 단어인데, 일반적으로 흥분시키는[자극하는] 것을 모두 말할 때 사용한다. / Rush: 급하게 돌진, 돌격, 매진, 빠져드는 것을 말한다. / Get hooked on ~: ~에 매료되다. 걸려들다 (강조를 위한 수동태에서는 become이나 get을 be동사 대신에 사용한다.)

Level 1 그러나 스키는 나에게 해줘요.

→ _____

Level 2 그러나 스키는 다른 세계로 점프할 수 있도록 해줘요.

→ _____

Level 3 그러나 스키는 나의 일상 생활 밖의 다른 세계로 점프할 수 있도록 해줘요. 게다가,

→ _____

Level 4 그러나 스키는 나의 일상 생활 밖의 다른 세계로 점프할 수 있도록 해줘요. 게다가, 스키는 나에게 주죠.

→ _____

_____

Level 5 그러나 스키는 나의 일상 생활 밖의 다른 세계로 점프할 수 있도록 해줘요. 게다가, 스키는 나에게 급성 아드레날린(adrenaline)을 주죠.

→ _____

_____

Level 6 그러나 스키는 나의 일상 생활 밖의 다른 세계로 점프할 수 있도록 해줘요. 게다가, 스키는 나에게 급성 아드레날린(adrenaline)을 주는데, 그 이유가

→ _____

_____

Level 7 그러나 스키는 나의 일상 생활 밖의 다른 세계로 점프할 수 있도록 해줘요. 게다가, 스키는 나에게 급성 아드레날린(adrenaline)을 주는데, 그것이 바로 많은 사람들이 매료되는 이유죠.

→ _____

_____

Level 8 그러나 스키는 나의 일상 생활 밖의 다른 세계로 점프할 수 있도록 해줘요. 게다가, 스키는 나에게 급성 아드레날린(adrenaline)을 주는데, 그것이 바로 많은 사람들이 스포츠에 매료되는 이유죠.

→ _____

_____

_____

Step 3 The sport is a cross between ice–skating and roller–skating, with the difference that it takes place down a slope covered with snow and with a greater thrill.

핵심단어 정리   Slope: 비탈, 사면을 말하는데, 흔히 스키장의 슬로프를 말한다. / Thrill: 오싹함, 전율, 두근거림, 설렘, 떨림, 스릴

Level 1 이 스포츠는

→ _____

Level 2 이 스포츠는 교차점이죠.

→ _____

Level 3 이 스포츠는 아이스 스케이팅과 롤러 스케이팅 둘 사이의 교차점이며,

→ _____

Level 4 이 스포츠는 아이스 스케이팅과 롤러 스케이팅 둘 사이의 교차점이며, 다른 점을 가져요.

→ _____

Level 5 이 스포츠는 아이스 스케이팅과 롤러 스케이팅 둘 사이의 교차점이며, 이것은 내려가는 다른 점을 가져요.

→ _____

_____

Level 6 이 스포츠는 아이스 스케이팅과 롤러 스케이팅 둘 사이의 교차점이며, 이것은 눈으로 덮인 경사진 곳을 내려가는 다른 점을 가져요.

→ _____

_____

Level 7 이 스포츠는 아이스 스케이팅과 롤러 스케이팅 둘 사이의 교차점이며, 이것은 눈으로 덮인 경사진 곳을 내려가고, 굉장한 스릴을 가진다는 다른 점을 가져요.

→ _____

_____

differ와 different의 차이

일단, differ는 동사, different는 형용사다. 말 그대로, "차이"가 있다. 그런데 원래 이 단어의 뜻이 "차이"다.

This one differs from the rest. 이것은 나머지와 다르다.

주의할 것은, differ와 be동사를 함께 쓰면 안 된다. 동사 + 동사의 꼴이 되기 때문이다. 또 than, of 또는 to를 differ 뒤에 써도 안 된다.

(틀린 표현) Mr. Park is different of other men I know. (different)
(맞는 표현) Mr. Park differs from other men I know. Mr. Park은 내가 아는 다른 남자들과는 다르다.

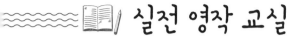 실전 영작 교실

다음에 제시된 우리말을 영작해 보세요.

내가 좋아하는 스포츠는 스키예요. 왜냐하면 이것은 내가 나의 일상적인 생활의 다른 면을 경험하게 해 줘요. 캘리포니아에 살면서, 나는 눈을 볼 수 있거나 또는 겨울이 정말 왔다고 느끼는 기회가 없어요. 그러나 스키는 나의 일상 생활 밖의 다른 세계로 점프할 수 있도록 해줘요. 게다가, 스키는 나에게 급성 아드레날린(adrenaline)을 주는데, 그것이 바로 많은 사람들이 스포츠에 매료되는 이유죠. 이 스포츠는 아이스 스케이팅과 롤러 스케이팅 둘 사이의 교차점이며, 이것은 눈으로 덮인 경사진 곳을 내려가고, 굉장한 스릴을 가진다는 다른 점을 가져요.

Level up! 고급 영작 교실

우리말을 참고해서, 사진의 내용을 영작해 보세요.

〈1단계: 한 문장씩 영작해 보기〉

1 한 여자가 구경하고 있네요 / 많은 종류의 신발을 (현재진행)

→ _____

  – 많은 종류의 ~: many different ~

2 모든 신발들은 정돈되어 있어요 / 위에 / 유리 선반 (수동태)

→ _____

  – 모든 신발들: All of the shoes
  – 정돈되어 있다: are arranged 신발들이 스스로 정돈될 리 없으니 수동태를 쓰자.

3 신발 뒤로 / 있고 / 많은 가방들과 지갑들이 / 그리고 / 있군요 / 약간의 여행용 가방들이 /바닥에

  (, + and + there 구문)

→ _____

  – 여행용 가방들: suitcases

<2단계: 통째로 다시 써 보기>

1 한 여자가 많은 종류의 신발을 구경하고 있네요. 모든 신발들은 유리 선반 위에 정돈되어 있어요. 신발 뒤로 많은 가방들과 지갑들이 있고, 약간의 여행용 가방들이 바닥에 있군요.

→ _____

_____

_____

[정답 확인하기]

Step 1　1) The sport 2) The sport that I enjoy 3) The sport that I enjoy is skiing, 4) The sport that I enjoy is skiing, because 5) The sport that I enjoy is skiing, because it allows me 6) The sport that I enjoy is skiing, because it allows me to experience something outside 7) The sport that I enjoy is skiing, because it allows me to experience something outside of my ordinary life. 8) The sport that I enjoy is skiing, because it allows me to experience something outside of my ordinary life. Living in California, 9) The sport that I enjoy is skiing, because it allows me to experience something outside of my ordinary life. Living in California, I have no chance 10) The sport that I enjoy is skiing, because it allows me to experience something outside of my ordinary life. Living in California, I have no chance at seeing snow 11) The sport that I enjoy is skiing, because it allows me to experience something outside of my ordinary life. Living in California, I have no chance at seeing snow or even feel 12) The sport that I enjoy is skiing, because it allows me to experience something outside of my ordinary life. Living in California, I have no chance at seeing snow or even feel that winter is actually here.

Step 2　1) But skiing allows me 2) But skiing allows me to jump into a new world outside of my old. 3) But skiing allows me to jump into a new world outside of my old. In addition, 4) But skiing allows me to jump into a new world outside of my old. In addition, skiing gives me 5) But skiing allows me to jump into a new world outside of my old. In addition, skiing gives me an adrenaline rush, 6) But skiing allows me to jump into a new world outside of my old. In addition, skiing gives me an adrenaline rush, the reason 7) But skiing allows me to jump into a new world outside of my old. In addition, skiing gives me an adrenaline rush, the reason why many people get hooked 8) But skiing allows me to jump into a new world outside of my old. In addition, skiing gives me an adrenaline rush, the reason why many people get hooked on sports.

Step 3　1) The sport is 2) The sport is a cross 3) The sport is a cross between ice-skating and roller-skating. 4) The sport is a cross between ice-skating and roller-skating, with the difference 5) The sport is a cross between ice-skating and roller-skating, with the difference that it takes place down 6) The sport is a cross between ice-skating and roller-skating, with the difference that it takes place down a slope (, which is) covered with snow 7) The sport is a cross between ice-skating and roller-skating, with the difference that it takes place down a slope covered with snow and with a greater thrill.

실전 영작 교실　The sport that I enjoy is skiing because it allows me to experience something outside of my ordinary life. Living in California, I have no chance to see snow or even feel that winter is actually here. But skiing allows me to jump into a new world outside of my old. In addition, skiing gives me an adrenaline rush, which is the reason why many people get hooked on sports. The sport is a cross between ice-skating and roller-skating; with the difference being that it takes place down a slope covered with snow and provides greater thrills.

Level up!　1) A woman is looking at many different shoes. 2) All of the shoes are arranged on glass shelves. 3) Behind the shoes are many bags and purses, and there are some suitcases on the floor.

Living
with a roommate

에세이 시리즈

Do you prefer living with a roommate or alone?

당신은 룸메이트와 사는 것과 혼자 사는 것 중 어떤 것을 선호하는가?

VITAMINS

매일 먹으면 몸에 좋은 비타민처럼 매일 복습으로 영어 실력 튼튼~

어제 배운 내용을 다시 영작해 보시라. 술술 되시는가? 만일 안 된다면, 복습을 통하여 다시 한 번 써 보고 새로운 과를 시작하시길 바란다. 좋은 말할 때 ^^!

내가 좋아하는 스포츠는 스키이다. 왜냐하면 이것은 내가 나의 일상적인 생활의 다른 면을 경험하게 해준다. 캘리포니아에 살면서, 나는 눈을 볼 수 있거나 또는 겨울이 정말 왔다고 느끼는 기회가 없다. 그러나 스키는 나의 일상 생활 밖의 다른 세계로 점프할 수 있도록 해준다. 게다가, 스키는 나에게 급성 아드레날린(adrenaline)을 주는데, 그것이 바로 많은 사람들이 스포츠에 매료되는 이유다. 이 스포츠는 아이스 스케이팅과 롤러 스케이팅 둘 사이의 교차점이며, 이것은 눈으로 덮인 경사진 곳을 내려가고, 굉장한 스릴을 가진다는 다른 점을 가진다.

_____

_____

_____

_____

_____

_____

_____

_____

TODAY'S 영작교실

여러분, "Meet the Robinsons"라는 월트디즈니사에서 만든 애니메이션을 보신 적이 있는 가? 유튜브에서 오늘 간단하게 검색해서 확인해 보면 되는데, 어느 분은, 이것을 '로빈슨 만나기'라고 해석하던데 그건 아니다. ㅆ! 라스트 네임, 즉 우리말의 성(Last Name) 뒤에 S 가 붙고, 앞에 정관사를 붙이는 경우에는 '가문'이라는 뜻이 된다. 따라서 번역하면, '로빈 슨 가문을 만나다' 정도로 하면 된다. 게다가 이 영화의 주제는 "Keep moving forward!"다. 앞으로 계속 돌격! 이 정도로 해석하자. ㅆ! 멈추지 말고 계속 노력할 때에 이루어진다는 심오한(!) 뜻이 들어 있다.

오늘도 잔소리 말고, 불평 말고, 그리고 이해하려 들지 말고 외워질 때까지 쓰고, 또 쓰는 것만이 그대를 영작의 고수로 만들어 드릴 것이다. *.*

오늘의 영작 주제

Do you prefer living with a roommate or alone?

당신은 룸메이트와 사는 것과 혼자 사는 것 중 어떤 것을 선호하는가?

Step 1 There are both positive and negative aspects to living with a roommate, as well as living alone. However, I prefer living with a roommate to living alone.

보너스

Prefer를 동사로 쓸 때 prefer A to B의 구문을 갖던가요?

예, 똑똑한 학생이군요. 해석은요? B보다 A를 더 좋아한다고 해도 되고, '나는 A가 더 좋아요, B보다'로 하는 것이 더 좋을 듯싶네요. 외우기도 쉽고, 참 여기서 중요한 것 하나, 주어와 목적어가 될 수 있는 것은? 명사 상당이죠. 명사 상당에는 동명사와 부정사가 포함이 되는데, prefer A to B의 경우 A, B는 명사·대명사 또는 동명사는 쓸 수 있지만, 부정사는 쓰지 않는 것에 주의하세요.

I prefer apples to bananas. 나는 바나나보다 사과를 더 좋아한다.

아래의 우리말을 Step1에서 찾아 적어 보세요. Level이 높아질수록 여러분은 어떻게 문장이 구성되는지 알고 그 근본을 따라 문장을 만들어 볼 수 있어요.

Level 1   둘 다 있어요.

→ _____

Level 2   둘 다 긍정적인 면과 부정적인 면이 있어요.

→ _____

Level 3   룸메이트와 사는 것, 둘 다 긍정적인 면과 부정적인 면이 있어요.

→ _____

Level 4   룸메이트와 사는 것뿐만 아니라 혼자 사는 것, 둘 다 긍정적인 면과 부정적인 면이 있어요.

→ _____

Level 5   룸메이트와 사는 것뿐만 아니라 혼자 사는 것, 둘 다 긍정적인 면과 부정적인 면이 있어요. 그렇지만,

→ _____

_____

Level 6   룸메이트와 사는 것뿐만 아니라 혼자 사는 것, 둘 다 긍정적인 면과 부정적인 면이 있어요. 그렇지만, 나는 선호해요.

→ _____

Level 7 룸메이트와 사는 것뿐만 아니라 혼자 사는 것, 둘 다 긍정적인 면과 부정적인 면이 있어요. 그렇지만, 나는 룸메이트와 사는 것을 선호해요.

→ _____

_____

Level 8 룸메이트와 사는 것뿐만 아니라 혼자 사는 것, 둘 다 긍정적인 면과 부정적인 면이 있어요. 그렇지만, 나는 룸메이트와 사는 것을 혼자 사는 것보다 선호해요.

→ _____

_____

Step 2 One reason is because of the fact that you have someone there to keep you company; someone that you can count on for help, and advice for quality time. Another reason is that you get to challenge yourself.

핵심단어 정리 Advice: 충고, 조언, 권고 등으로 해석하면 되는데, 병원 분위기 즉 의사의 진단, 진찰이나 변호사의 감정(鑑定) 등을 말하기도 한다. / Quality: 양질의, 고급의, 우수한 / Challenge~: ~에 도전하다

보너스

Another reason is that you get에서 왜 that을 썼나요? 궁금!

That은 접속사의 기능을 갖죠. 따라서, 앞 뒤를 보면 주어와 동사가 함께 존재하기 때문에 이 사이에는 반드시 접속사가 필요합니다. 그래서 that을 is 다음에 써서 두 문장을 연결해 준 겁니다. 다시 말해 that을 쓰고 싶지 않다면, 'Another reason is to challenge yourself'로 해도 됩니다.

Level 1 하나의 이유는

→ _____

Level 2 하나의 이유는 사실 때문이에요.

→ _____

Level 3 하나의 이유는 당신은 누군가를 가지고 있다는 사실 때문이에요.

→ _____

Level 4 하나의 이유는 당신은 동료가 계속 될 수 있는 누군가를 가지고 있다는 사실 때문이에요.

→ _____

Level 5 하나의 이유는 당신은 동료가 계속 될 수 있는 누군가를 가지고 있다는 사실 때문이에요. 그 누군가에게 당신은 도움을 요청할 수 있고

→ _____

_____

Level 6 하나의 이유는 당신은 동료가 계속 될 수 있는 누군가를 가지고 있다는 사실 때문이에요. 그 누군가에게 당신은 도움을 요청할 수 있고, 질적인 시간을 위해 충고도 바랄 수 있다.

→ _____

_____

Level 7 하나의 이유는 당신은 동료가 계속 될 수 있는 누군가를 가지고 있다는 사실 때문이에요. 그 누군가에게 당신은 도움을 요청할 수 있고, 질적인 시간을 위해 충고도 바랄 수 있다. 다른 이유는

→ _____

_____

Level 8 하나의 이유는 당신은 동료가 계속 될 수 있는 누군가를 가지고 있다는 사실 때문이에요. 그 누군가에게 당신은 도움을 요청할 수 있고, 질적인 시간을 위해 충고도 바랄 수 있다. 다른 이유는 당신 자신에게 도전을 할 수 있어요.

→ _____

_____

_____

Instead of doing everything your way, you learn to respect what other people have to say, as well as their space and needs. I think it would be a wonderful experience making a valuable friendship and learning to compromise by living with a roommate.

핵심단어 정리 Instead of ~ : ~대신에[으로] / Valuable: 값비싼, 고가(高價)의, 귀중한, 소중한, 매우 쓸모 있는 / To compromise: 타협하다, 양보하다, 화해하다

I think it would be…을 I think that it would be로 that을 써도 되나요?

아! 물론이죠. 명사절을 이끄는 관계대명사 that을 사용하여도 되지만, 보다 매끄러운 문맥을 위해서 생략도 가능합니다.

Level 1 하는 대신에

→ _____

Level 2 모든 것을 당신 방식대로 하는 대신에,

→ _____

Level 3 모든 것을 당신 방식대로 하는 대신에, 당신은 존중을 배워요.

→ _____

Level 4 모든 것을 당신 방식대로 하는 대신에, 당신은 다른 사람들이 말하는 것에 대한 존중을 배워요.

→ _____

Level 5 모든 것을 당신 방식대로 하는 대신에, 당신은 그들의 공간과 요구와 같은 다른 사람들이 말하는 것에 대한 존중을 배워요.

→ _____

_____

Level 6   모든 것을 당신 방식대로 하는 대신에, 당신은 그들의 공간과 요구와 같은 다른 사람들이 말하는 것에 대한 존중을 배워요. 나는 생각해요.

→ _____

_____

Level 7   모든 것을 당신 방식대로 하는 대신에, 당신은 그들의 공간과 요구와 같은 다른 사람들이 말하는 것에 대한 존중을 배워요. 나는 이것은 놀라운 경험이라고 생각해요.

→ _____

_____

Level 8   모든 것을 당신 방식대로 하는 대신에, 당신은 그들의 공간과 요구와 같은 다른 사람들이 말하는 것에 대한 존중을 배워요. 나는 이것은 가치 있는 우정을 만드는 놀라운 경험이라고 생각해요.

→ _____

_____

_____

Level 9   모든 것을 당신 방식대로 하는 대신에, 당신은 그들의 공간과 요구와 같은 다른 사람들이 말하는 것에 대한 존중을 배워요. 나는 이것은 가치 있는 우정을 만들고, 타협을 배우는 놀라운 경험이라고 생각해요.

→ _____

_____

_____

Level 10   모든 것을 당신 방식대로 하는 대신에, 당신은 그들의 공간과 요구와 같은 다른 사람들이 말하는 것에 대한 존중을 배워요. 나는 이것은 가치 있는 우정을 만들고, 룸메이트와 같이 살면서 타협을 배우는 놀라운 경험이라고 생각해요.

→ _____

_____

_____

명사와 명사를 연달아 쓰고 싶을 때(collocation)

명사+명사=복합명사가 된다. 이것은 두 개 이상의 단어로 이루어진 새로운 명사를 말하는데, 두 개의 명사 중에 앞에 있는 명사는 형용사적인 의미를 갖게 되므로 복수형으로 쓰지 않는다. 하지만, 원래 s가 붙어서 의미를 갖는 단어의 경우에는 앞의 단어라고 해도 s를 지우지 않고 그대로 사용하는 것에 주의한다.

주요 복합명사: 명사 + 명사

Apartment complex 아파트 단지	Application form 지원서	Attendance record 출근 기록
Communication skill 의사 소통 능력	Construction site 건설 현장	Consumer loan 소비자 대출
Customer satisfaction 고객 만족	Dress-code regulation 복장 규정	Employee participation 직원 참여
Expiration date 만기일	Face value 액면가	Fringe benefits 부가급여, 특별 수당
Gender discrimination 성차별	Hotel reservation 호텔 예약	Information desk 안내 데스크
Membership fee 회비	Office furniture 사무용 가구	Performance appraisal 수행 평가
Product availability 제품 이용성	Product recognition 제품 인지도	Production schedule 생산 일정
Profit margin 이윤	Promissory note 약속 어음	Safety precautions 안전예방조치들
Service desk 서비스 데스크	Staff productivity 직원 생산성	Stationery store 문구점
Delivery company 배송		

예외형 복합명사: 명사 S + 명사

The ~ awards ceremony ~시상식	Customs official 세관직원	Economics professor 경제학 교수
Overseas trip 해외여행	Sales department 영업부	Commutations satellite 통신위성
Customs regulations 세관 규정	Public relations office/department 공보부	
Savings account 저축 계좌	Sports complex 종합 운동장	

실전 영작 교실

다음에 제시된 우리말을 영작해 보세요.

룸메이트와 함께 사는 것뿐만 아니라 혼자 사는 것 모두 긍정적인 면과 부정적인 면이 있다. 그러나 나는 혼자 사는 것보다 룸메이트와 함께 사는 것을 더 선호한다. 하나의 이유는 당신의 동료가 될 수 있는 누군가를 가지고 있다는 사실이다. 그 누군가에게 당신은 질적인 시간을 위해 도움이나 조언을 요청할 수 있다. 또 다른 이유는 당신 자신에게 도전을 할 수 있다.

모든 것을 당신의 방식대로 하는 대신에 그들의 공간 또는 요구와 같은 다른 사람이 말하는 것에 대한 존중을 배운다. 나는 가치 있는 우정을 만들고 룸메이트와 함께 살면서 타협을 배우는 것이 놀라운 경험이라고 생각한다.

 Level up! 고급 영작 교실

우리말을 참고해서, 사진의 내용을 영작해 보세요.

〈1단계: 한 문장씩 영작해 보기〉

1 한 어린이와 / 그녀의 엄마가 / 올라가고 있어요 / 계단을 / 출구 쪽으로 (현재진행)

→ _____

– 올라가고: climbing
– 출구 쪽으로: to the exit

2 거기에는 식물들이 자라고 있어요 / 계단 양쪽으로 (There + 현재진행)

→ _____

– 식물들이 자라고 있다: plants are growing 일종의 의인화로 사용했기 때문에 진행형이 가능하고, there 구문으로 작성하기 위
   해서는 be동사를 도치해서 사용해야 한다.
– 계단 양쪽으로: either side of the stairway

3 그 계단은 덮여 있고요 / 다른 두 종류 세트의 / 색을 가진 타일들로 (수동태)

→ _____

– ～ 덮여 있다: be covered with ～
– 다른 두 종류 세트의: two different sets of

〈2단계: 통째로 다시 써 보기〉

1 한 어린이와 그녀의 엄마가 출구 쪽으로 계단을 올라가고 있어요. 거기에는 식물들이 계단 양쪽으로 자라고 있어요. 그 계단은 두 종류 세트의 다른 색을 가진 타일들로 덮여 있고요.

→ _____

_____

_____

[정답 확인하기]

Step 1 1) There are both 2) There are both positive and negative aspects 3) There are both positive and negative aspects to living with a roommate. 4) There are both positive and negative aspects to living with a roommate, as well as living alone. 5) There are both positive and negative aspects to living with a roommate, as well as living alone. However, 6) There are both positive and negative aspects to living with a roommate, as well as living alone. However, I prefer 7) There are both positive and negative aspects to living with a roommate, as well as living alone. However, I prefer living with a roommate 8) There are both positive and negative aspects to living with a roommate, as well as living alone. However, I prefer living with a roommate to living alone.

Step 2 1) One reason is 2) One reason is because of the fact 3) One reason is because of the fact that you have someone 4) One reason is because of the fact that you have someone there to keep you company; 5) One reason is because of the fact that you have someone there to keep you company; someone that you can count on 6) One reason is because of the fact that you have someone there to keep you company; someone that you can count on for help and advice for quality time. 7) One reason is because of the fact that you have someone there to keep you company; someone that you can count on for help and advice for quality time. Another reason is 8) One reason is because of the fact that you have someone there to keep you company; someone that you can count on for help and advice for quality time. Another reason is that you get to challenge yourself.

Step 3 1) Instead 2) Instead of doing everything your way. 3) Instead of doing everything your way, you learn to respect 4) Instead of doing everything your way, you learn to respect what other people have to say, as well as 5) Instead of doing everything your way, you learn to respect what other people have to say, as well as their space and needs. 6) Instead of doing everything your way, you learn to respect what other people have to say, as well as their space and needs. I think 7) Instead of doing everything your way, you learn to respect what other people have to say, as well as their space and needs. I think it would be a wonderful experience 8) Instead of doing everything your way, you learn to respect what other people have to say, as well as their space and needs. I think it would be a wonderful experience (, which is) making a valuable friendship 9) Instead of doing everything your way, you learn to respect what other people have to say, as well as their space and needs. I think it would be a wonderful experience making a valuable friendship and learning to compromise 10) Instead of doing everything your way, you learn to respect what other people have to say, as well as their space and needs. I think it would be a wonderful experience making a valuable friendship and learning to compromise by living with a roommate.

실전 영작 교실 There are both positive and negative aspects to living with a roommate as well as living alone. However, I prefer living with a roommate to living alone. One reason is because of the fact that you have someone there to keep you company—someone that you can count on for help and quality advice. Another reason is that you get to challenge yourself. Instead of doing everything your way, you learn to respect what other people have to say as well as respect their space and needs. I think it would be a wonderful experience to make a valuable friendship and to learn to compromise by living with a roommate.

Level up! 1) A child and her mother are climbing the stairs to the exit. 2) There are plants growing on either side of the stairway. 3) The stairway is covered with two different sets of colored tiles.

Indoor activities
or outdoor activities

에세이 시리즈

Do you prefer indoor activities or outdoor activities?

당신은 실내 활동과 실외 활동 중 어떤 것을 선호하는가?

VITAMINS

매일 먹으면 몸에 좋은 비타민처럼 매일 복습으로 영어 실력 튼튼~

어제 배운 내용을 다시 영작해 보시라. 술술 되시는가? 만일 안 된다면, 복습을 통하여 다시 한 번 써 보고 새로운 과를 시작하시길 바란다. 좋은 말할 때 ^^!

룸메이트와 함께 사는 것뿐만 아니라 혼자 사는 것 모두 긍정적인 면과 부정적인 면이 있다. 그러나 나는 혼자 사는 것보다 룸메이트와 함께 사는 것을 더 선호한다. 하나의 이유는 당신의 동료가 될 수 있는 누군가를 가지고 있다는 사실이다. 그 누군가에게 당신은 질적인 시간을 위해 도움이나 조언을 요청할 수 있다. 또 다른 이유는 당신 자신에게 도전을 할 수 있다.

모든 것을 당신의 방식대로 하는 대신에 그들의 공간 또는 요구와 같은 다른 사람이 말하는 것에 대한 존중을 배운다. 나는 가치 있는 우정을 만들고 룸메이트와 함께 살면서 타협을 배우는 것이 놀라운 경험이라고 생각한다.

_____

_____

_____

_____

_____

_____

_____

_____

TODAY'S 영작교실

써본 적이 없기 때문에, 영작문 하기가 힘들다고 하소연해 온 독자 분이 있었다. 난 답장에 이렇게 썼다. "용서하세요! 베이직 영작문은 써 본 적이 없는 분들을 위해서, 연습할 내용을 엄청나게 많이 넣었으니 말이에요"라고… 혹, 독자 중에 이렇게 기본기가 없다고 한탄하신 분들이 있다면, 다시 마음을 잘 가다듬고 쓰기에 전력을 다해 보시길 바란다. 쓰고, 또 쓰다 보면 느는 것은 영작이다. ^^! 누가 모르느냐고, 하기 싫어서 그렇지.

오늘도 잔소리 말고, 불평 말고, 그리고 이해하려 들지 말고 외워질 때까지 쓰고, 또 쓰는 것만이 그대를 영작의 고수로 만들어 드릴 것이다. *.*

오늘의 영작 주제

Do you prefer indoor activities or outdoor activities?

당신은 실내 활동과 실외 활동 중 어떤 것을 선호합니까?

Step 1 I personally prefer outdoor activities to indoor activities. There are many activities that you can engage in both indoors and outdoors, but many of the more physical activities take place outdoors.

핵심단어 정리 Engage in~: 여기에서는 '~몰두하다'의 뜻으로 쓰였지만, ~종사[관계]하다, 근무하다 등의 뜻도 있다. / Take place: 벌어지다, 일어나다, 발생하다 / Physical activities: 육체적인 활동, 신체적인 활동

'I personally prefer'에서 'Personally, I prefer'라고 해도 되나요?

그럼요. 우리말 어순에 의하면 앞에 나와야 하지만, 부사의 원래 위치는 일반동사 앞이다. 따라서 여기선 일반동사 앞에 썼습니다. 그 외에도, 부사 흥미롭게도 interestingly 등도 문장 앞에 써도 됩니다.

아래의 우리말을 Step1에서 찾아 적어 보세요. Level이 높아질수록 여러분은 어떻게 문장이 구성되는지 알고 그 근본을 따라 문장을 만들어 볼 수 있어요.

Level 1   나는 개인적으로 선호해요.

→ _____

Level 2   나는 개인적으로 실외 활동을 선호해요.

→ _____

Level 3   나는 개인적으로 실내 활동보다 실외 활동을 선호해요.

→ _____

Level 4   나는 개인적으로 실내 활동보다 실외 활동을 선호해요. 많은 활동들이 있어요.

→ _____

Level 5   나는 개인적으로 실내 활동보다 실외 활동을 선호해요. 당신이 몰두할 수 있는 많은 활동들이 있어요.

→ _____

_____

Level 6   나는 개인적으로 실내 활동보다 실외 활동을 선호해요. 실내 활동과 실외 활동에는 당신이 몰두할 수 있는 많은 활동들이 있어요.

→ _____

_____

Level 7   나는 개인적으로 실내 활동보다 실외 활동을 선호해요. 실내 활동과 실외 활동에는 당신이 몰두할 수 있는 많은 활동들이 있어요. 그러나 더 많은 신체적인 활동들이

→ _____

_____

Level 8 나는 개인적으로 실내 활동보다 실외 활동을 선호해요. 실내 활동과 실외 활동에는 당신이 몰두할 수 있는 많은 활동들이 있어요. 그러나 더 많은 신체적인 활동들이 실외 활동에서 벌어져요.

→ _____ _____

_____

Step 2 I consider and expect activities in general to require a lot of physical interaction. I want to be out, feel hot under the sun and cool in the breeze, and actually feel that I had done something productiveness.

핵심단어 정리 In general: 전반적인, 일반적인 / Interaction: 상호작용 / Breeze: 바람(wind)에도 종류가 있는데, 이것은 산들바람 정도에 해당한다. 미풍(초속 1)6–13(8m) / Productiveness: 생산적인 무엇, 생산력, 생산

보너스

cool in the breeze에서 cool in the wind라고 해도 되나요?
물론입니다. 다만, 좀 더 기분 좋은 바람이라는 의미로 Breeze를 썼는데, 산들산들 불어오는 바람 정도의 기분을 표현합니다.

Level 1 나는 고려해요.

→ _____

Level 2 나는 고려하고 기대해요.

→ _____

Level 3 나는 전반적인 활동을 통해서 고려하고 기대해요.

→ _____

Level 4 나는 많은 것을 요구한다는 면에서 전반적인 활동을 통해서 고려하고 기대해요.

→ _____

Level 5 나는 많은 신체적인 상호작용을 요구한다는 면에서 전반적인 활동을 통해서 고려하고 기대해요.

→ _____

Level 6 나는 많은 신체적인 상호작용을 요구한다는 면에서 전반적인 활동을 통해서 고려하고 기대해요. 나는 원해요.

→ _____

_____

Level 7 나는 많은 신체적인 상호작용을 요구한다는 면에서 전반적인 활동을 통해서 고려하고 기대해요. 나는 밖에 나가길 원해요.

→ _____

_____

Level 8 나는 많은 신체적인 상호작용을 요구한다는 면에서 전반적인 활동을 통해서 고려하고 기대해요. 나는 밖에 나가길 원해요. 뜨거움을 느끼고

→ _____

_____

Level 9 나는 많은 신체적인 상호작용을 요구한다는 면에서 전반적인 활동을 통해서 고려하고 기대해요. 나는 밖에 나가길 원해요. 태양 아래서 뜨거움을 느끼고

→ _____

_____

Level 10 나는 많은 신체적인 상호작용을 요구한다는 면에서 전반적인 활동을 통해서 고려하고 기대해요. 나는 밖에 나가길 원해요. 태양 아래서 뜨거움을 느끼고, 바람 안에서 시원함을,

→ _____

_____

Level 11 나는 많은 신체적인 상호작용을 요구한다는 면에서 전반적인 활동을 통해서 고려하고 기대해요. 나는 밖에 나가길 원해요. 태양 아래서 뜨거움을 느끼고, 바람 안에서 시원함을, 그리고 실제적으로 느끼고 싶어요.

→ _____

_____

Level 12 나는 많은 신체적인 상호작용을 요구한다는 면에서 전반적인 활동을 통해서 고려하고 기대해요. 나는 밖에 나가길 원해요. 태양 아래서 뜨거움을 느끼고, 바람 안에서 시원함을, 그리고 실제적으로 내가 했다는 것을 느끼고 싶어요.

→ _____

_____

_____

Level 13 나는 많은 신체적인 상호작용을 요구한다는 면에서 전반적인 활동을 통해서 고려하고 기대해요. 나는 밖에 나가길 원해요. 태양 아래서 뜨거움을 느끼고, 바람 안에서 시원함을, 그리고 실제적으로 내가 무언가 생산적인 것을 했다는 것을 느끼고 싶어요.

→ _____

_____

_____

Step 3 I like the excitement and adrenaline outdoor activities release. Moreover, the outdoor settings naturally lift up the energy and spirit inside.

핵심단어 정리 Excitement: 흥분, 격앙 / Setting: 놓기, 고정시킴 / Lift up: 끌어올리다, 고양시키다

보너스

'the outdoor settings'가 뭐예요?
앞에서 'the outdoor activities'라는 단어를 많이 썼기 때문에 더 이상의 중복 표현을 하지 않으려고, 'the outdoor settings'라고 표현했어요. ^^!

Level 1 나는 좋아해요.

→ _____

Level 2   나는 흥분을 좋아해요.

→ _____

Level 3   나는 흥분과 흥분시키는 것을 좋아해요.

→ _____

Level 4   나는 실외 활동이 방출하는 흥분과 흥분시키는 것을 좋아해요.

→ _____

Level 5   나는 실외 활동이 방출하는 흥분과 흥분시키는 것을 좋아해요. 게다가,

→ _____

Level 6   나는 실외 활동이 방출하는 흥분과 흥분시키는 것을 좋아해요. 게다가, 실외 활동들은

→ _____

Level 7   나는 실외 활동이 방출하는 흥분과 흥분시키는 것을 좋아해요. 게다가, 실외 활동은 자연적으로 고
양시켜 줘요.

→ _____

_____

Level 8   나는 실외 활동이 방출하는 흥분과 흥분시키는 것을 좋아해요. 게다가, 실외 활동은 자연적으로 에
너지를 고양시켜 줘요.

→ _____

_____

_____

Level 9   나는 실외 활동이 방출하는 흥분과 흥분시키는 것을 좋아해요. 게다가, 실외 활동은 자연적으로 에
너지와 내적 정신을 고양시켜 줘요.

→ _____

_____

이럴땐 이렇게

(오락) 활동을 하러 가다라는 표현은?

야외든, 실내든 오락에 관계되는 활동을 '하러 가다'는 표현에는 'go+동명사'를 사용한다.

Go boating 보트 타러 가다
Go dancing 춤추려 가다
Go running 달리러 가다
Go sightseeing 관광하러 가다
Go swimming 수영하러 가다
Go bowling 볼링 치러 가다
Go hiking 하이킹 하러 가다

Go sailing 항해하러 가다
Go skiing 스키 타러 가다
Go snorkeling 스노클링하러 가다
Go camping 캠핑하러 가다
Go jogging 조깅하러 가다
Go shopping 쇼핑하러 가다
Go sledding 썰매 타러 가다

I did go swimming in the ocean many times while on vacation. 나는 휴가 중에 여러 번에 걸쳐서 수영하러 바다에 갔다.

I did a lot of sightseeing when I was in Los Angeles. Los Angeles에 있을 때 나는 관광을 많이 했다.

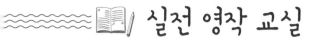

Step 1 다음에 제시된 우리말을 영작해 보세요.

나는 개인적으로 실내 활동보다 실외 활동을 선호한다. 실내 활동과 실외 활동에는 당신이 몰두할 수 있는 많은 활동들이 있다. 그러나 더 많은 신체적인 활동들이 실외 활동에서 벌어진다.

나는 많은 신체적인 상호작용을 요구한다는 면에서 전반적인 활동을 통해서 고려하고 기대한다. 나는 밖에 나가길 원하며, 태양 아래서 뜨거움을 느끼고, 바람 안에서 시원함을, 그리고 실제적으로 내가 무언가 생산적인 것을 했다는 것을 느끼고 싶다.

나는 실외 활동이 방출하는 흥분과 흥분시키는 것을 좋아한다. 게다가, 실외 활동은 자연적으로 에너지와 내적 정신을 고양시켜 준다.

_____

_____

_____

_____

_____

_____

_____

Level up! 고급 영작 교실

우리말을 참고해서, 사진의 내용을 영작해 보세요.

⟨1단계: 한 문장씩 영작해 보기⟩

1 한 여자가 서 있어요 / 앞에 / 디저트 진열대 (현재진행)

→ _____

– ～의 앞에: in front of ～
– 디저트 진열대: the dessert station 그냥 카운터(counter)라고 해도 된다.

2 그녀는 보고 있군요 / 고를 수 있는 그 모든 것을 / 그녀가 가지는 (현재진행 + that + 현재)

→ _____

– 고를 수 있는 그 모든 것: all of the different choices

3 그녀는 이미 / 가지고 있는데 / 두 개의 디저트를 / 하지만 / 그녀는 원하는군요 / 더 (현재 + but + 현재)

→ _____

– 이미: already

〈2단계: 통째로 다시 써 보기〉

1   한 여자가 디저트 진열대 앞에 서 있어요. 그녀는 그녀가 고를 수 있는 그 모든 것을 보고 있군요. 그녀는
    이미 두 개의 디저트를 가지고 있는데, 하지만 그녀는 더 원하는군요.

   → _____

      _____

      _____

[정답 확인하기]

Step 1 1) I personally prefer 2) I personally prefer outdoor activities 3) I personally prefer outdoor activities to indoor activities. 4) I personally prefer outdoor activities to indoor activities. There are many activities 5) I personally prefer outdoor activities to indoor activities. There are many activities that you can engage 6) I personally prefer outdoor activities to indoor activities. There are many activities that you can engage in both indoors and outdoors. 7) I personally prefer outdoor activities to indoor activities. There are many activities that you can engage in both indoors and outdoors, but many of the more physical activities 8) I personally prefer outdoor activities to indoor activities. There are many activities that you can engage in both indoors and outdoors, but many of the more physical activities take place outdoors.

Step 2 1) I consider 2) I consider and expect 3) I consider and expect activities in general 4) I consider and expect activities in general to require a lot 5) I consider and expect activities in general to require a lot of physical interaction. 6) I consider and expect activities in general to require a lot of physical interaction. I want 7) I consider and expect activities in general to require a lot of physical interaction. I want to be out, 8) I consider and expect activities in general to require a lot of physical interaction. I want to be out, feel hot 9) I consider and expect activities in general to require a lot of physical interaction. I want to be out, feel hot under the sun 10) I consider and expect activities in general to require a lot of physical interaction. I want to be out, feel hot under the sun and cool in the breeze, 11) I consider and expect activities in general to require a lot of physical interaction. I want to be out, feel hot under the sun and cool in the breeze, and actually feel 12) I consider and expect activities in general to require a lot of physical interaction. I want to be out, feel hot under the sun and cool in the breeze, and actually feel that I had done 13) I consider and expect activities in general to require a lot of physical interaction. I want to be out, feel hot under the sun and cool in the breeze, and actually feel that I had done something productiveness.

Step 3 1) I like 2) I like the excitement 3) I like the excitement and adrenaline 4) I like the excitement and adrenaline outdoor activities release. 5) I like the excitement and adrenaline outdoor activities release. Moreover, 6) I like the excitement and adrenaline outdoor activities release. Moreover, the outdoor settings 7) I like the excitement and adrenaline outdoor activities release. Moreover, the outdoor settings naturally lift up 8) I like the excitement and adrenaline outdoor activities release. Moreover, the outdoor settings naturally lift up the energy 9) I like the excitement and adrenaline outdoor activities release. Moreover, the outdoor settings naturally lift up the energy and spirit inside.

실전 영작 교실 I personally prefer outdoor activities to indoor activities. There are many activities that you can engage in both indoors and outdoors, but many of the more physical activities take place outdoors. I consider and expect activities in general to require a lot of physical interaction. I want to be out, to feel hot under the sun and cool in the breeze, and actually to feel that I have done something productive. I like the excitement and adrenaline release that outdoor activities provide. Moreover, the outdoor settings naturally increase one's energy and inner spirit.

Level up! 1) A woman is standing in front of the dessert station. 2) She is looking at all of the different choices that she has. 3) She already has two desserts, but she wants more.

Working at home
or in office setting

Do you prefer working at home or in an office setting?

너는 집에서 일하는 것과 사무실에서 일하는 것 중 뭘 더 선호하는가?

VITAMINS

매일 먹으면 몸에 좋은 비타민처럼 매일 복습으로 영어 실력 튼튼~

어제 배운 내용을 다시 영작해 보시라. 술술 되시는가? 만일 안 된다면, 복습을 통하여 다시 한 번 써 보고 새로운 과를 시작하시길 바란다. 좋은 말할 때 ^^!

나는 개인적으로 실내 활동보다 실외 활동을 선호한다. 실내 활동과 실외 활동에는 당신이 몰두할 수 있는 많은 활동들이 있다. 그러나 더 많은 신체적인 활동들이 실외 활동에서 벌어진다.

나는 많은 신체적인 상호작용을 요구한다는 면에서 전반적인 활동을 통해서 고려하고 기대한다. 나는 밖에 나가길 원하며, 태양 아래서 뜨거움을 느끼고, 바람 안에서 시원함을, 그리고 실제적으로 내가 무언가 생산적인 것을 했다는 것을 느끼고 싶다. 나는 실외 활동이 방출하는 흥분과 흥분시키는 것을 좋아한다. 게다가, 실외 활동은 자연적으로 에너지와 내적 정신을 고양시켜 준다.

TODAY'S 영작교실

거의 하루하루 빠짐 없이 잔소리를 하다 보니, 잔소리의 일기와 같이 보여진다. 내가 써 놓고 봐도. ^^! 하지만, 벌써 26과째다. 얼마 남지 않았다는 얘기다. @.@ 그간에 듣기 싫은 내용이 많았지만, 꾹 참고 여기까지 오신 여러분들을 환영한다.

오늘도 잔소리 말고, 불평 말고, 그리고 이해하려 들지 말고 외워질 때까지 쓰고, 또 쓰는 것만이 그대를 영작의 고수로 만들어 드릴 것이다. **

오늘의 영작 주제

Do you prefer working at home or in office setting?

너는 집에서 일하는 것과 사무실에서 일하는 것 중 뭘 더 선호하는가?

Step 1 I would prefer to work at an office setting instead of working at home. In my opinion, work, home, and social life should all be separated by a fine line. I would not want to categorize work and home as the same thing.

핵심단어 정리 Office setting: 사무실 환경 정도로 쓰면 된다. Setting은 설정된 환경 정도의 의미이다. / Be separated by ~: ~에 의해서 분리되다, 가르다 / Fine line: 정확한 선 / Categorize: ~을 범주에 넣다, 분류하다

아래의 우리말을 Step1에서 찾아 적어 보세요. Level이 높아질수록 여러분은 어떻게 문장이 구성되는지 알고 그 근본을 따라 문장을 만들어 볼 수 있어요.

Level 1 나는 선호해요.

→ _____

Level 2 나는 직장에서 일하는 것을 선호해요.

→ _____

Level 3 나는 집에서 일하는 것 대신에 직장에서 일하는 것을 선호해요.

→ _____

Level 4 나는 집에서 일하는 것 대신에 직장에서 일하는 것을 선호해요. 내 의견은,

→ _____

Level 5 나는 집에서 일하는 것 대신에 직장에서 일하는 것을 선호해요. 내 의견은, 일, 집, 그리고 사회생활은

→ _____

Level 6 나는 집에서 일하는 것 대신에 직장에서 일하는 것을 선호해요. 내 의견은, 일, 집, 그리고 사회생활
은 나누어져야만 한다는 것이에요.

→ _____

_____

Level 7 나는 집에서 일하는 것 대신에 직장에서 일하는 것을 선호해요. 내 의견은, 일, 집, 그리고 사회생활
은 정확한 선에 의해서 나누어져야만 한다는 것이에요.

→ _____

_____

Level 8 나는 집에서 일하는 것 대신에 직장에서 일하는 것을 선호해요. 내 의견은, 일, 집, 그리고 사회생활
은 정확한 선에 의해서 나누어져야만 한다는 것이에요. 나는 원하지 않죠.

→ _____

_____

Level 9 나는 집에서 일하는 것 대신에 직장에서 일하는 것을 선호해요. 내 의견은, 일, 집, 그리고 사회생활은 정확한 선에 의해서 나누어져야만 한다는 것이에요. 나는 범주에 넣는 것을 원하지 않죠.

→ _____

_____

Level 10 나는 집에서 일하는 것 대신에 직장에서 일하는 것을 선호해요. 내 의견은, 일, 집, 그리고 사회생활은 정확한 선에 의해서 나누어져야만 한다는 것이에요. 나는 일과 집을 같은 범주에 넣는 것을 원하지 않죠.

→ _____

_____

_____

Step 2 First of all, I would want interaction with others while working. Because I prefer to work with others rather than alone, if I had to work at home, it would be difficult for me to enjoy my job.

핵심단어 정리 Interaction: 어떤 영향을 미치는 상호 작용

---

for와 because의 차이

because는 「왜냐하면」처럼 객관적 원인을 직접적으로 말하는 강한 말로, 주절보다도 because절 쪽에 의미가 있다. 이에 비해, for는 「…그 이유는」처럼 주관적 이유를 부가적으로 말하는 경우에 쓴다. because는 종속접속사이고, for는 등위(等位)접속사다.

I cannot read this magazine right now because I have to finish my homework.
나는 지금 이 잡지를 읽을 수 없다. 왜냐하면 나는 숙제를 마쳐야만 하기 때문이다.
She looks so happy, for she is dancing on the floor now.
그녀는 행복해 보인다. 그 이유는 그녀는 지금 플로어에서 춤을 추기 때문이다.

Level 1 무엇보다도,

→ _____

Level 2 무엇보다도, 나는 원해요.

→ _____

Level 3 무엇보다도, 나는 상호작용을 원해요.

→ _____

Level 4 무엇보다도, 나는 다른 사람들과 함께 상호작용을 원해요.

→ _____

Level 5 무엇보다도, 나는 일하는 동안 다른 사람들과 함께 상호작용을 원해요.

→ _____

Level 6 무엇보다도, 나는 일하는 동안 다른 사람들과 함께 상호작용을 원해요. 왜냐하면,

→ _____

Level 7 무엇보다도, 나는 일하는 동안 다른 사람들과 함께 상호작용을 원해요. 왜냐하면, 나는 선호해요.

→ _____

_____

Level 8 무엇보다도, 나는 일하는 동안 다른 사람들과 함께 상호작용을 원해요. 왜냐하면, 나는 다른 사람들과 함께 일하는 것을 선호해요.

→ _____

_____

Level 9 무엇보다도, 나는 일하는 동안 다른 사람들과 함께 상호작용을 원해요. 왜냐하면, 나는 혼자보다 다른 사람들과 함께 일하는 것을 선호해요.

→ _____

_____

Level 10 무엇보다도, 나는 일하는 동안 다른 사람들과 함께 상호작용을 원해요. 왜냐하면, 나는 혼자보다 다른 사람들과 함께 일하는 것을 선호해요, 만일 내가 일을 해야만 한다면,

→ _____

_____

Level 11 무엇보다도, 나는 일하는 동안 다른 사람들과 함께 상호작용을 원해요. 왜냐하면, 나는 혼자보다 다른 사람들과 함께 일하는 것을 선호해요, 만일 내가 집에서 일을 해야만 한다면,

→ _____

_____

Level 12 무엇보다도, 나는 일하는 동안 다른 사람들과 함께 상호작용을 원해요. 왜냐하면, 나는 혼자보다 다른 사람들과 함께 일하는 것을 선호해요, 만일 내가 집에서 일을 해야만 한다면, 그것은 어려울 것이에요.

→ _____

_____

_____

Level 13 무엇보다도, 나는 일하는 동안 다른 사람들과 함께 상호작용을 원해요. 왜냐하면, 나는 혼자보다 다른 사람들과 함께 일하는 것을 선호해요, 만일 내가 집에서 일을 해야만 한다면, 그것은 내가 내 직업을 즐기는 데 어려울 것이에요.

→ _____

_____

_____

Step 3 **Secondly, I would prefer to have schedules and tasks assigned for me. If I had to work at home, everything would be under my control. Sure, it may be convenient at times, but it would also allow me to get lazy and fall behind.**

핵심단어 정리   Assigned for: 할당받는, 지정받는 / Convenient: 가까운, 가까워서 편리한, 손쉬운 / Get lazy: 게으르게 되는, 빈둥거리게 되는, 나태하게 되는 / Fall behind: 뒤떨어지다

Level 1 둘째로,

→ _____

Level 2 둘째로, 나는 선호해요.

→ _____

Level 3 둘째로, 나는 일정을 갖는 것을 선호해요.

→ _____

Level 4 둘째로, 나는 일정을 갖고, 일을 할당받는 것을 선호해요.

→ _____

Level 5 둘째로, 나는 일정을 갖고, 일을 할당받는 것을 선호해요. 만일 내가 일을 해야 한다면,

→ _____

Level 6 둘째로, 나는 일정을 갖고, 일을 할당받는 것을 선호해요. 만일 내가 집에서 일을 해야 한다면,

→ _____

Level 7 둘째로, 나는 일정을 갖고, 일을 할당받는 것을 선호해요. 만일 내가 집에서 일을 해야 한다면, 모든 것이 아래에 있을 것이에요.

→ _____

_____

Level 8 둘째로, 나는 일정을 갖고, 일을 할당받는 것을 선호해요. 만일 내가 집에서 일을 해야 한다면, 모든 것이 내 조정 아래에 있을 것이에요.

→ _____

_____

Level 9 둘째로, 나는 일정을 갖고, 일을 할당받는 것을 선호해요. 만일 내가 집에서 일을 해야 한다면, 모든 것이 내 조정 아래에 있을 것이에요. 물론, 그것은 아마도 편리하기도 하겠죠.

→ _____

_____

Level 10 둘째로, 나는 일정을 갖고, 일을 할당받는 것을 선호해요. 만일 내가 집에서 일을 해야 한다면, 모든 것이 내 조정 아래에 있을 것이에요. 물론, 그것은 아마도 편리하기도 하겠죠. 하지만, 그것은 나에게 할 것이에요.

Level 11 둘째로, 나는 일정을 갖고, 일을 할당받는 것을 선호해요. 만일 내가 집에서 일을 해야 한다면, 모든
것이 내 조정 아래에 있을 것이에요. 물론, 그것은 아마도 편리하기도 하겠죠. 하지만, 그것은 나를
게으르게 할 것이에요.

→ _____

_____

_____

Level 12 둘째로, 나는 일정을 갖고, 일을 할당받는 것을 선호해요. 만일 내가 집에서 일을 해야 한다면, 모든
것이 내 조정 아래에 있을 것이에요. 물론, 그것은 아마도 편리하기도 하겠죠. 하지만, 그것은 나를
게으르고 뒤떨어지게 할 것이에요.

→ _____

_____

_____

✧ ✧

이럴땐 이렇게

두 가지 비교급을 갖는 단어들

Late (늦은)	Later	Latest (시간)
	Latter	Last (순서)
Far (먼)	Father	Farthest (거리)
	Further	Furthest (정도)
Old (나이가 든)	Older	Oldest (young과 new의 반대말)
	Elder	Eldest (가족관계에서 손위 형제 자매를 가리킬 때)

The older man 더 나이가 많은 사람
The oldest house 가장 오래된 집
My elder brother 나의 형
The eldest brother 가장 큰 형

She arrived in Los Angeles later than the others. 그녀는 다른 사람들보다 더 늦게 Los Angeles에 도착했다.

We live in the latter part of the 21st century. 우리는 21세기 후반에 살고 있다.

They couldn't walk any farther. 그들은 더 이상 걸을 수 없었다.

He went to Japan to study Web design further. 그녀는 웹 디자인을 더 공부하기 위해 일본에 갔다.

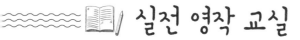 실전 영작 교실

Step 1 다음에 제시된 우리말을 영작해 보세요.

나는 집에서 일하는 것 대신에 직장에서 일하는 것을 선호한다. 나의 의견으로 일, 집, 그리고 사회생활은 정확한 선에 의해서 나눠져야 한다. 나는 일과 집을 같은 범주에 넣는 것을 원하지 않는다. 무엇보다도, 나는 일하는 동안 다른 사람들과 함께 상호작용하길 원한다. 왜냐하면 나는 나 혼자보다 다른 사람들과 함께 일하는 걸 선호한다. 만약 내가 집에서 일을 해야만 한다면 그것은 내가 내 직업을 즐기는 데 어려울 것이다.

둘째로, 나는 일정을 갖고 일을 할당받는 것을 선호한다. 만약 내가 집에서 일을 해야만 한다면 모든 것은 내 조정 아래에 있을 것이다. 물론 그것은 편리하기도 할 것이다. 그러나 그것은 또한 나를 게으르게 만들고 뒤떨어지게 할 것이다.

 Level up! 고급 영작 교실

우리말을 참고해서, 사진의 내용을 영작해 보세요.

〈1단계: 한 문장씩 영작해 보기〉

1 두 키가 큰 남자들이 식당 안에서 한 여종업원과 말을 하고 있군요. (현재진행)

→ _____

– 두 키가 큰 남자들: Two tall men 이런 경우에 좀 혼동될 경우가 있는데, tall이라는 형용사의 위치는 명사 앞에 위치하기 때문에 숫자를 나타내는 단어와 명사 사이에 넣어 주면 된다.

2 그녀는 쟁반에 몇 개의 음료수를 나르고 있네요. (현재진행)

→ _____

– 쟁반: tray 접시는? Dish 좀 차이가 있기 때문에 구별해야 한다.

3 다른 사람들은 이미 자리에 앉아서 그들의 음식을 먹고 있어요. (현재진행)

→ _____

– 다른 사람들: Other people 이 경우에도 some people이라고만 하면, 약간의 사람들 정도가 되기 때문에 '다른'이라는 의미를 갖지 못한다. Other 다음에는 반드시 복수형 명사가 와야 한다.

〈2단계: 통째로 다시 써 보기〉

1 두 키가 큰 남자들이 식당 안에서 한 여종업원과 말을 하고 있군요. 그녀는 쟁반에 몇 개의 음료수를 나르고 있네요. 다른 사람들은 이미 자리에 앉아서 그들의 음식을 먹고 있어요.

→ _____

_____

_____

[정답 확인하기]

Step 1   1) I would prefer 2) I would prefer to work at an office setting 3) I would prefer to work at an office setting instead of working at home. 4) I would prefer to work at an office setting instead of working at home. In my opinion, 5) I would prefer to work at an office setting instead of working at home. In my opinion, work, home, and social life 6) I would prefer to work at an office setting instead of working at home. In my opinion, work, home, and social life should all be separated 7) I would prefer to work at an office setting instead of working at home. In my opinion, work, home, and social life should all be separated by a fine line. 8) I would prefer to work at an office setting instead of working at home. In my opinion, work, home, and social life should all be separated by a fine line. I would not want 9) I would prefer to work at an office setting instead of working at home. In my opinion, work, home, and social life should all be separated by a fine line. I would not want to categorize 10) I would prefer to work at an office setting instead of working at home. In my opinion, work, home, and social life should all be separated by a fine line. I would not want to categorize work and home as the same thing.

Step 2   1) First of all, 2) First of all, I would want 3) First of all, I would want interaction 4) First of all, I would want interaction with others 5) First of all, I would want interaction with others while (I am) working. 6) First of all, I would want interaction with others while working. Because 7) First of all, I would want interaction with others while working. Because I prefer 8) First of all, I would want interaction with others while working. Because I prefer to work with others 9) First of all, I would want interaction with others while working. Because I prefer to work with others rather than alone, 10) First of all, I would want interaction with others while working. Because I prefer to work with others rather than alone, if I had to work, 11) First of all, I would want interaction with others while working. Because I prefer to work with others rather than alone, if I had to work at home, 12) First of all, I would want interaction with others while working. Because I prefer to work with others rather than alone, if I had to work at home, it would be difficult 13) First of all, I would want interaction with others while working. Because I prefer to work with others rather than alone, if I had to work at home, it would be difficult for me to enjoy my job.

Step 3   1) Secondly, 2) Secondly, I would prefer 3) Secondly, I would prefer to have schedules 4) Secondly, I would prefer to have schedules and tasks assigned for me. 5) Secondly, I would prefer to have schedules and tasks assigned for me. If I had to work 6) Secondly, I would prefer to have schedules and tasks assigned for me. If I had to work at home, 7) Secondly, I would prefer to have schedules and tasks assigned for me. If I had to work at home, everything would be under 8) Secondly, I would prefer to have schedules and tasks assigned for me. If I had to work at home, everything would be under my control. 9) Secondly, I would prefer to have schedules and tasks assigned for me. If I had to work at home, everything would be under my control. Sure, it may be convenient at times, 10) Secondly, I would prefer to have schedules and tasks assigned for me. If I had to work at home, everything would be under my control. Sure, it may be convenient at times, but it would also allow me 11) Secondly, I would prefer to have schedules and tasks assigned for me. If I had to work at home, everything would be under my control. Sure, it may be convenient at times, but it would also allow me to get lazy 12) Secondly, I would prefer to have schedules and tasks assigned for me. If I had to work at home, everything would be under my control. Sure, it may be convenient at times, but it would also allow me to get lazy and fall behind.

실전 영작 교실   I would prefer to work in an office setting instead of working at home. In my opinion, work, home, and social life should all be separated by a fine line. I would not want to categorize work and home as the same thing. First of all, I would want interaction with others while working. Because I prefer to work with others rather than work alone, if I had to work at home, it would be difficult for me to enjoy my job. Secondly, I prefer to have my schedules and tasks assigned for me. If I had to work at home, everything would be under my control. Sure, it may be convenient at times, but it would also allow me to get lazy and fall behind.

Level up!   1) Two tall men are talking to a waitress in a restaurant. 2) She is carrying several drinks on a tray. 3) The other people are already sitting down and eating their meals.

Reading
or watching television

에세이 시리즈

Do you prefer reading or watching television during your free time?

당신은 여가시간 동안 읽는 것과 텔레비전 보는 것 중 어느 것을 더 선호하는가?

VITAMINS

매일 먹으면 몸에 좋은 비타민처럼 매일 복습으로 영어 실력 튼튼~

어제 배운 내용을 다시 영작해 보시라. 술술 되시는가? 만일 안 된다면, 복습을 통하여 다시 한 번 써 보고 새로운 과를 시작하시길 바란다. 좋은 말할 때 ^^!

나는 집에서 일하는 것 대신에 직장에서 일하는 것을 선호한다. 나의 의견으로 일, 집, 그리고 사회생활은 정확한 선에 의해서 나눠져야 한다. 나는 일과 집을 같은 범주에 넣는 것을 원하지 않는다. 무엇보다도, 나는 일하는 동안 다른 사람들과 함께 상호작용하길 원한다. 왜냐하면 나는 나 혼자보다 다른 사람들과 함께 일하는 걸 선호한다. 만약 내가 집에서 일을 해야만 한다면 그것은 내가 내 직업을 즐기는 데 어려울 것이다. 둘째로, 나는 일정을 갖고 일을 할당받는 것을 선호한다. 만약 내가 집에서 일을 해야만 한다면 모든 것은 내 조정 아래에 있을 것이다. 물론 그것은 편리하기도 할 것이다. 그러나 그것은 또한 나를 게으르게 만들고 뒤떨어지게 할 것이다.

TODAY'S 영작교실

한국에서는 영어로 태교하는 것이 인기고, 또 그렇게 해서라도 태어날 자녀가 영어를 잘하면 좋겠다는 예비부모가 많다고 한다. ᄊ! 자녀에 대한 정성을 그런 것에 들이기보다는 차라리, '부부싸움하지 않는 것'이 태교에는 더 좋다.

오늘도 잔소리 말고, 불평 말고, 그리고 이해하려 들지 말고 외워질 때까지 쓰고, 또 쓰는 것만이 그대를 영작의 고수로 만들어 드릴 것이다. ᵋᵋ

오늘의 영작 주제

Do you prefer reading or watching television during your free time?

당신은 여가시간 동안 읽는 것과 텔레비전 보는 것 중 어느 것을 더 선호하는가?

Step 1 I would rather choose to watch television than read a book during my free time. It is because I would like to relax and keep my thoughts from running.

핵심단어 정리 Would rather + 동사원형: 차라리 (동사원형)하는 게 좋겠다 / Relax: 느슨해지다, 풀어지다(긴장 따위가) / Would like to + 동사원형: 무엇(동사원형)을 하고 싶다는 표현인데, 사실 'want to'보다 더 부드러운 표현이다. / Thoughts: 생각, 사고(ideas), 착상 등을 말한다

"It is because…"에서 원래 "Because…"라고 시작해야 되는 것 아니에요? 궁금!

N–(이)라서: 'Because it is N' 또는 N 때문에(요): 'It is because of N'라고 해석할 수 있지만, 여기에서는 "It is because it dies that we love it." "우리가 꽃을 사랑하는 것은 꽃이 시들기 때문일 것이다" 정도로 보아야 해요.

뒤에 나오는 목적어 that 이하를 강조한 구문이에요. ^^!

아래의 우리말을 Step1에서 찾아 적어 보세요. Level이 높아질수록 여러분은 어떻게 문장이 구성되는지 알고 그 근본을 따라 문장을 만들어 볼 수 있어요.

Level 1   나는 선택할 것이에요.

→ _____

Level 2   나는 텔레비전을 보는 것을 선택할 것이에요.

→ _____

Level 3   나는 책을 읽는 것보다 텔레비전을 보는 것을 선택할 것이에요.

→ _____

Level 4   나는 나의 여가시간 동안 책을 읽는 것보다 텔레비전 보는 것을 선택할 것이에요.

→ _____

Level 5   나는 나의 여가시간 동안 책을 읽는 것보다 텔레비전 보는 것을 선택할 것이에요. 왜냐하면,

→ _____

Level 6   나는 나의 여가시간 동안 책을 읽는 것보다 텔레비전 보는 것을 선택할 것이에요. 왜냐하면 나는 하고 싶어요.

→ _____

→ _____

Level 7   나는 나의 여가시간 동안 책을 읽는 것보다 텔레비전 보는 것을 선택할 것이에요. 왜냐하면 나는 휴식을 취하고 싶어요.

→ _____

→ _____

Level 8 나는 나의 여가시간 동안 책을 읽는 것보다 텔레비전 보는 것을 선택할 것이에요. 왜냐하면 나는 휴식을 취하고, 나의 생각을 유지하고 싶어요.

→ _____

_____

Level 9 나는 나의 여가시간 동안 책을 읽는 것보다 텔레비전 보는 것을 선택할 것이에요. 왜냐하면 나는 현재로부터 휴식을 취하고, 나의 생각을 유지하고 싶어요.

→ _____

_____

Step 2 When reading a book, your thoughts are constantly running, whether consciously or unconsciously. Watching television, on the other hand, allows you to relax and keeps you occupied, but without requiring you to concentrate, think, or be physically active.

핵심단어 정리 Consciously: 의식적으로, 자각하여 / On the other hand: 달리 말하면, 달리 말해서 / Occupy: 토지나 가옥 따위를 차지하다, 점유하다, 사용[차용]하다, 거주하다 / To concentrate: 힘이나 정신 따위를 ~에 집중하다

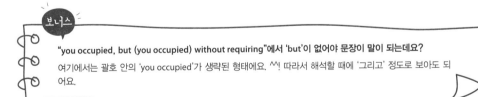

보너스

"When reading a book"에서 주어가 어디 있나요?
예, 여기에서는 when 이하의 문장의 주어 you와 다음에 나오는 주어와 같은 경우에 생략을 한 것이죠. 따라서 원래의 문장은 "When you are reading a book" 정도가 되어야 해요.

보너스

"you occupied, but (you occupied) without requiring"에서 'but'이 없어야 문장이 말이 되는데요?
여기에서는 괄호 안의 'you occupied'가 생략된 형태에요. ^^! 따라서 해석할 때에 '그리고' 정도로 보아도 되어요.

Level 1 책을 읽을 때,

→ _____

Level 2 책을 읽을 때, 당신의 생각은

→ _____

Level 3 책을 읽을 때, 당신의 생각은 지속적으로 달리고 있다.

→ _____

Level 4 책을 읽을 때, 당신의 생각은 무의식적으로 지속적으로 달리고 있다.

→ _____

Level 5 책을 읽을 때, 당신의 생각은 무의식적이든지, 의식적이든지 지속적으로 달리고 있다.

→ _____

Level 6 책을 읽을 때, 당신의 생각은 무의식적이든지, 의식적이든지 지속적으로 달리고 있다. 텔레비전을 볼 때,

→ _____

_____

Level 7 책을 읽을 때, 당신의 생각은 무의식적이든지, 의식적이든지 지속적으로 달리고 있다. 반면에, 텔레비전을 볼 때,

→ _____

_____

Level 8 책을 읽을 때, 당신의 생각은 무의식적이든지, 의식적이든지 지속적으로 달리고 있다. 반면에, 텔레비전을 보는 것은 당신이 하게 해준다.

→ _____

_____

Level 9 책을 읽을 때, 당신의 생각은 무의식적이든지, 의식적이든지 지속적으로 달리고 있다. 반면에, 텔레비전을 보는 것은 당신이 휴식을 취하게 해준다.

→ _____

_____

Level 10 책을 읽을 때, 당신의 생각은 무의식적이든지, 의식적이든지 지속적으로 달리고 있다. 반면에, 텔레비전을 보는 것은 당신이 휴식을 취하고, 당신의 것을 유지하게 해준다.

→ _____

_____

Level 11 책을 읽을 때, 당신의 생각은 무의식적이든지, 의식적이든지 지속적으로 달리고 있다. 반면에, 텔레비전을 보는 것은 당신이 휴식을 취하고, 당신의 것을 유지하게 해준다. 그리고 집중하는 것, 생각하는 것을 요구받지 않는다.

→ _____

_____

_____

Level 12 책을 읽을 때, 당신의 생각은 무의식적이든지, 의식적이든지 지속적으로 달리고 있다. 반면에, 텔레비전을 보는 것은 당신이 휴식을 취하고, 당신의 것을 유지하게 해준다. 그리고 집중하는 것, 생각하는 것, 또는 신체적 활동을 요구받지 않는다.

→ _____

_____

_____

Step 3 Moreover, it personally keeps me more entertained. Though it is just public media, an over exaggeration of society, it keeps me to think outside of my current worries.

핵심단어 정리 Entertained: …을 재미나게 하다, …을 즐겁게 해주다 / Though: 비록 …이지만(although) / Exaggeration: 과장, 과장된 이야기, 과대 표현

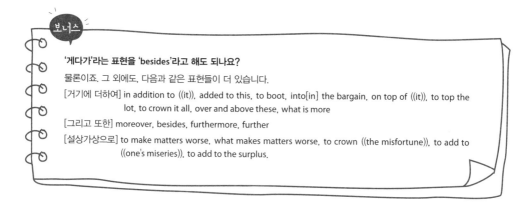

Level 1 게다가

→ _____

Level 2 게다가, 개인적으로 나를 유지해 줘요.

→ _____

Level 3 게다가, 개인적으로 나를 더 즐겁게 유지해 줘요.

→ _____

Level 4 게다가, 개인적으로 나를 더 즐겁게 유지해 줘요. 비록 이것이 단지 대중매체일지라도,

→ _____

Level 5 게다가, 개인적으로 나를 더 즐겁게 유지해 줘요. 비록 이것이 단지 사회의 과장된 대중매체일지라도,

→ _____

_____

Level 6 게다가, 개인적으로 나를 더 즐겁게 유지해 줘요. 비록 이것이 단지 사회의 과장된 대중매체일지라 도, 그것은 유지해 준다.

→ _____

_____

Level 7 게다가, 개인적으로 나를 더 즐겁게 유지해 줘요. 비록 이것이 단지 사회의 과장된 대중매체일지라도, 그것은 벗어나서 생각하도록 유지해 준다.

→ _____ _____

_____

Level 8 게다가, 개인적으로 나를 더 즐겁게 유지해 줘요. 비록 이것이 단지 사회의 과장된 대중매체일지라도, 그것은 나의 현재의 걱정으로부터 벗어나서 생각하도록 유지해 준다.

→ _____

_____

이럴땐 이렇게

"최상급 구문" 다 모여라!

The + 최상급 + of all the + 복수명사: ~중 가장 ~한
The + 최상급 + in + 단수명사(장소): ~에서 가장 ~한

Make the most of all the new options. 새로운 옵션들 중에서 가장 뛰어난 것을 만들었다.
One of the closest in American history 미국 역사에 가장 가까운 것 중의 하나

비교급 + than + any other + 단수명사: 어느 ~보다 더 한

Apple grew faster than any other PC maker in the United States.
Apple은 미국 내의 어떠한 PC 제조사들보다도 가장 빠르게 성장했다.

부정주어 + 비교급 + than: 어느 ~도 더 ~하지 않다
부정주어 + so(as) + 원급 + as: ~만큼 ~한 것은 없다

Nothing is more important than the 3R's. 3R's보다 중요한 것은 어느 것도 없다.

One of the + 최상급(+ of all the) + 복수명사: 가장 ~한 것들 중 하나

A Christian college, Gordon is considered to be one of the best liberal arts institutions in the United States.
하나의 기독교 대학으로서, 미국 내에서 Gordon은 가장 자유적인 학문을 다루는 학교 중의 하나로서 여겨진다.

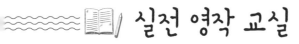

실전 영작 교실

Step 1 다음에 제시된 우리말을 영작해 보세요.

나는 나의 여가시간 동안 책을 읽는 것보다 텔레비전을 보는 것을 선택할 것이다. 왜냐하면 나는 현재로부터 휴식을 취하고 나의 생각을 유지하고 싶다. 책을 읽을 때 당신의 생각은 무의식적이든, 의식적이든 지속적으로 달리고 있다. 반면에, 텔레비전을 볼 때, 당신은 휴식을 취하고 당신의 것으로 유지할 수 있다. 그리고 당신은 집중하거나 생각하거나 또는 신체적 활동을 요구받지 않는다. 게다가, 개인적으로 나를 더 즐겁게 유지해 준다. 비록 그것이 단지 사회의 과장된 대중매체일지라도, 그것은 나의 현재의 걱정으로부터 벗어나서 생각하도록 유지해 준다.

 Level up! 고급 영작 교실

우리말을 참고해서, 사진의 내용을 영작해 보세요.

〈1단계: 한 문장씩 영작해 보기〉

1   있군요 / 몇 개의 빈 테이블이 / 이 식당 안에는 (There 구문)

→ _____

– 빈 테이블: empty table

2   몇 개의 식물들이 자라고 있어요 / 옆에 / 멀리 있는 테이블 (현재진행)

→ _____

– the far table: 멀리 있는 테이블들

3   가까이 있는 테이블들은 있네요/ 큰 돌들이 / 그것들 옆에 (현재)

→ _____

– 〜 옆에: next to 〜

⟨2단계: 통째로 다시 써 보기⟩

1 이 식당 안에는 몇 개의 빈 테이블이 있군요. 몇 개의 식물들이 멀리 있는 테이블들 옆에 자라고 있어요. 가까이 있는 테이블들은 큰 돌들이 그것들 옆에 있네요.

→ _____

_____

_____

[정답 확인하기]

Step 1 1) I would rather choose 2) I would rather choose to watch television 3) I would rather choose to watch television than read a book 4) I would rather choose to watch television than read a book during my free time. 5) I would rather choose to watch television than read a book during my free time. It is because 6) I would rather choose to watch television than read a book during my free time. It is because I would like 7) I would rather choose to watch television than read a book during my free time. It is because I would like to relax 8) I would rather choose to watch television than read a book during my free time. It is because I would like to relax and keep my thoughts 9) I would rather choose to watch television than read a book during my free time. It is because I would like to relax and keep my thoughts from running.

Step 2 1) When (you are) reading a book, 2) When reading a book, your thoughts are 3) When reading a book, your thoughts are constantly running, 4) When reading a book, your thoughts are constantly running, whether consciously 5) When reading a book, your thoughts are constantly running, whether consciously or unconsciously. 6) When reading a book, your thoughts are constantly running, whether consciously or unconsciously. Watching television, 7) When reading a book, your thoughts are constantly running, whether consciously or unconsciously. Watching television, on the other hand, 8) When reading a book, your thoughts are constantly running, whether consciously or unconsciously. Watching television, on the other hand, allows you 9) When reading a book, your thoughts are constantly running, whether consciously or unconsciously. Watching television, on the other hand, allows you to relax 10) When reading a book, your thoughts are constantly running, whether consciously or unconsciously. Watching television, on the other hand, allows you to relax and keeps you occupied, 11) When reading a book, your thoughts are constantly running, whether consciously or unconsciously. Watching television, on the other hand, allows you to relax and keeps you occupied, but without requiring you to concentrate, think, 12) When reading a book, your thoughts are constantly running, whether consciously or unconsciously. Watching television, on the other hand, allows you to relax and keeps you occupied, but without requiring you to concentrate, think, or be physically active.

Step 3 1) Moreover, 2) Moreover, it personally keeps 3) Moreover, it personally keeps me more entertained. 4) Moreover, it personally keeps me more entertained. Though it is just public media, 5) Moreover, it personally keeps me more entertained. Though it is just public media, an over exaggeration of society, 6) Moreover, it personally keeps me more entertained. Though it is just public media, an over exaggeration of society, it keeps me 7) Moreover, it personally keeps me more entertained. Though it is just public media, an over exaggeration of society, it keeps me to think outside 8) Moreover, it personally keeps me more entertained. Though it is just public media, an over exaggeration of society, it keeps me to think outside of my current worries.

실전 영작 교실 I would rather watch television than read a book during my free time. It is because I would like to relax and keep my thoughts from running. When reading a book, your thoughts are constantly running, whether consciously or unconsciously. Watching television, on the other hand, allows you to relax and keeps you occupied, but without requiring you to concentrate, think, or be physically active. Moreover, it personally keeps me more entertained. Though it is just public media, an over exaggeration of society, it keeps my thinking off of my current worries.

Level up! 1) There are several empty tables in this restaurant. 2) Several plants are growing next to the far tables. 3) The nearer tables have large rocks next to them.

One good characteristic in a friend

에세이 시리즈

What is one good characteristic you look for in a friend? Why?

좋은 친구들 중에 네가 찾은 한 가지 특성은 무엇인가? 이유는?

VITAMINS

매일 먹으면 몸에 좋은 비타민처럼 매일 복습으로 영어 실력 튼튼~

어제 배운 내용을 다시 영작해 보시라. 술술 되시는가? 만일 안 된다면, 복습을 통하여 다시 한 번 써 보고 새로운 과를 시작하시길 바란다. 좋은 말할 때 ^^!

나는 나의 여가시간 동안 책을 읽는 것보다 텔레비전을 보는 것을 선택할 것이다. 왜냐하면 나는 현재로부터 휴식을 취하고 나의 생각을 유지하고 싶다. 책을 읽을 때 당신의 생각은 무의식적이든, 의식적이든 지속적으로 달리고 있다. 반면에, 텔레비전을 볼 때, 당신은 휴식을 취하고 당신의 것으로 유지할 수 있다. 그리고 당신은 집중하거나 생각하거나 또는 신체적 활동을 요구받지 않는다. 게다가, 개인적으로 나를 더 즐겁게 유지해 준다. 비록 그것이 단지 사회의 과장된 대중매체일지라도, 그것은 나의 현재의 걱정으로부터 벗어나서 생각하도록 유지해 준다.

_____

_____

_____

_____

_____

_____

_____

TODAY'S 영작교실

정말 시간 잘 간다고 생각하시는 분들은, 하루하루를 정신 없이 사는 분이다. 이태백들께 서는 물론 시간이 안 가서 고민이지만 말이다. 사실 제가 부탁 드린 대로, 꾸준히 공부해서 28회-여기까지 도착하신 분들은 벌써부터 손이 근질근질하실 것이다. 영어로 쓰고 싶어서 리. ^^! 얼마 안 남았으니 힘들 내시라!

오늘도 잔소리 말고, 불평 말고, 그리고 이해하려 들지 말고 외워질 때까지 쓰고, 또 쓰는 것만이 그대를 영작의 고수로 만들어 드릴 것이다. *.*

오늘의 영작 주제

What is one good characteristic you look for in a friend? Why?

좋은 친구들 중에 네가 찾은 한 가지 특성은 무엇인가? 이유는?

Step 1 **One good characteristic, I look for in a friend, is credibility. I believe that credibility is necessary because it tests the honesty and trustworthiness of a person. It is obvious why honesty is important in a friendship.**

핵심단어 정리 Characteristic: 특질, 특성, 특색, 특징 / Credibility: 믿을 수 있음, 진실성 / Trustworthiness: 신뢰성, 신용, 믿을 수 있음 / Obvious: 명백한

'trustworthiness of a person'에서 왜 of를 썼나요? from이나 in을 쓰는 것이 '사람에 대한 신뢰성'을 영작할 때 더 말이 되는 것 같은데요?

자세하게 공부하는 학생이군요. ^^ 보다 정확하게 보면, '불특정 어느 한 사람의 신뢰성' 정도로 번역이 되어요. 신뢰성은 사람에게 내재된 어떤 성분이지요. 따라서 소유격 형태로 썼답니다. 소유격을 좀 더 분류해보면, a portrait of my mother's는 「어머니가 소유하고 있는 초상화」, a portrait of my mother는 「어머니를 그린 초상화」, my mother's portrait는 「어머니가[를] 그린 초상화」 또는 「어머니가 소유하고 있는 초상화」의 뜻이 되어요.

of가 중간에 들어가면 다 소유격인가요?

아니에요. 형태가 비슷한 '소유격과 동격 구문'과는 꼭 구분하세요. of 양쪽의 내용의 수준이 맞아야 해요. 동격 구문의 형태는 주로 '명사 + of + 명사'인 것 아시죠? 물론 of 뒤에 동명사도 올 수 있어요.
The city of Los Angeles is famous for good weather. LA시는 좋은 날씨로 유명하다.
She is in the habit of going for a walk before I go to bed. 그녀는 잠자리에 들기 전에 산책하는 습관이 있다.
She has no intention of marrying yet. 그녀는 아직까지 결혼할 의도가 전혀 없다.

아래의 우리말을 Step1에서 찾아 적어 보세요. Level이 높아질수록 여러분은 어떻게 문장이 구성되는지 알고 그 근본을 따라 문장을 만들어 볼 수 있어요.

Level 1 하나의 좋은 특성

→ _____

Level 2 내가 찾는 하나의 좋은 특성은

→ _____

Level 3 내가 친구에게서 찾는 하나의 좋은 특성은

→ _____

Level 4 내가 친구에게서 찾는 하나의 좋은 특성은 진실성이에요.

→ _____

Level 5 내가 친구에게서 찾는 하나의 좋은 특성은 진실성이에요. 나는 믿어요.

→ _____

Level 6   내가 친구에게서 찾는 하나의 좋은 특성은 진실성이에요. 나는 진실성이 필요하다고 믿어요.

→ _____

_____

Level 7   내가 친구에게서 찾는 하나의 좋은 특성은 진실성이에요. 나는 진실성이 필요하다고 믿는데, 왜냐하면 이것은 시험해 볼 수 있어요.

→ _____

_____

Level 8   내가 친구에게서 찾는 하나의 좋은 특성은 진실성이에요. 나는 진실성이 필요하다고 믿는데, 왜냐하면 이것은 정직성을 시험해 볼 수 있어요.

→ _____

_____

Level 9   내가 친구에게서 찾는 하나의 좋은 특성은 진실성이에요. 나는 진실성이 필요하다고 믿는데, 왜냐하면 이것은 정직성과 신뢰성을 시험해 볼 수 있어요.

→ _____

_____

Level 10 내가 친구에게서 찾는 하나의 좋은 특성은 진실성이에요. 나는 진실성이 필요하다고 믿는데, 왜냐하면 이것은 사람에 대한 정직성과 신뢰성을 시험해 볼 수 있어요.

→ _____

_____

Level 11 내가 친구에게서 찾는 하나의 좋은 특성은 진실성이에요. 나는 진실성이 필요하다고 믿는데, 왜냐하면 이것은 사람에 대한 정직성과 신뢰성을 시험해 볼 수 있어요. 이것은 명백히 해요.

→ _____

_____

Level 12 내가 친구에게서 찾는 하나의 좋은 특성은 진실성이에요. 나는 진실성이 필요하다고 믿는데, 왜냐하면 이것은 사람에 대한 정직성과 신뢰성을 시험해 볼 수 있어요. 이것은 왜 정직이 중요한지 명백히 해요.

→ _____

_____

Level 13 내가 친구에게서 찾는 하나의 좋은 특성은 진실성이에요. 나는 진실성이 필요하다고 믿는데, 왜냐

하면 이것은 사람에 대한 정직성과 신뢰성을 시험해 볼 수 있어요. 이것은 왜 정직이 친구관계에서

중요한지 명백히 해요.

→ _____

_____

Step 2 I would not want my friend lying to me or holding things back from me
and vice versa. Having a wall between our conversations would only
create natural distances. The friend would also have to be trustable and
accountable.

핵심단어 정리 Vice versa: 역 또한 같음 / Natural distances: 자연스러운 거리감 / Trustable: 신용[신뢰]할 수 있는 / Accountable: 책임감이
있는, 보고[설명, 석명, 기록]할 의무가 있는

보너스

Vice versa 표현은 언제 쓰나요?
앞 문장의 역(逆)을 생략형으로 나타내는 문구로, 주로 ...and vice versa처럼 써요.
"I dislike her, and vice versa." 나는 그녀가 싫고, 그녀 또한 나를 싫어한다. ^^!

Level 1 나는 원하지 않아요.

→ _____

Level 2 나는 내 친구가 거짓말하는 것을 원하지 않아요.

→ _____

Level 3 나는 내 친구가 나에게 거짓말하는 것을 원하지 않아요.

→ _____

Level 4 나는 내 친구가 나에게 거짓말하는 것이나 무엇인가를 나에게로부터 숨기는 것을 원하지 않아요.

→ _____

Level 5 나는 내 친구가 나에게 거짓말하는 것이나 무엇인가를 나에게로부터 숨기는 것을 원하지 않아요. 그리고 거꾸로도요. (나도 친구에게 거짓말이나, 숨기는 것이 없어야 한다는 표현을 이렇게 간단하게 말한다. ^^!)

→ _____

_____

Level 6 나는 내 친구가 나에게 거짓말하는 것이나 무엇인가를 나에게로부터 숨기는 것을 원하지 않아요. 그리고 거꾸로도요. 벽을 갖는다는 것은

→ _____

_____

Level 7 나는 내 친구가 나에게 거짓말하는 것이나 무엇인가를 나에게로부터 숨기는 것을 원하지 않아요. 그리고 거꾸로도요. 우리의 대화 사이에 벽을 갖는다는 것은

→ _____

_____

Level 8 나는 내 친구가 나에게 거짓말하는 것이나 무엇인가를 나에게로부터 숨기는 것을 원하지 않아요. 그리고 거꾸로도요. 우리의 대화 사이에 벽을 갖는다는 것은 자연적인 거리감을 만들 뿐이죠.

→ _____

_____

Level 9 나는 내 친구가 나에게 거짓말하는 것이나 무엇인가를 나에게로부터 숨기는 것을 원하지 않아요. 그리고 거꾸로도요. 우리의 대화 사이에 벽을 갖는다는 것은 자연적인 거리감을 만들 뿐이죠. 친구는 또한 해야만 해요.

→ _____

_____

_____

Level 10 나는 내 친구가 나에게 거짓말하는 것이나 무엇인가를 나에게로부터 숨기는 것을 원하지 않아요. 그리고 거꾸로도요. 우리의 대화 사이에 벽을 갖는다는 것은 자연적인 거리감을 만들 뿐이죠. 친구는 또한 믿을 수 있어야만 해요.

→ _____

_____

_____

Level 11 나는 내 친구가 나에게 거짓말하는 것이나 무엇인가를 나에게로부터 숨기는 것을 원하지 않아요. 그리고 거꾸로도요. 우리의 대화 사이에 벽을 갖는다는 것은 자연적인 거리감을 만들 뿐이죠. 친구는 또한 믿을 수 있고, 책임감이 있어야만 해요.

→ _____

_____

_____

Step 3 I would want and need my friend to be there for me both through good and tough times. It should be important that you could have an open relationship with your friend. This is why I believe that credibility is a characteristic necessary in a friend.

핵심단어 정리 Tough: 단단한, 내구성[탄력성]이 있는, 쉽게 부러지지 않는, 강인한, 힘든 / Relationship: 관계, 관련을 뜻하고, 구어체에서 친족[혈연, 인척] 관계(kinship)를 말하기도 한다.

Level 1 나는 원해요.

→ _____

Level 2 나는 원하고 또 필요로 해요.

→ _____

Level 3 나는 내 친구가 거기에 있어 주길 원하고 또 필요로 해요.

→ _____

Level 4 나는 내 친구가 나를 위해 거기에 있어 주길 원하고 또 필요로 해요.

→ _____

Level 5 나는 내 친구가 나를 위해 좋을 때뿐만 아니라 어려울 때도 거기에 있어 주길 원하고 또 필요로 해요.

→ _____

_____

Level 6 나는 내 친구가 나를 위해 좋을 때뿐만 아니라 어려울 때도 거기에 있어 주길 원하고 또 필요로 해요. 이것은 중요해요.

→ _____

_____

Level 7 나는 내 친구가 나를 위해 좋을 때뿐만 아니라 어려울 때도 거기에 있어 주길 원하고 또 필요로 해요. 당신이 열린 관계를 가질 수 있다는 것은 중요해요.

→ _____

_____

Level 8 나는 내 친구가 나를 위해 좋을 때뿐만 아니라 어려울 때도 거기에 있어 주길 원하고 또 필요로 해요. 당신이 당신의 친구와 열린 관계를 가질 수 있다는 것은 중요해요.

→ _____

_____

Level 9 나는 내 친구가 나를 위해 좋을 때뿐만 아니라 어려울 때도 거기에 있어 주길 원하고 또 필요로 해요. 당신이 당신의 친구와 열린 관계를 가질 수 있다는 것은 중요해요. 이것이 이유에요.

→ _____

_____

Level 10 나는 내 친구가 나를 위해 좋을 때뿐만 아니라 어려울 때도 거기에 있어 주길 원하고 또 필요로 해
요. 당신이 당신의 친구와 열린 관계를 가질 수 있다는 것은 중요해요. 이것이 내가 믿는 이유에요.

→ _____

_____

_____

Level 11 나는 내 친구가 나를 위해 좋을 때뿐만 아니라 어려울 때도 거기에 있어 주길 원하고 또 필요로 해
요. 당신이 당신의 친구와 열린 관계를 가질 수 있다는 것은 중요해요. 이것이 내가 진실성이 필요
한 특성이라고 믿는 이유에요.

→ _____

_____

_____

Level 12 나는 내 친구가 나를 위해 좋을 때뿐만 아니라 어려울 때도 거기에 있어 주길 원하고 또 필요로 해
요. 당신이 당신의 친구와 열린 관계를 가질 수 있다는 것은 중요해요. 이것이 내가 진실성이 친구
에게서 필요한 특성이라고 믿는 이유에요.

→ _____

_____

_____

이럴땐 이렇게

소유격 끝장내기 (The possessive [genitive] case)

1) 보통 소유의 of는 무생물에, 's는 생물에 대해서 쓴다. 그러나 무생물이라도 신문(newspaper or news letter)이나 시(poem)에서는 's를 쓰는 수가 있다.

- Korea's history (한국의 역사)
- Korea's future (한국의 미래)

2) 무생물이라도 시간 · 단위 · 지명 · 탈것 따위를 나타내는 명사에는 ['s]의 형이 쓰인다.

- a day's work (하루의 일: 시간)
- Five dollar's worth of sugar (5불어치의 설탕: 가격)
- yesterday's newspaper (어제의 신문: 시간)
- a pound's price (한 파운드의 가격: 무게)
- by a hair's breadth (간발의 차이로: 거리)
- Fortune's cruelty (운명의 잔인함: 의인화)
- a women's college(= a college for women) (여자 대학: 소유격의 '용도' 의미)
- a doctor's degree(= a doctorate) (박사 학위: 등급의 소유격)

3) that nose of his(그의 저 코) 따위도 원래는 「부분」을 뜻했는데, 나중에 「동격 · 소유 · 기원」 따위의 뜻과도 결부된 것으로 보인다.

4) a friend of mine은 불특정의 친구를 가리키고, my friend는 특정의 친구를 가리킨다.

5) 오늘날에는 this, that과 my, your, his 따위는 병렬하지 않고 of를 쓴다: that bad temper of his (그의 저 고약한 성미)

6) 복수 형태의 소유격에는 생략 부호만 쓴다.

- The spies' companions (복수형의 소유격)

7) 일반적으로 무생물의 소유격에는 's를 쓰지 않고 of 구문을 사용한다.

- The legs of the table (무생물) 테이블의 다리들
- The title of the story (무생물) 그 이야기의 제목

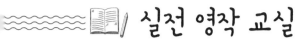 실전 영작 교실

Step 1 다음에 제시된 우리말을 영작해 보세요.

내가 친구에게서 찾는 하나의 좋은 특성은 진실성이다. 나는 진실성이 필요하다고 믿는데, 왜냐하면 이것은 사람에 대한 정직성과 신뢰성을 시험해 볼 수 있다. 이것은 왜 정직이 친구관계에서 중요한지 명백히 한다. 나는 내 친구가 나에게 거짓말하는 것이나 무엇인가를 나에게로부터 숨기는 것을 원하지 않는다. 그리고 거꾸로도 마찬가지다. 우리의 대화 사이에 벽을 갖는다는 것은 자연적인 거리감을 만들 뿐이다. 친구는 또한 믿을 수 있고, 책임감이 있어야만 한다. 나는 내 친구가 나를 위해 좋을 때뿐만 아니라 어려울 때도 거기에 있어 주길 원하고 또 필요로 한다. 당신이 당신의 친구와 열린 관계를 가질 수 있다는 것은 중요하다. 이것이 내가 진실성이 친구에게서 필요한 특성이라고 믿는 이유이다.

 Level up! 고급 영작 교실

우리말을 참고해서, 사진의 내용을 영작해 보세요.

〈1단계: 한 문장씩 영작해 보기〉

1   한 남자와 한 여자가 에스컬레이터를 타고 올라오고 있어요. (현재진행)

→ _____

– 올라오다: come up

2   그 남자는 야구 모자를 쓰고 있고, 무엇에 관해 매우 행복해 보여요. (현재진행 + and + 현재)

→ _____

– ~ 하게 보이다: seem to be + (형용사)

3   또한, 두 사람이 다른 에스컬레이터를 타고 내려가고 있어요. (There + 현재진행)

→ _____

– 또한: also 그런데, 부사 also 의 위치는 어딜까? 똑똑하시군요. be동사 뒤 일반동사 앞이고, 문장구조가 there 구문이니까 일종
의 도치가 벌어져서 there 다음에 be동사를 쓰고 그 뒤에!
– 내려가다: go down

〈2단계: 통째로 다시 써 보기〉

1   한 남자와 한 여자가 에스컬레이터를 타고 올라오고 있어요. 그 남자는 야구 모자를 쓰고 있고, 무엇에 관
     해 매우 행복해 보여요. 또한, 두 사람이 다른 에스컬레이터를 타고 내려가고 있어요.

     → _____

     _____

     _____

Step 1

1) One good characteristic. 2) One good characteristic, (which) I look for 3) One good characteristic, I look for in a friend, 4) One good characteristic, I look for in a friend, is credibility. 5) One good characteristic, I look for in a friend, is credibility. I believe 6) One good characteristic, I look for in a friend, is credibility. I believe that credibility is necessary 7) One good characteristic, I look for in a friend, is credibility. I believe that credibility is necessary because it tests 8) One good characteristic, I look for in a friend, is credibility. I believe that credibility is necessary because it tests the honesty 9) One good characteristic, I look for in a friend, is credibility. I believe that credibility is necessary because it tests the honesty and trustworthiness 10) One good characteristic, I look for in a friend, is credibility. I believe that credibility is necessary because it tests the honesty and trustworthiness of a person. 11) One good characteristic, I look for in a friend, is credibility. I believe that credibility is necessary because it tests the honesty and trustworthiness of a person. It is obvious 12) One good characteristic, I look for in a friend, is credibility. I believe that credibility is necessary because it tests the honesty and trustworthiness of a person. It is obvious why honesty is important 13) One good characteristic, I look for in a friend, is credibility. I believe that credibility is necessary because it tests the honesty and trustworthiness of a person. It is obvious why honesty is important in a friendship.

Step 2

1) I would not want 2) I would not want my friend lying 3) I would not want my friend lying to me 4) I would not want my friend lying to me or holding things back from me 5) I would not want my friend lying to me or holding things back from me and vice versa. 6) I would not want my friend lying to me or holding things back from me and vice versa. Having a wall 7) I would not want my friend lying to me or holding things back from me and vice versa. Having a wall between our conversations 8) I would not want my friend lying to me or holding things back from me and vice versa. Having a wall between our conversations would only create natural distances. 9) I would not want my friend lying to me or holding things back from me and vice versa. Having a wall between our conversations would only create natural distances. The friend would also have to 10) I would not want my friend lying to me or holding things back from me and vice versa. Having a wall between our conversations would only create natural distances. The friend would also have to be trustable 11) I would not want my friend lying to me or holding things back from me and vice versa. Having a wall between our conversations would only create natural distances. The friend would also have to be trustable and accountable.

Step 3

1) I would want 2) I would want and need 3) I would want and need my friend to be there 4) I would want and need my friend to be there for me 5) I would want and need my friend to be there for me both through good and tough times. 6) I would want and need my friend to be there for me both through good and tough times. It should be important 7) I would want and need my friend to be there for me both through good and tough times. It should be important that you could have an open relationship 8) I would want and need my friend to be there for me both through good and tough times. It should be important that you could have an open relationship with your friend. 9) I would want and need my friend to be there for me both through good and tough times. It should be important that you could have an open relationship with your friend. This is why(the reason) 10) I would want and need my friend to be there for me both through good and tough times. It should be important that you could have an open relationship with your friend. This is why I believe 11) I would want and need my friend to be there for me both through good and tough times. It should be important that you could have an open relationship with your friend. This is why I believe that credibility is a characteristic necessary 12) I would want and need my friend to be there for me both through good and tough times. It should be important that you could have an open relationship with your friend. This is why I believe that credibility is a characteristic necessary in a friend.

실전 영작 교실

One good characteristic I look for in a friend is credibility. I believe that credibility is necessary because it tests the honesty and trustworthiness of a person. It is obvious why honesty is important in a friendship. I would not want my friend to lie to me or to hold things back from me and vice versa. Having a wall between our conversations would only create natural distances. The friend would also have to be trustable and accountable. I would want and need my friend to be there for me both through good and tough times. It should be important to be able to have an open relationship with your friend. This is why I believe that credibility is a characteristic necessary in a friend.

Level up!

1) A man and a woman are coming up an escalator. 2) The man is wearing a baseball cap and seems to be very happy about something. 3) There are also two people going down the other escalator.

Traveling in groups
or alone

에세이 시리즈

Which do you prefer: traveling in groups or alone?

당신은 단체로 여행하는 것과 혼자 하는 것 중 어느 것을 선호하는가?

VITAMINS

매일 먹으면 몸에 좋은 비타민처럼 매일 복습으로 영어 실력 튼튼~

어제 배운 내용을 다시 영작해 보시라. 술술 되시는가? 만일 안 된다면, 복습을 통하여 다시 한 번 써 보고 새로운 과를 시작하시길 바란다. 좋은 말할 때 ^^!

내가 친구에게서 찾는 하나의 좋은 특성은 진실성이다. 나는 진실성이 필요하다고 믿는데, 왜냐하면 이것은 사람에 대한 정직성과 신뢰성을 시험해 볼 수 있다. 이것은 왜 정직이 친구관계에서 중요한지 명백히 한다. 나는 내 친구가 나에게 거짓말하는 것이나 무엇인가를 나에게로부터 숨기는 것을 원하지 않는다. 그리고 거꾸로도 마찬가지다. 우리의 대화 사이에 벽을 갖는다는 것은 자연적인 거리감을 만들 뿐이다. 친구는 또한 믿을 수 있고, 책임감이 있어야만 한다. 나는 내 친구가 나를 위해 좋을 때뿐만 아니라 어려울 때도 거기에 있어 주길 원하고 또 필요로 한다. 당신이 당신의 친구와 열린 관계를 가질 수 있다는 것은 중요하다. 이것이 내가 진실성이 친구에게서 필요한 특성이라고 믿는 이유이다.

_____

_____

_____

_____

_____

_____

_____

_____

TODAY'S 영작교실

이제 딱 2일 남았다. 손가락이 얼얼할 정도로 그동안 많이 써 오신 분들에게는 참으로 감사의 마음을 전하고 싶다. 그렇지 않으신 분들이야 이 페이지를 볼 수도 없을 거이니, 빼고 말이다. ^^! 어때요? 쓰다 보니 느는 것이 영작이라는 말이 맞는 말이지 않는가요? 계속 쓰다 보시면 더 쉬워지는 것이 영작이라는 얘기에요. @.@ 오늘도 잔소리 말고, 불평 말고, 그리고 이해하려 들지 말고 외워질 때까지 쓰고, 또 쓰는 것만이 그대를 영작의 고수로 만들어 드릴 것이다. *.*

오늘의 영작 주제

Which do you prefer? Traveling in groups or alone?

당신은 단체로 여행하는 것과 혼자 하는 것 중 어느 것을 선호하는가?

Step 1 I prefer to travel in groups rather than to travel alone. Traveling basically means that you are visiting a place that you are not fully familiar with.

핵심단어 정리 Rather than 비교급 문장에서 쓰이며, ~라기보다 오히려, 좀 더 정확히 말하면, 아니 차라리 등의 뜻을 갖는다. / In groups: 단체로 / Alone: 남으로부터 떨어져서, 단독으로 / Familiar: 잘 알려진, 눈[귀]에 익은, 낯익은[to]

아래의 우리말을 Step1에서 찾아 적어 보세요. Level이 높아질수록 여러분은 어떻게 문장이 구성되는지 알고 그 근본을 따라 문장을 만들어 볼 수 있어요.

Level 1   나는 선호해요.

→ _____

Level 2   나는 여행하는 것을 선호해요.

→ _____

Level 3   나는 단체로 여행하는 것을 선호해요.

→ _____

Level 4   나는 혼자 여행하는 것보다 단체로 여행하는 것을 선호해요.

→ _____

Level 5   나는 혼자 여행하는 것보다 단체로 여행하는 것을 선호해요. 여행은 의미해요.

→ _____

Level 6   나는 혼자 여행하는 것보다 단체로 여행하는 것을 선호해요. 여행은 기본적으로 의미해요.

→ _____

_____

Level 7   나는 혼자 여행하는 것보다 단체로 여행하는 것을 선호해요. 여행은 당신이 방문하는 것을 기본적으로 의미해요.

→ _____

_____

Level 8   나는 혼자 여행하는 것보다 단체로 여행하는 것을 선호해요. 여행은 당신이 어떤 곳을 방문하는 것을 기본적으로 의미해요.

→ _____

_____

Level 9   나는 혼자 여행하는 것보다 단체로 여행하는 것을 선호해요. 여행은 당신이 완전히 친숙하지 않은 곳을 방문하는 것을 기본적으로 의미해요.

→ _____

_____

Step 2 You will be in a strange place with no familiar faces, sometimes even faced with language barriers. So it can be said that you will be faced with a few, if not many, obstacles. And I would personally prefer to face those challenges with the company of others than by myself.

핵심단어 정리 Barrier: 방책, 방벽, 장애물 / Obstacle: ~에 대한 장애(물), 지장, 방해(물) / company of others: 다른 동료들, 흔히 company 하면 회사를 떠올리는 경우가 많은데, 동료를 가리켜서 company라고도 한다. 식당에서 혼자 앉아 있는데, 웨이터가 'Do you have company?'라고 물어보면, '당신 회사를 가지고 있나요?'가 아니라, '동료', 즉 '올 사람이 더 있느냐'는 뜻이다. 예를 들면, For company라고 하면 동행자 또는 이야기 상대라는 뜻이다.

보너스

장애물이라는 표현이 또 있던데요?

그렇습니다. 이 기회에 다 알아봅시다.
obstacle 앞길을 가로막는 유형·무형의 것
hindrance 간섭하거나 만류하여 진행을 지연시키는 것
obstruction 통로나 흐름을 거의 봉쇄하는 것
impediment 정상적인 기능에서 장애가 되는 것

Level 1 당신은 있을 것이에요.

→ _____

Level 2 당신은 낯선 곳에 있을 것이에요.

→ _____

Level 3 당신은 친숙하지 않은 사람들이 있는 낯선 곳에 있을 것이에요.

→ _____

Level 4 당신은 친숙하지 않은 사람들이 있는 낯선 곳에 있을 것이에요. 때때로

→ _____

Level 5 당신은 친숙하지 않은 사람들이 있는 낯선 곳에 있을 것이에요. 때때로 심지어 직면할 수도 있어요.

→ _____

_____

Level 6 당신은 친숙하지 않은 사람들이 있는 낯선 곳에 있을 것이에요. 때때로 심지어 언어 장애에 직면할 수도 있어요.

→ _____

_____

Level 7 당신은 친숙하지 않은 사람들이 있는 낯선 곳에 있을 것이에요. 때때로 심지어 언어 장애에 직면할 수도 있어요. 그래서 그것은 말할 수 있어요.

→ _____

_____

Level 8 당신은 친숙하지 않은 사람들이 있는 낯선 곳에 있을 것이에요. 때때로 심지어 언어 장애에 직면할 수도 있어요. 그래서 그것은 당신이 적은 것에 직면할 것이라고 말할 수 있어요.

→ _____

_____

Level 9 당신은 친숙하지 않은 사람들이 있는 낯선 곳에 있을 것이에요. 때때로 심지어 언어 장애에 직면할 수도 있어요. 그래서 그것은 당신이 적고 또 많지 않은 장애물에 직면할 것이라고 말할 수 있어요.

→ _____

_____

Level 10 당신은 친숙하지 않은 사람들이 있는 낯선 곳에 있을 것이에요. 때때로 심지어 언어 장애에 직면할 수도 있어요. 그래서 그것은 당신이 적고 또 많지 않은 장애물에 직면할 것이라고 말할 수 있어요. 그리고 나는 개인적으로 선호해요.

→ _____

_____

Level 11 당신은 친숙하지 않은 사람들이 있는 낯선 곳에 있을 것이에요. 때때로 심지어 언어 장애에 직면할 수도 있어요. 그래서 그것은 당신이 적고 또 많지 않은 장애물에 직면할 것이라고 말할 수 있어요. 그리고 나는 개인적으로 이러한 도전들에 직면하는 것을 선호해요.

→ _____

_____

_____

Level 12 당신은 친숙하지 않은 사람들이 있는 낯선 곳에 있을 것이에요. 때때로 심지어 언어 장애에 직면할 수도 있어요. 그래서 그것은 당신이 적고 또 많지 않은 장애물에 직면할 것이라고 말할 수 있어요. 그리고 나는 개인적으로 다른 동료들과 함께 이러한 도전들에 직면하는 것을 선호해요.

→ _____

_____

_____

Level 13 당신은 친숙하지 않은 사람들이 있는 낯선 곳에 있을 것이에요. 때때로 심지어 언어 장애에 직면할 수도 있어요. 그래서 그것은 당신이 적고 또 많지 않은 장애물에 직면할 것이라고 말할 수 있어요. 그리고 나는 개인적으로 나 혼자보다, 다른 동료들과 함께 이러한 도전들에 직면하는 것을 선호해요.

→ _____

_____

_____

Step 3 In addition, I like to share the wonderful views and different encounters with others rather than experience everything then keep it to myself. So, if I had a chance to travel, I would like to travel in groups instead of alone.

핵심단어 정리 In addition; 게다가, 더 해서 / Encounter: 뜻밖의 만남, 마주침, 직면하는 것을 기본적으로 의미하고, 구어체에서 시합, 대전을 말하기도 한다.

"if I had a chance to travel, I would like to…"에서 왜 가정법으로, if I had를 사용했나요? 현재의 일을 말하는 거니까, 현재로 해서 if I have라고 해야 하지 않나요?

정말 좋은 질문을 했어요. 칭찬*.* 여기에서는 가정법 현재가 아닌, 가정법 과거를 사용했어요. 말하는 시간의 기준은 현재지만, 현재사실과 반대된다는 것을 나타내기 위해 과거시제로 표현했죠. 문장은 "If + 주어 + 동사의 과거(be동사는 were)~, 주어 + 조동사의 과거형 + 동사원형"의 형태를 갖고 있는데, 과거에는 시간이 없었는데, 만일 시간이 현재 있다면, 여행을 지금이나, 나중에라도 하고 싶다는 의미로 사용했어요.

Level 1 게다가,

→ _____

Level 2 게다가, 나는 공유하고 싶어요.

→ _____

Level 3 게다가, 나는 멋진 경관을 공유하고 싶어요.

→ _____

Level 4 게다가, 나는 멋진 경관과 다른 만남을, 공유하고 싶어요.

→ _____

Level 5 게다가, 나는 멋진 경관과 다른 만남을, 다른 사람들과 공유하고 싶어요.

→ _____

Level 6 게다가, 나는 멋진 경관과 다른 만남을, 모든 것을 경험하는 것보다 다른 사람들과 공유하고 싶어요.

→ _____

Level 7 게다가, 나는 멋진 경관과 다른 만남을, 나 혼자 모든 것을 경험하는 것보다 다른 사람들과 공유하고 싶어요.

→ _____

Level 8 게다가, 나는 멋진 경관과 다른 만남을, 나 혼자 모든 것을 경험하는 것보다 다른 사람들과 공유하고 싶어요. 그래서 만일 나에게 여행할 기회가 주어진다면(현재는 기회가 없지만, 앞으로는 있을 거

라는 의미로: 가정법 과거),

→ _____

_____

Level 9 게다가, 나는 멋진 경관과 다른 만남을, 나 혼자 모든 것을 경험하는 것보다 다른 사람들과 공유하고 싶어요. 그래서 만일 나에게 여행할 기회가 주어진다면, 나는 여행하고 싶어요.

→ _____

_____

Level 10 게다가, 나는 멋진 경관과 다른 만남을, 나 혼자 모든 것을 경험하는 것보다 다른 사람들과 공유하고 싶어요. 그래서 만일 나에게 여행할 기회가 주어진다면, 나는 단체로 여행하고 싶어요.

→ _____

_____

_____

Level 11 게다가, 나는 멋진 경관과 다른 만남을, 나 혼자 모든 것을 경험하는 것보다 다른 사람들과 공유하고 싶어요. 그래서 만일 나에게 여행할 기회가 주어진다면, 나는 혼자 여행하는 것보다는 단체로 여행하고 싶어요.

→ _____

_____

_____

가정법은 "집(가정, home) 안의 법(law)"이 아니다. ^^! 가정법 끝장 내기!

가정법 사용에 대해서, 아직도 잘 이해가 안 가는 분이 있다면 오늘 그 차이를 완전히 터득하시길 바란다.

1) **가정법 현재:** 시간의 기준은 현재, 현재 또는 미래의 사실과 일치한다는 것을 나타내기 위해서 현재 또는 미래시제로 표현한다.

　– **형태:** If + 주어 + 동사(현재), 주어 + 동사(현재/미래)
　– **현재 IF–절:** If I have enough time, + **현재 결과절:** I watch a movie every evening. (현재 시간이 있다면, 매일 밤 영화를 볼 수 있다.)
　– **현재 IF–절:** If I have enough time, + **미래 결과절:** I will watch a movie later or tonight.
　　　　　　　(현재 시간이 있다면, 앞으로 또는 오늘밤 영화를 볼 수 있다.)

2) **가정법 과거:** 시간의 기준은 현재, 현재 사실과 반대된다는 것을 나타내기 위해 과거 시제로 표현한다.

　– **형태:** If + 주어 + 동사의 과거(be동사는 were) ~, 주어 + 조동사의 과거형 + 동사원형
　– **IF–절:** If I had enough time, + **결과절:** I would watch a movie now or later on.
　　　　　(과거에는 시간이 없었는데, 만일 현재 시간이 있다면, 영화를 지금이나 나중에라도 볼 거다.)

3) **가정법 과거완료:** 시간의 기준은 과거, 과거 사실과 반대된다는 것 또는 사건이 끝났음을 나타내기 위해 과거완료 시제로 표현

　– **형태:** If + 주어 + 과거 완료(had + p.p) ~, 주어 + 조동사의 과거형 + have p.p ~: 가정법 과거형에서 하나씩 뒤로, 완료형으로 바꾸면
　　　된다.
　– **IF–절:** If I had had enough time, + **결과절:** I would have watched a movie yesterday.
　　　　　(과거에 시간이 없었는데, 결국 영화도 못 봤지. 봤으면 좋았을 텐데! 후회하는 중 ^^!)

실전 영작 교실

Step 1 다음에 제시된 우리말을 영작해 보세요.

나는 혼자 여행하는 것보다 단체로 여행하는 것을 선호한다. 여행은 당신이 완전히 친숙하지 않는 곳을 방문하는 것을 기본적으로 의미한다. 당신은 친숙하지 않은 사람들이 있는 낯선 곳에 있을 것이다. 때때로 심지어 언어 장애에 직면할 수도 있다. 그래서 그것은 당신이 적고 또 많지 않은 장애물에 직면할 것이라고 말할 수 있다. 그리고 나는 개인적으로 나 혼자보다, 다른 동료들과 함께 이러한 도전들에 직면하는 것을 선호한다. 게다가, 나는 멋진 경관과 다른 만남을, 나 혼자 모든 것을 경험하는 것보다 다른 사람들과 공유하고 싶다. 그래서 만일 나에게 여행할 기회가 주어진다면, 나는 혼자 여행하는 것보다는 단체로 여행하고 싶다.

_____

_____

_____

_____

_____

_____

_____

Level up! 고급 영작 교실

우리말을 참고해서, 사진의 내용을 영작해 보세요.

⟨1단계: 한 문장씩 영작해 보기⟩

1 한 보석 상인 커플이 / 얘기하네요 / 무언가를 (현재진행)

→ _____

　– 보석 상인 커플: A couple of jewelers
　– 무언가: something

2 그들은 서 있어요 / 뒤에 / 큰 유리 케이스들 / 시계들로 가득 찬 (현재진행)

→ _____

　– ～으로 가득 찬 큰 유리 케이스들: large glass cases filled with

3 그들 뒤에는 / 광고가 있고요 / Zenith 시계 (현재)

→ _____

　– 그들 뒤: Behind them
　– 어떤 광고: advertisement for

〈2단계: 통째로 다시 써 보기〉

1 한 보석 상인 커플이 무언가를 얘기하네요. 그들은 시계들로 가득 찬 큰 유리 케이스들 뒤에 서 있어요. 그들 뒤에는 Zenith 시계 광고가 있고요.

→ _____

_____

_____

[정답 확인하기]

Step 1 1) I prefer 2) I prefer to travel 3) I prefer to travel in groups 4) I prefer to travel in groups rather than to travel alone. 5) I prefer to travel in groups rather than to travel alone. Traveling means 6) I prefer to travel in groups rather than to travel alone. Traveling basically means 7) I prefer to travel in groups rather than to travel alone. Traveling basically means that you are visiting 8) I prefer to travel in groups rather than to travel alone. Traveling basically means that you are visiting a place 9) I prefer to travel in groups rather than to travel alone. Traveling basically means that you are visiting a place that you are not fully familiar with.

Step 2 1) You will be 2) You will be in a strange place 3) You will be in a strange place with no familiar faces, 4) You will be in a strange place with no familiar faces, sometimes 5) You will be in a strange place with no familiar faces, sometimes even faced 6) You will be in a strange place with no familiar faces, sometimes even faced with language barriers. 7) You will be in a strange place with no familiar faces, sometimes even faced with language barriers. So it can be said 8) You will be in a strange place with no familiar faces, sometimes even faced with language barriers. So it can be said that you will be faced with a few, 9) You will be in a strange place with no familiar faces, sometimes even faced with language barriers. So it can be said that you will be faced with a few, if not many, obstacles. 10) You will be in a strange place with no familiar faces, sometimes even faced with language barriers. So it can be said that you will be faced with a few, if not many, obstacles. And I would personally prefer 11) You will be in a strange place with no familiar faces, sometimes even faced with language barriers. So it can be said that you will be faced with a few, if not many, obstacles. And I would personally prefer to face those challenges 12) You will be in a strange place with no familiar faces, sometimes even faced with language barriers. So it can be said that you will be faced with a few, if not many, obstacles. And I would personally prefer to face those challenges with the company 13) You will be in a strange place with no familiar faces, sometimes even faced with language barriers. So it can be said that you will be faced with a few, if not many, obstacles. And I would personally prefer to face those challenges with the company of others than by myself.

Step 3 1) In addition, 2) In addition, I like to share 3) In addition, I like to share the wonderful views 4) In addition, I like to share the wonderful views and different encounters 5) In addition, I like to share the wonderful views and different encounters with others 6) In addition, I like to share the wonderful views and different encounters with others rather than experience everything 7) In addition, I like to share the wonderful views and different encounters with others rather than experience everything then keep it to myself. 8) In addition, I like to share the wonderful views and different encounters with others rather than experience everything then keep it to myself. So, if I had a chance to travel, 9) In addition, I like to share the wonderful views and different encounters with others rather than experience everything then keep it to myself. So, if I had a chance to travel, I would like to travel 10) In addition, I like to share the wonderful views and different encounters with others rather than experience everything then keep it to myself. So, if I had a chance to travel, I would like to travel in groups 11) In addition, I like to share the wonderful views and different encounters with others rather than experience everything then keep it to myself. So, if I had a chance to travel, I would like to travel in groups instead of alone.

실전 영작 교실 I prefer to travel in groups rather than to travel alone. Traveling basically means that you are visiting a place that you are not fully familiar with. You will be in a strange place with no familiar faces and sometimes even face language barriers. So it can be said that you will be faced with a few, if not many, obstacles. And I would personally prefer to face those challenges in the company of others rather than by myself. In addition, I like to share the wonderful views and different encounters with others rather than experience everything and then keep it all to myself. So, if I had a chance to travel, I would like to travel in groups instead of alone.

Level up! 1) A couple of jewelers are talking about something. 2) They are standing behind some large glass cases filled with watches. 3) Behind them is an advertisement for Zenith watches.

The most
memorable city

Of all the cities you visited, which one was the most memorable?

네가 방문했던 도시 중에 가장 기억에 남는 도시는 어디인가?

VITAMINS

매일 먹으면 몸에 좋은 비타민처럼 매일 복습으로 영어 실력 튼튼~

어제 배운 내용을 다시 영작해 보시라. 술술 되시는가? 만일 안 된다면, 복습을 통하여 다시 한 번 써 보고 새로운 과를 시작하시길 바란다. 좋은 말할 때 ^^!

나는 혼자 여행하는 것보다 단체로 여행하는 것을 선호한다. 여행은 당신이 완전히 친숙하지 않은 곳을 방문하는 것을 기본적으로 의미한다. 당신은 친숙하지 않은 사람들이 있는 낯선 곳에 있을 것이다. 때때로 심지어 언어 장애에 직면할 수도 있다. 그래서 그것은 당신이 적고 또 많지 않은 장애물에 직면할 것이라고 말할 수 있다. 그리고 나는 개인적으로 나 혼자보다, 다른 동료들과 함께 이러한 도전들에 직면하는 것을 선호한다.

게다가, 나는 멋진 경관과 다른 만남을, 나 혼자 모든 것을 경험하는 것보다 다른 사람들과 공유하고 싶다. 그래서 만일 나에게 여행할 기회가 주어진다면, 나는 혼자 여행하는 것보다는 단체로 여행하고 싶다.

_____

_____

_____

_____

_____

_____

_____

TODAY'S 영작교실

잔소리를 시작한 지 벌써 30일째 오늘이 마지막 날이다. 그간에 쓰느라고 고생하신 여러분들께 고개 숙여 감사 드린다. @.@ 앞으로도, 기회가 되는 대로, 영자 신문이나 기타의 글을 자꾸 써 보면서 외우게 되면, 영작 실력도 자연스럽게 오르게 될 것이다. 끝까지 잘 해보자. 오늘도 잔소리 말고, 불평 말고, 그리고 이해하려 들지 말고 외워질 때까지 쓰고, 또 쓰는 것만이 그대를 영작의 고수로 만들어 드릴 것이다. *.*

오늘의 영작 주제

Of all the cities you visited, which city was the most memorable?

네가 방문했던 도시 중에 가장 기억에 남는 도시는 어디인가?

Step 1 Of all the cities, which I have visited, the most memorable city would have to be Seoul. Seoul is located in South Korea that I was born in. Because I have been raised in the USA since I was a child, I did not have much of a memory of Seoul.

핵심단어 정리 Be located in ～: ～에 위치하다, 전치사 in 대신에 on을 써도 된다 / Be born in ～ : ～에서 태어나다 / Raise: 자라다, 성장하다

아래의 우리말을 Step1에서 찾아 적어 보세요. Level이 높아질수록 여러분은 어떻게 문장이 구성되는지 알고 그 근본을 따라 문장을 만들어 볼 수 있어요.

Level 1 모든 도시들 중에,

→ _____

Level 2 내가 방문했던 모든 도시들 중에,

→ _____

Level 3 내가 방문했던 모든 도시들 중에, 가장 기억에 남는 도시는

→ _____

Level 4 내가 방문했던 모든 도시들 중에, 가장 기억에 남는 도시는 서울이에요.

→ _____

Level 5 내가 방문했던 모든 도시들 중에, 가장 기억에 남는 도시는 서울이에요. 서울은 위치해 있어요.

→ _____

Level 6 내가 방문했던 모든 도시들 중에, 가장 기억에 남는 도시는 서울이에요. 서울은 남한에 위치해 있어요.

→ _____

_____

Level 7 내가 방문했던 모든 도시들 중에, 가장 기억에 남는 도시는 서울이에요. 서울은 남한에 위치해 있고, 내가 태어난 곳이에요.

→ _____

_____

Level 8 내가 방문했던 모든 도시들 중에, 가장 기억에 남는 도시는 서울이에요. 서울은 남한에 위치해 있고, 내가 태어난 곳이에요. 내가 성장했기 때문에,

→ _____

_____

Level 9 내가 방문했던 모든 도시들 중에, 가장 기억에 남는 도시는 서울이에요. 서울은 남한에 위치해 있고, 내가 태어난 곳이에요. 내가 미국에서 성장했기 때문에,

→ _____

_____

Level 10 내가 방문했던 모든 도시들 중에, 가장 기억에 남는 도시는 서울이에요. 서울은 남한에 위치해 있고, 내가 태어난 곳이에요. 내가 어렸을 적 이후에 미국에서 성장했기 때문에,

→ _____

_____

_____

Level 11 내가 방문했던 모든 도시들 중에, 가장 기억에 남는 도시는 서울이에요. 서울은 남한에 위치해 있고, 내가 태어난 곳이에요. 내가 어렸을 적 이후에 미국에서 성장했기 때문에, 나는 많은 것을 가지고 있지는 않아요.

→ _____

_____

_____

Level 12 내가 방문했던 모든 도시들 중에, 가장 기억에 남는 도시는 서울이에요. 서울은 남한에 위치해 있고, 내가 태어난 곳이에요. 내가 어렸을 적 이후에 미국에서 성장했기 때문에, 나는 많은 서울에 대한 기억을 가지고 있지는 않아요.

→ _____

_____

_____

Step 2 So, when I visited the city, I was overwhelmed by the mix of emotions I felt. Everything was so new and foreign, yet so natural. Though everything was a new realization and experience, I was able to understand why, how, and what.

핵심단어 정리 Overwhelm: 정신적으로 ~을 압도하다, 당황[난처]하게 하다 / Foreign: 외국[타국]의, 외국[해외]으로부터의 / Realization: 실현, 달성, 이해, 실감

Level 1   그래서, 내가 방문했을 때,

    → _____

Level 2   그래서, 내가 서울을 방문했을 때,

    → _____

Level 3   그래서, 내가 서울을 방문했을 때, 나는 당황하게 되었죠.

    → _____

Level 4   그래서, 내가 서울을 방문했을 때, 나는 감정들이 섞여서 당황하게 되었죠.

    → _____

Level 5   그래서, 내가 서울을 방문했을 때, 나는 내가 느낀 감정들이 섞여서 당황하게 되었죠.

    → _____

    _____

Level 6   그래서, 내가 서울을 방문했을 때, 나는 내가 느낀 감정들이 섞여서 당황하게 되었죠. 모든 것이 매우 새로웠죠.

    → _____

    _____

Level 7   그래서, 내가 서울을 방문했을 때, 나는 내가 느낀 감정들이 섞여서 당황하게 되었죠. 모든 것이 매우 새롭고 낯설었죠.

    → _____

    _____

Level 8 그래서, 내가 서울을 방문했을 때, 나는 내가 느낀 감정들이 섞여서 당황하게 되었죠. 모든 것이 매우 새롭고 낯설었지만, 그런데도 자연스러웠죠.

→ _____

_____

Level 9 그래서, 내가 서울을 방문했을 때, 나는 내가 느낀 감정들이 섞여서 당황하게 되었죠. 모든 것이 매우 새롭고 낯설었지만, 그런데도 자연스러웠죠. 모든 것이 새로운 깨달음임에도 불구하고,

→ _____

_____

Level 10 그래서, 내가 서울을 방문했을 때, 나는 내가 느낀 감정들이 섞여서 당황하게 되었죠. 모든 것이 매우 새롭고 낯설었지만, 그런데도 자연스러웠죠. 모든 것이 새로운 깨달음이고 경험임에도 불구하고,

→ _____

_____

Level 11 그래서, 내가 서울을 방문했을 때, 나는 내가 느낀 감정들이 섞여서 당황하게 되었죠. 모든 것이 매우 새롭고 낯설었지만, 그런데도 자연스러웠죠. 모든 것이 새로운 깨달음이고 경험임에도 불구하고, 나는 이해할 수 있었어요.

→ _____

_____

_____

Level 12 그래서, 내가 서울을 방문했을 때, 나는 내가 느낀 감정들이 섞여서 당황하게 되었죠. 모든 것이 매우 새롭고 낯설었지만, 그런데도 자연스러웠죠. 모든 것이 새로운 깨달음이고 경험임에도 불구하고, 나는 왜, 어떻게, 무엇인지를 이해할 수 있었어요.

→ _____

_____

_____

I learned that regardless of where I may have grown up or gotten educated, that deep inside I was still a part of the Korean heritage. Through this experience, I am able to say that Seoul was by far the most memorable city, which I have visited.

핵심단어 정리 Regardless of ∼ : ∼와는 관계없이 / Grow up: 성장하다 / Heritage: 보통 a나 the를 붙여서 상속 재산의 뜻을 갖고, 과거로부터 물려받은 물질적, 정신적 재산 등을 말한다. / The most memorable: 가장 기억에 남는, 가장 기억할 만한

여기에서는 by far가 the most memorable city라는 최상급을 강조하는 데 사용되었는데, 최상급의 강조에 대해 알려주세요. @.@

최상급을 강조할 때는 much, by far, very 등을 최상급 앞에 쓰는데, very가 최상급을 수식하는 경우는 「(the) very + 최상급」의 어순이 되어요.

This is by far the best. 이것이 단연 가장 좋은 것이다. Do your very best. 너의 최선을 다해라.
This is the very best DVD player. 이것이 단연코 가장 좋은 DVD 플레이어이다.

"the most memorable city that I have visited"에서 that 대신에 of를 넣으면 안 되나요? 동격 구문으로 만들어 버리면 어떨까요?

참, 똑똑한 학생이군요. 만약 of 를 넣을 경우에는 "the most memorable city of those I have visited"처럼 those를 넣어서, 내가 방문했던 '그런 것들 가운데'라고 글을 완성해야 해요. 물론 여기서 that을 생략해도 되고, which를 넣어도 되고 안 넣어도 되어요. 앞에서 which는 한 번 썼으니 이제는 that을 쓴 것이에요*.*

Level 1 나는 알게 되었죠.

→ _____

Level 2 나는 내가 어디서 자랐는지와는 관계없이 알게 되었죠.

→ _____

Level 3 나는 내가 어디서 자랐는지 또는 교육을 받았는지와는 관계없이 알게 되었죠.

→ _____

Level 4 나는 내가 어디서 자랐는지 또는 교육을 받았는지와는 관계없이 내 안 깊은 곳에서 알게 되었죠.

→ _____

Level 5 나는 내가 어디서 자랐는지 또는 교육을 받았는지와는 관계없이 내 안 깊은 곳에서 내가 여전히 한 사람이라는 것을 알게 되었죠.

→ _____

_____

Level 6 나는 내가 어디서 자랐는지 또는 교육을 받았는지와는 관계없이 내 안 깊은 곳에서 내가 여전히 한 국인으로 타고난 한 사람이라는 것을 알게 되었죠. (해석 가지고 땀 나는 분 → 난 한국인의 유산의 일부다, 즉 나도 한국인의 한 사람이다. 정도로 해석하시길^^!)

→ _____

_____

Level 7 나는 내가 어디서 자랐는지 또는 교육을 받았는지와는 관계없이 내 안 깊은 곳에서 내가 여전히 한 국인으로 타고난 한 사람이라는 것을 알게 되었죠. 이 경험을 통해서,

→ _____

_____

Level 8 나는 내가 어디서 자랐는지 또는 교육을 받았는지와는 관계없이 내 안 깊은 곳에서 내가 여전히 한 국인으로 타고난 한 사람이라는 것을 알게 되었죠. 이 경험을 통해서, 나는 말할 수 있어요.

→ _____

_____

Level 9 나는 내가 어디서 자랐는지 또는 교육을 받았는지와는 관계없이 내 안 깊은 곳에서 내가 여전히 한국인으로 타고난 한 사람이라는 것을 알게 되었죠. 이 경험을 통해서, 나는 서울이었다고 말할 수 있어요.

→ _____

_____

_____

Level 10 나는 내가 어디서 자랐는지 또는 교육을 받았는지와는 관계없이 내 안 깊은 곳에서 내가 여전히 한국인으로 타고난 한 사람이라는 것을 알게 되었죠. 이 경험을 통해서, 나는 서울이 가장 기억에 남는 도시였다고 말할 수 있어요.

→ _____

_____

_____

Level 11 나는 내가 어디서 자랐는지 또는 교육을 받았는지와는 관계없이 내 안 깊은 곳에서 내가 여전히 한국인으로 타고난 한 사람이라는 것을 알게 되었죠. 이 경험을 통해서, 나는 내가 방문했던 도시 중에 서울이 가장 기억에 남는 도시였다고 말할 수 있어요.

→ _____

_____

_____

이럴땐 이렇게

주의해야 할 최상급 구문

최상급의 구문은 세 개 이상을 비교하여 「그중에서 가장 ～한」이라는 의미를 나타낸다.

1) 최상급의 두 가지 형태

(1) in + 장소나 범위 단수: She is the tallest girl in her class. 그녀는 그녀의 학급에서 가장 키가 크다.

(2) of + 복수: This picture is the finest of all. 이 그림은 모든 것 중에서 가장 뛰어나다.

2) 주의해야 할 최상급 구문

(1) one of the + 최상급 + 복수명사(가장 ～한 것 중의 하나)

She is one of the greatest players in the world. 그녀는 세상에서 가장 위대한 선수 중의 하나이다.

(2) 양보의 뜻을 갖는 최상급(가장 현명한 사람일지라도)

The wisest man cannot know everything. 가장 현명한 사람일지라도 모든 것을 알 수 없다.

(3) 최상급 + but one = the second + 최상급(두 번째로 ～한)

She is the cleverest but one in her class. 그녀는 그녀의 학급에서 두 번째로 뛰어나다.

This is the third largest building in this country. 이것은 이 나라에서 세 번째로 큰 빌딩이다.

(4) 부정의 뜻을 갖는 the last(결코 ～이 아니다)

He is the last man to tell a lie. 그는 결코 거짓말할 사람이 아니다.

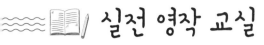

실전 영작 교실

Step 1 다음에 제시된 우리말을 영작해 보세요.

내가 방문했던 모든 도시들 중에, 가장 기억에 남는 도시는 서울이다. 서울은 남한에 위치해 있고, 내가 태어난 곳이다. 내가 어렸을 적 이후에 미국에서 성장했기 때문에, 나는 많은 서울에 대한 기억을 가지고 있지는 않다. 그래서 내가 서울을 방문했을 때, 나는 내가 느낀 감정들이 섞여서 당황하게 되었다. 모든 것이 매우 새롭고, 낯설었지만, 그런데도 자연스러웠다. 모든 것이 새로운 깨달음이고 경험임에도 불구하고, 나는 왜, 어떻게, 무엇인지를 이해할 수 있었다.

나는 내가 어디서 자랐는지 또는 교육을 받았는지와는 관계없이 내 안 깊은 곳에서 내가 여전히 한국인으로 타고난 한 사람이라는 것을 알게 되었다. 이 경험을 통해서, 나는 내가 방문했던 도시 중에 서울이 가장 기억에 남는 도시였다고 말할 수 있다.

_____

_____

_____

_____

_____

_____

_____

Level up! 고급 영작 교실

우리말을 참고해서, 사진의 내용을 영작해 보세요.

〈1단계: 한 문장씩 영작해 보기〉

1   한 남자와 한 여자가 서 있군요 / 작은 차(tea) 상점 안에 (현재진행)

→ _____

– 작은 차 상점: small tea shop 처음 등장하는 명사라, 그럼 어떻게 하라고? 부정관사(a)를 붙여주자.

2   그들은 얘기를 하고 있는데 / 키가 작은 여자와 / 그 여자는 서 있어요 / 카운터 뒤에 (현재진행 + 관계대명사 + 현재진행)

→ _____

– 키 작은 여자: short woman 그럼 키 큰 여자는 'long woman '이냐고? 'tall woman'이 적당하겠죠?

3   그들 주위의 모든 것은 / 이에요 / 봉지들 / 다른 종류의 차 (현재)

→ _____

– 봉지들: pouches

〈2단계: 통째로 다시 써 보기〉

1   한 남자와 한 여자가 작은 차 상점 안에 서 있군요. 그들은 키가 작은 여자와 얘기를 하고 있는데, 그 여자
    는 카운터 뒤에 서 있어요. 그들 주위의 모든 것은 다른 종류의 차 봉지들이에요.

→ _____

   _____

   _____

Step 1

1) Of all the cities, 2) Of all the cities, which I have visited, 3) Of all the cities, which I have visited, the most memorable city 4) Of all the cities, which I have visited, the most memorable city would have to be Seoul. 5) Of all the cities, which I have visited, the most memorable city would have to be Seoul. Seoul is located 6) Of all the cities, which I have visited, the most memorable city would have to be Seoul. Seoul is located in South Korea 7) Of all the cities, which I have visited, the most memorable city would have to be Seoul. Seoul is located in South Korea that I was born in. 8) Of all the cities, which I have visited, the most memorable city would have to be Seoul. Seoul is located in South Korea that I was born in. Because I have been raised 9) Of all the cities, which I have visited, the most memorable city would have to be Seoul. Seoul is located in South Korea that I was born in. Because I have been raised in the USA 10) Of all the cities, which I have visited, the most memorable city would have to be Seoul. Seoul is located in South Korea that I was born in. Because I have been raised in the USA since I was a child, 11) Of all the cities, which I have visited, the most memorable city would have to be Seoul. Seoul is located in South Korea that I was born in. Because I have been raised in the USA since I was a child, I did not have much 12) Of all the cities, which I have visited, the most memorable city would have to be Seoul. Seoul is located in South Korea that I was born in. Because I have been raised in the USA since I was a child, I did not have much of a memory of Seoul.

Step 2

1) So, when I visited 2) So, when I visited the city (Seoul), 3) So, when I visited the city, I was overwhelmed 4) So, when I visited the city, I was overwhelmed by the mix of emotions 5) So, when I visited the city, I was overwhelmed by the mix of emotions I felt. 6) So, when I visited the city, I was overwhelmed by the mix of emotions I felt. Everything was so new 7) So, when I visited the city, I was overwhelmed by the mix of emotions I felt. Everything was so new and foreign, 8) So, when I visited the city, I was overwhelmed by the mix of emotions I felt. Everything was so new and foreign, yet so natural. 9) So, when I visited the city, I was overwhelmed by the mix of emotions I felt. Everything was so new and foreign, yet so natural. Though everything was a new realization 10) So, when I visited the city, I was overwhelmed by the mix of emotions I felt. Everything was so new and foreign, yet so natural. Though everything was a new realization and experience, 11) So, when I visited the city, I was overwhelmed by the mix of emotions I felt. Everything was so new and foreign, yet so natural. Though everything was a new realization and experience, I was able to understand 12) So, when I visited the city, I was overwhelmed by the mix of emotions I felt. Everything was so new and foreign, yet so natural. Though everything was a new realization and experience, I was able to understand why, how, and what the city was about.

Step 3

1) I learned (knew) 2) I learned that regardless of where I may have grown up 3) I learned that regardless of where I may have grown up or gotten educated, 4) I learned that regardless of where I may have grown up or gotten educated, that deep inside 5) I learned that regardless of where I may have grown up or gotten educated, that deep inside I was still a part 6) I learned that regardless of where I may have grown up or gotten educated, that deep inside I was still a part of the Korean heritage. 7) I learned that regardless of where I may have grown up or gotten educated, that deep inside I was still a part of the Korean heritage. Through this experience, 8) I learned that regardless of where I may have grown up or gotten educated, that deep inside I was still a part of the Korean heritage. Through this experience, I am able to say 9) I learned that regardless of where I may have grown up or gotten educated, that deep inside I was still a part of the Korean heritage. Through this experience, I am able to say that Seoul was 10) I learned that regardless of where I may have grown up or gotten educated, that deep inside I was still a part of the Korean heritage. Through this experience, I am able to say that Seoul was by far the most memorable city 11) I learned that regardless of where I may have grown up or gotten educated, that deep inside I was still a part of the Korean heritage. Through this experience, I am able to say that Seoul was by far the most memorable city that I have visited.

실전 영작 교실

Of all the cities, which I have visited, the most memorable city would have to be Seoul. Seoul is located in South Korea, where I was born. Because I have been raised in the USA since I was a child, I did not have many memories of Seoul. So, when I visited the city, I was overwhelmed by the mix of emotions I felt. Everything was so new and foreign yet so natural. Though everything was a new realization and experience, I was able to understand why, how, and what the city was about. I learned that regardless of where I may have grown up or gotten educated, deep inside I was still a part of the Korean heritage. Through this experience, I am able to say that Seoul is by far the most memorable city that I have ever visited.

Level up!

1) A man and a woman are standing in a small tea shop. 2) They are speaking to a short woman who is standing behind the counter. 3) All around them are pouches of different kinds of teas.